起きろ石ころ

Shimizu Yasuzo
清水安三

桜美林大学出版会

引き揚げ姿の清水安三・郁子夫妻（桜美林学園付近。1947 年頃か）

晩年の清水安三

写真提供：桜美林学園　学園史編さん室

起きろ石ころ

清水安三

おまえたちに言っておく、
神はこれらの石ころの中から
アブラハムの子を起こすことができるのだ。
（「マタイによる福音書」三章九）

『起きろ石ころ』刊行にあたって

学校法人桜美林学園理事長　大槻　達也

学校法人桜美林学園の淵源は、清水安三先生が一九二一（大正一〇）年に中国の北京で開校した崇貞学園（現・陳経綸中学）に遡ることができます。終戦時、中国、朝鮮、日本の女子を中心とした生徒七〇〇名余りが在籍した同校は接収され、清水先生はほとんど無一物の状態で帰国を余儀なくされました。しかし先生の教育にかける熱意は消えることなく、短期間のうちに桜美林高等女学校を創設し、その後、幼稚園、中学校、高等学校、大学を擁する総合学園へと発展して、二〇二一（令和三）年には創立一〇〇周年を迎えることができました。

その一〇〇周年記念事業の一環として、「創立者の偉業を振り返り、「次の一〇〇年をいかに歩むべきか」をみんなで共有するために著作の中から何点かを選び」（佐藤東洋士桜美林学園理事長・学園長「『希望を失わず』復刊にあたって」）出版することになりました。先ず、二〇二〇（令和二）年三月に、崇貞学園創設から終戦、引き揚げを経て桜美林高等女学校を開校するまでをまとめた『希望を失わず』（一九四八（昭和二三）年九月初版刊行）が復刊されました。翌年一二月には、一九三九（昭和一四）年に清水先生の前半生の自伝として朝日新聞社から発行されてベストセラーとなった『朝陽門外』が復刊され、このたび、本書『起きろ石ころ』が刊行される運びとなりました。

本書は、清水安三先生が一九六五（昭和四〇）年から一九六九（同四四）年にわたってキリスト新聞に連載された「起きろ石ころ」を一冊にまとめたものです。その連載名は、マタイによる福音書三章九節の「神はよく、これらの石ころの中よりアブラハムの子を起こすことができる」に由来しています。新島襄がこの一節から自身を石ころにたとえたことを伝え聞いた清水先生もまた、自らを石ころに擬すようになりましたが、そのいきさつは本書第一章の（二一）「はっぷん」に記されています。

早くも少年期には雅号を「如石」とし、後年、本書所収の連載名を「起きろ石ころ」に、また一九七〇（同四五）年に終の棲家とするつもりで建設した住居を「石ころ庵」と名付けました。これらの背景には、同志社大学の創設資金募集の途上で召天した新島と、崇貞学園や桜美林学園での教育を継続、発展させるために国内外各地を行脚した自らとを重ね合わせる意味合いもあったと思われます。

この連載には、生い立ちから、中国での学園の創設・経営、引き揚げ後の高等女学校開校から桜美林大学創設、学部増設までの回想や折々の所感が記されています。清水先生は戦前、個人として海外で学校を創設し今なお後身校でその功績が顕彰されている点で、韓国で善隣商業学校（現・善隣インターネット高等学校）を創設した大倉喜八郎と並びますが、現地で自ら学校経営に当たった点では先生の功績が特筆されます。本書には、その間の労苦や帰国後の学校創設の経緯なども収められており、内外でのキリスト教伝道に身を捧げた聖職者の半世紀という側面に加えて、我が国教育の普及拡大の一端を担った学校経営者の軌跡を辿る上でも貴重な記録となっています。その意味で、桜美林の関係者に止まらず、より多くの皆さんに本書を手に取っていただければ幸いです。

最後に、本書を上梓するに当たりご尽力いただいた桜美林大学の太田哲男、榑松かほる両名誉教授に心から感謝申し上げます。

起きろ石ころ◉目次

第三章　崇貞学園の時代（一九二六〜一九四六）

第四章　桜美林学園時代（一九四六〜一九六八）

凡例

一、明白な誤記は訂正した。
一、本文の表記については、著者のものを可能な限り尊重することを原則とした。ただし、読みやすさを考え、かなを漢字に改めたところ、読点をふやしたところがある。また、読点や改行の位置を変更したところなどがある。
一、本文中の（　）内の記述は原著者によるもの、〔　〕内の記述は校訂者によるものである。
一、本書には、差別的な表現、こんにちから見て不適切な表現が含まれている。しかし、著者が故人であること、歴史上の資料と見るべき性格のものであることに鑑み、そのままにしてある。
一、その他、凡例に類する書誌的な事項は、巻末の「解題」に回した。

第一章

幼少期から同志社時代まで

（一八九一〜一九一七）

（二五回　荷車引いて入寮）

（二） 曾祖父

長谷川如是閑《にょぜかん》〔1875–1969. 思想家・ジャーナリスト〕の小説には、記憶を胎児の時代まで、さかのぼっている。トルストイは胎児から新生児までは深淵だといっている。

「私はしばられていた両手をのばしたかったが、それができなかった。私は叫んだり泣いたりした。私自身にもその叫びは不愉快だったが、それをやめることができなかった。誰か私の側に身をかがめて立っていたが、誰だったか、覚えていない」

と、赤ん坊の頃のもっとも古い印象を思い出している。トルストイはその次のもっとも古い印象を、湯ぶねで体を糠で洗ってもらった印象だといっている。

私は記憶を数え年二歳までさかのぼることができる。私は祖父をよくおぼえている。彼は明治二十五〔一八九二〕年の十一月十五日に死去した。私は二十四年の六月一日に生まれたから、正確にいえば、一年六カ月間における印象である。もっとも祖父がどんな顔をしていたものやら、写真もないのでいくら思い出そうと思っても思い出せない。

私の祖父は学問もあり、商才にもたけた人物だった。遺伝というものはまことに恐ろしいもので、祖父から数えて四代前に清水金佐衛門という人物がいた。彼は中江藤樹《とうじゅ》〔1608–48. 江戸時代初期の陽明学者〕の子常省に学んだ。学号を漁叟《ぎょそう》と称して、『続翁問答』七巻を著わした。この本は今でも時おり、和漢の古本屋に現われるが、読んでみると漁叟はなかなかの博学であったことがわかる。

彼は大溝侯の祐筆に用いられ、「足立」の姓を頂戴している。後に代官に任ぜられた。今でも私の生村に代官屋敷という地名が残っているが、たぶん彼の屋敷跡であろう。

彼は晩年代官を辞して寺子屋を開き、郷党の青少年を集めて書を講じた。今でも隣村の新庄の大善寺の境内には、「漁叟先生之墓」と刻んだ大きい墓碑が立っている。その墓碑の裏には「門弟建之」と彫ってある。

漁叟の子清水順造は、父親の後を継いで寺子屋の師匠を勤めたが、その次の代からは、代々ただの百姓として農耕をなりわいとして、私の祖父の代にいたった。祖父の父は少年のころ江戸に上って、上野の松坂屋に奉公した。徒弟として、いく年またはいく十年か勤め上げた後に、番頭となり、江戸の女を女房にもらって、松坂屋弥七という屋号と暖簾《のれん》をわけてもらい、江戸のどっかのかたすみに小さいお店を持たせてもらった。

ところが自分の兄が郷里で幼い子供を残して死んだので、松坂屋弥七は帰郷せねばならぬことになった。幸いにも彼の女房は男まさりの女性だったので、

「わたしはとっても百姓なんかできそうにないし、このお店はわたしが続けるから、お前さん一人で国へ帰りなよ」

といってくれたんだそうな。しかし気丈な女房ではあったが、気だてはとてもやさしく、別れをおしんで、駕籠《かご》に乗り、はるばる箱根までついて来たそうである。さいごに別れたのは箱根のどの峠であったかわからんが、妻子に別れて坂を下って行く夫をじっといつまでもいつまでも眺めていたそうである。

「わしがうしろをふりむくと右手を高う上げて振ったり、両手で顔をおおうて立ち木にもたれ、泣いていたわいの。いとしや、あれが生き別れじゃったわいのう」

と祖父の父は、嫁にあたる私の祖母によく物語ったそうな。その箱根の別離の悲話は、九十一歳まで生きた祖母から私たち孫どもはいくたびもいくたびも聞かされた。

その祖父の父は村へ帰って、死んだ兄の未亡人と結婚して、兄の遺児を養育したが、その甥が長じて家をつぐと、彼の同腹異父の弟である実子を連れ、田地三反をわけてもらって分家した。そしてその新宅が私の家で、その実子というのが私の祖父なのである。

私の家は、屋号は松坂屋で、名は弥七であって、曾祖父、祖父、父とそれから私の長兄にいたるまでみなことごとく弥七を襲名した。私の祖父はたぶんその学才は漁叟と順造からうけたであろうが、商才は父親の松坂屋弥七からうけたのであろう。

私は昭和二《ママ》年から四《ママ》年まで〔正しくは昭和三年から八年まで。七九回の注を参照〕、海老名《えびな》弾正《だんじょう》〔1856–1937. 本郷教会などの牧師。同志社総長も務めた〕総長時代に同志社で支那史、支那事情を講じたが、大工原〔銀太郎〕氏が総長に選任せられて間もなく、私は総長室に呼び出され、

「君は教育家よりも商売人の方にむいている」

と極印をおされて馘首《かくしゅ》されたが、血は争われぬものである。よくかけあい万歳《まんざい》で「あんまりほんとのことをいうなよ」といって人を笑わせるが、さすがに大工原総長は、ずばり私の性格をみぬいたらしい。

（二）祖父

私の祖父はたいへんな読書家であったらしい。私の父の兄は十二年間も村長をつとめたが、その少年のころ両手で小便をするのを見られて、

「片手でできる。片手には本をもって読め！」

といつも、しかられたそうである。むろん本を持たずに雪隠《せっちん》〔大便所〕にはいろうものなら、大声でどなられたそうである。その祖父が青年のころ、母親の里へ本を買う金にこまって借りに行った。母親は隣村の字《あざ》太田の金持ちの酒屋の娘であった。

「おじい、また京へ本買いに行ってこう思うのじゃが、ぜに貸してもらえまいか」

と、家の入口の土間に立ったまま、帳場で書きものをしていた母親の父にたのんだ。すると、

「また借銭か、お前のような三反百姓のせがれが学問して何になるか」

と、どなりつけることはどなったが、ひもで首にかけていた財布をはずすと、ぐるぐるとまきつけ、

「これもって行け、みなやるわ」

と重い財布を投げつけた。これが祖父の胸にどすんとあたった。

「あいたっ！」

と思わずさけんだ。

「いたいか。いたけりゃ二度と無心にくるな」

といわれた。祖父はそれでも財布を拾うと、一礼して、その足で京に本を買いに行った。これからはもう本を買う金は誰もくれないと思うと、ゆううつになった。三条通りの本屋をあさっていると、ある店で左官が、しきりに土間をつくっていた。

「もおし、それは何ちゅうものどすか。お前さんの作っていなさるものは？」

「これかね、これは漆喰《しっくい》というもので、水がこぼれてもちょっともしみこまんのがねうちゃ」

といった。そこで祖父は本屋あさりをやめて、その左官の助手にしてほしいとたのみこんだ。

「こらあ何でもないこっちゃ。石灰とねんどを水でまぜて、たたけばよい。ねんどでも石灰でも西江州《ごうしゅう》〔江州は滋賀県〕の山には、なんぼうもあるわ、よしわかった」

と思うと、左官の手伝いを二、三日でやめて村へ帰った。さっそく漆喰屋を開業した。まず雪隠の大小便の壺をしっくいで作ることをはじめた。最近は私の郷里でも清浄野菜といって、ぜったいに糞肥をつかわないで耕作することが流行して、農家でも浄化装置をするようになったが、むかしは百姓にとっては、大小便は黄金水といって、たいそう貴いものであった。

そこで祖父のしっくい業は、とてもはんじょうした。祖父はその製法を誰にも知られないように、日中はいそがしいからといって、夜中にそれも徹夜で作ったそうである。こうして漆喰で金をもうけて、本を買ったということである。

祖父は生活にようやくゆとりができたので、大阪まで行って藤沢南岳〔1842-1920. 儒学者〕に教えをうけるようになった。農閑期ごとに大阪に滞在しては、学問にいそしむうちに、西江州高島郡の米価と、大阪の米相場との間に、ひじょうな差があることを知った。彼は米穀商を始めた。自分の弟や息子を、大阪から京都、京都から大津、大津から堅田、堅田から小松というように待機させておいて、「さあ、二十両買え」

と命令すると、リレイ式で、みんながかけだし、つぎの者に伝えるというやり方で、西江州で米を買いあつめて、千石舟で琵琶湖を運んで大津・京・大阪に運んで、大いにもうけたとのことだ。もうかった時には、郡中の村々をたずねて、売ってくれた農家へいちいち利益を配当したそうである。

私はある時、大津教会の執事の外村《とのむら》米吉という銀行家からこんな話を聞いた。

「君のおじいさんの清水弥七という人は、米問屋へ米を売る時に、「お前さんとこは二十三両に買うという。となりの問屋は二十二両という。それからおむかいの店は二十四両じゃという。わしはお前さんに買ってもらうから、もうけたら二十四両ください。そのかわり損しなはったら二十二両に負けてあげよう」といわれたそうな。実にめずらしい商人だった」

(三) 母

私の長兄、すなわち清水弥七第四世は、なうての放蕩息子であった。けれども祖父は眼の中にいれてもいたくないほどかわいがった。兄が京の島原のくるわにいりびたって帰ってこないので、祖父は

「そんなにすきな女なら身うけしてやろうぞな」

といって、その遊女の町まででかけて行った。よく世間で越後美人というが、その遊女は新潟の小《お》

千谷《ぢや》ものであった。その女の親は実に欲の皮がつっぱっていたので、海山千里を越えてきた祖父にうんとこさ大金を吹きかけた。祖父が持って行った金では、とても身うけできなかった。

ところが祖父はその旅で、農家の女たちが、寒いふりつもる雪の中で機《はた》を織っているのを見て、ひじょうに興味をもった。たぶん筬《おさ》の音が、かちゃんこ、かちゃんこ音をたてていたのに気づいたのであろう。西江州の冬も越後ほどではないが、実に雪が深い。今日では「牧野のスキー」といって、京阪神の若い人たちで、たれひとり知らぬものはないほどである。

祖父は持って行った女の身うけ金で、遊女ならぬ越後の機織りの女工さんを二人つれて帰ってきた。今日でも高島縮《ちぢみ》といえば西江州第一の名産物であるが、これは私の祖父のはじめたものであった。幼少のころは私の家は座敷といわず、納戸といわず縮の反物がいっぱい積んであった。祖父は縮商としても大いに成功した。

それは私の数え年五歳の年であっただろうか、私の家では紙幣の土用ぼしをした。そのころは京都または大津まで行かねば銀行がなかったからだろう。土蔵の床下には大きな壺がうめてあったが、それに紙幣を貯えてあった。五十万両はあると聞かされた。

祖父は田地三反の水のみ百姓から身をおこしたが、死んだ年には年貢《ねんぐ》が八百俵はいったといわれている。なおそのころの年貢米は一反歩で三俵とれた。山林も一山もっていた。

先年なくなった村人に多湖清蔵という人があった。この人は兵隊あがりであったが、中尉となり在郷軍人会長もしたが、その品性は村中の模範であった。同氏は生前よく私にいった。

「お前とこころのおじいさんは、「十三経《ぎょう》」〔儒教の十三種の経典〕一行もぬかさず、みな読んでおられたぞな。わしらに『日本外史』や『十八史略』を教える時には、なんと寝ころんで、あおむいて目を閉じて講じる人だったわい。あんないそがしい人じゃったのに、わしらが行くといやな顔せんと教えてくれやはった。えらい人じゃった」

といくども聞かされた。

これははなはだ尾籠《びろう》な話ではあるが、私は生まれつきしり癖がわるい男である。とくに幼い時にはそうであった。

幸いなことにそのころは、ズボン下の足首のところは紐《ひも》でしばるように作ってあったから、大便をもらしても外にはこぼれなかったが、しくじると実に歩きにくかった。私が外から、がにまたで、えがえがと帰ると、母は目ざとく見つけて、

「おお、またしくじったか。よしよし、おいいやした。お前はきっと大きくなったらおじいさんみたいな、えらい人になるじゃろう」

といって母はわるい顔もせず、いそいそと私の汚物をしまつしてくれた。祖父はよく大便をしくじったらしい。だから大便をよくしくじるお前は、おとなになってきっとえらくなる、というが母の人物評の論法であった。

私の家では学校で、褒美《ほうび》をもらった者は、修業式の晩は赤飯に尾頭つきの魚で祝ってもらうことが一つのならわしだった。ところがある年の三月、中の兄が落第してしまった。すると長兄はおこって中の兄を箒でぶった。その活劇のさい中に母が、例の祝賀の宴のために小鯛やぶりを買って帰ってきた。母はあわてて長兄の箒をもぎとった。

晩になって祝膳がでた。中の兄の膳にも赤飯と小鯛の焼きもの、ぶり、ねぎのお平《ひら》、かしわと百合根の茶碗むしが同じようについているではないか。私はこれを見て、かちんと頭にきた。

「おかあ、落第したもんにもごちそうくわすのか」

とさけんだところ、母は中の兄がぎょろりと私をにらんだのを目で押え、

「お前はだまっとれ、これは善《よし》〔中の兄〕が来年もらうごほうびの前祝いじゃ、善は来年は優等賞だのう」

といって私を説きふせたのだった。はたして中の兄は、よく年三月には母の予言の通り優等賞をもらった。

（四）牛鍋

私の尋常小学校時代のことである。ある年の冬休みに大津の高等女学校の生徒だった姉が、おみやげに牛肉を百もんめ買って帰った。竹の皮につつんであった。

私の家は俗にいう堅門徒《かたもんと》であるから、祖母は、

「わしはこの家に嫁にきてからかれこれ六十年にもなるが、牛《ぎゅう》なんか食ったことはない。うちばかりじゃあるまい。この村で牛を食ったものは一人だってあるまい。そんなもの食うことならん」

といって、がんとしてききいれない。そのとき母が、

「おばあさん、それでも毎年冬には猟師《かりうど》が猪や鹿の肉を売りにくると、こうて食うじゃありません

か」

と反問した。すると祖母は、

「あれは猪《しし》じゃない。牡丹《ぼたん》じゃ。鹿じゃない紅葉《もみじ》じゃわな。いきとるときは猪や鹿でも、死んだら牡丹、紅葉じゃよ」

といって、がんばるだけである。

孫たちは祖母のがんこにへいこうしたが、母はなかなかあきらめようとしない。翌日母は祖母に、

「おばあさん、牛を梅といっていただきましょうか」

というと祖母はけげんな顔して、

「牛が梅じゃって、そらどういうわけじゃいの」

「菅公さまのおつかいは牛でしょう。そして天神さんは梅がお好きだったというでっしゃろ」

「なるほどのう。それじゃ牛といわないで梅といって、みんなに食わすか。そんでもわしはひときれも食わんぞな」

ようやく、牛じゃない梅でおゆるしがでた。みんなおおよろこびで牛鍋のしたくをはじめた。祖母はまたもや出てきて、

「座敷じゃ煮ることならん。納屋へいって食え」

といった。私たちは祖母にさからわないようにして、納屋で牛鍋をつついた。これは私が生まれてはじめての牛鍋の経験だった。それからきょうまで牛鍋をどれほど食べたか数えきれないが、あのときほどうまいのは食うたことがなかった。

そのとき牛鍋の後で、雑炊《ぞうすい》を作った。これがまたとてもうまかった。みんなで相談の結果、これはなんとしても一度、祖母に食わそうということにきまった。そしてこの役目は一番年したの私が、祖母のいるはなれの隠居部屋に運ぶことだった。私はおそるおそるでかけ、

「おばあ、うまいおじやじゃわな、食わんせ」

といって、鍋ごとおいてにげてきた。

「そんなきたないもん食わん」

と、おこった声が後で聞こえていた。あとで鍋をとりにいったら、なんと鍋は猫がなめたようにきれいになっていた。私がその鍋を兄や姉に見せると、みんなからからと笑ったが、母はすかさず、

「きっと猫がいただいたんじゃろ」

と、いって祖母をとりなした。母は目に一丁字《いっちょじ》もない無学な女ではあったが、ユーモアを解し、ウイットがあった。

こんなこともあった。私は幼いころぜったいに女性よりさきに入浴する習性があった。ある年のこと、あすは初めての郡の運動会というので、私はからだをきよめておこうと、いちばんに入浴することにしていた。ところが知らぬまに姉がはいってしまった。母は私のことを知っているので、なんとか私をすかしていれようとするが、私はがんとして、「いやじゃ」といってきかない。すると母は、姉と私をふろばにつれていき、

「おきい（姉の名はキヨ）、おまえはいったいどのへんにはいったんじゃ」

と、とうた。姉はちょっとけげんな顔をしたが、

「このへんじゃった」

と、ふろ桶のはじを指さした。母はかなだらいで、二、三ばいお湯をくみだし、

「さあ、そんならこっちの方にはいれ」

と、姉のはいったところをさけて、私にはいれといった。実のところ私もはいりたかったので、母のこのウイットに乗じて、はいることにしたのだった。

念のためにことわるが、それより後は、私は女性の後でも平気で入浴するようになった。

(五) うてやこらせや

幼い日の記憶はよほど大事件でなければ、思いだせないものである。たとえ思いだしても、それがいつころのことだったものか、さっぱり年月日までは、わからぬものである。

私は日清戦争の時に村から出征して行った二人の若者を見送ったことをおぼえている。姉の背におんぶされて、小さい日の丸の旗をふりながら見送った。そのときに歌った軍歌もおぼろげにおぼえている。

「うてや　こらせや　清国を……」

というのだったが、ざんねんなことには、これだけしかおぼえていない。

日清戦争は明治二十七年七月に勃発《ぼっぱつ》したものである。私の村の北畑は、戸数わずか四十二軒であるが、北畑村からはこの二人の青年が徴集された。彼らは和服を着て、山高帽をかぶっていた。そして

赤いたすきを右の肩から左の腹へかけて、馬に乗って出ていった。

そのときの宣戦の詔勅は明治二十七年の八月にでているから、たぶんうちの村から二人の若者がでていったのは、十月ごろのことだったと思う。もしそうであったとしたら私の四つのときのことで、私が生まれて三年半たらずのときの記憶である。ちょっとことわるが、私のおぼえているのは、ただ二人が山高をかぶっていたこと、姉におぶさっていたこと、赤いたすきをかけていたこと、馬に乗っていたこと、それから小さい旗をふったこと、「うてや　こらせや　清国を」の一節だけである。その後になっておぼえた中に、尻《しり》とり歌がある。いまでもその尻とり歌はうたえる。

「ちゃんちゃんぼうずの首きって
帝国ばんざい大勝利
李鴻章《りこうしょう》の鼻べちゃ　ちゃんちゃんぼうず……」

いかに国民の教養がひくい時代だからといっても、この歌詞はひどく下品《げひん》でお話にならない。これが、私が生まれて支那（中国）とかかわりをもった最初のことであった。

日清・日露の両戦争に、日本の全国津々浦々から、町々村々の若者が、広い中国や満州にでかけていったのはよかったが、戦争がおわって帰国すると、勝者の傲慢《ごうまん》から中国人《チュングオレン》を「ちゃんころ」と呼び、隣人をけいべつする風潮を、これまた国内の津々浦々にまで、日本人の老いも若きも、こどもまでひとりびとりに、しみこませたことはまことに遺憾なことであった。

柱時計

私はもうひとつ、私の記憶をさかのぼらせることができる。そのできごとは、父が京都から柱時計を買ってきた時の印象である。父がなんだか背におって帰ったふろしき包みを、肩からおろそうとすると、

「ぼん、ぼーん」

と、きいたことのない音がしたのをおぼえている。その父の買って帰った柱時計は、いまもなお動いて正確に時をきざんでいる。その時計には金字でNew Yorkと書いてあるから舶来《はくらい》品である。そしてこれは父の筆でもって「明治二十八年七月吉日」としるしてあるから、まさしく私の数え年五歳のときのことであった。この柱時計こそは、時計が私の村へはいった最初のもので、あちらこちらの小学校の生徒が、先生につれられて、このわが家の時計を見物にきたそうである。これはたぶん姉や兄から後に聞いたことを記憶しているものだろう。

父の死

そのつぎにおぼえているのは、父の死である。父は明治二十七《ママ》年一月二十七日に死んでいるから私の六《ママ》歳のときのことである。二人の兄と三人の姉が父の枕もとに坐っていた。木の葉に水をうるおして、父の唇をしたした。私はその後にまねして、兄や姉のとおりにした。そのときには、父はもう目をとじて、すこしも口をあけようとはしなかった。

私がまつごの水を与えおわると、姉たちは声をだして泣きだした。私はそれだけのことを、いまでもはっきりとおぼえている。そのとき私が、

「わしは泣かん。わしは大将になるんじゃから泣かんわ」

といったそうであるが、私の記憶にはまるでない。葬式のあったこともおぼえているが、その光景については何も思いだせない。しかし父が腸チブスで死んだからだろう。家じゅうを大消毒したことをはっきりおぼえている。その消毒がとてもふるっていた。刀やほうちょうやら斧《おの》鎌を、兄や姉や下男、下女が、家の中の部屋じゅうを振りまわし、空《くう》をきって、きってきりまくって歩くのであった。私もきりだし小刀か何かもって、家のうちをあばれまわったことをおぼえている。

もうひとつある。それは母が父の使ったふとんや、父の寝ていた部屋のたたみを戸外で焼きすてたことである。たぶん母は刃ものだけでは、チブスのバチルス〔菌〕はきりふせられないと思ったものであろう。

(六) 大望

おさないころの記憶の中で、伯父につれられて、藤樹祭《とうじゅさい》に行ったことを、はっきりおぼえている。私は庭でぶらぶら遊んでいた。村長をしている伯父がきて、

「わしはこれから藤樹さんの祭に行くが、お前もこんか」

といった。

「おんさんは、ひとりで行けんのけ」

「うん、ひとりでは行けんのじゃいのう」

「そんなら行ってかそう」

そのとき、私はこんな、へらず口をきいたそうである。

中江藤樹の村と私の村は、安曇川《あどがわ》をへだてて、となりあっている。三百メートルほど歩いて安曇川の橋まで行ったとき、伯父が、

「お前、いこう〔大きく、の意〕なったら何になるか」

と問うた。私はそくざに、

「わしは陸軍大将になるんや」

と答えたそうである。西江州には饗庭野《あいばの》という大草原があるので夏ともなると、京、大阪から実弾演習のために兵隊がやって来る。そして将兵たちは、民家にばらばらに分宿することになっていた。私の家も連隊本部にあてられたり、旅団本部をおかれたりした。

そのころの連隊長は、黒地に金モールの蛇腹の上衣に、赤いズボン、頭髪はまんなかから分け、あごひげをしごきながら、馬にまたがっていた。それは実に威風堂々たるものであった。私が陸軍大将を夢みたのも、まことにむりもないことであった。

安曇川橋をわたると、竹やぶのトンネルで、昼なおくらい「馬通し」である。伯父は、

「むかしこのあたりで、藤樹さんは胡麻《ごま》の蠅《はい》にあわっしゃったのぞ」

といって、伯父は中江藤樹が、追剝《おいはぎ》を感心させたものがたりをしてくれた。私もその話はよく知っ

ているが、そのとき伯父から聞いたのかどうかは記憶がない。

安曇川橋から上小川の藤樹書院までは四キロあるが、私は伯父から藤樹一代記をききながら、ぼつぼつあるいたものらしい。藤樹書院につくと、玄関のまっ正面に伯父のすわるべき椅子が用意してあった。私は伯父の膝の上にこしかけさせられた。

村長の席の後方には、白い夏の制服をきた師範学校の生徒が整列していた。まもなく「かしら左」の号令がかかると、郡長の案内で県知事が入場してきた。郡長はやせていたし、知事はずんぐりした人だった。知事も郡長もたたみに額をすりつけて、床の間に高く飾ってある位牌《いはい》にむかって、いともうやうやしく礼拝した。

帰り道に安曇川橋までくると、伯父はまたきいた。

「お前はやっぱり陸軍大将になりたいのけ」

私はこんどは首をふって、

「おんさん、わしはなあ、藤樹さんになってこまそうか」

「……」

「おんさん、藤樹さんになるのにゃ、どうしたらよいんけ？」

と私は伯父にたたみかけて問うたそうである。

「そらお前、親孝行せにゃ、藤樹さんみたいな人にはなれんわい」

と伯父は教えたそうである。今しらべてみるに、明治三十年九月二十五日に藤樹先生二百五十周忌の大祭が開かれているから、たぶんその時におまいりしたのであろう。そうすると私の満六歳のときのことである。

私はただ藤樹祭に行ったこと、白い夏の制服の生徒がいたこと、郡長と知事がひれふしたことだけしか記憶していないが、伯父は私が学生時代に休暇で帰省するたびごとに、私の顔を見ると、かならずおもしろがって、この話をくりかえすのを常とした。

「このごれは「わしは藤樹さんになってこまそう」とぬかしよりましたわい」

とよく村の人びとにじまん顔で語ったものだった。

(七)　馬まつり

私のふるさと近江の高島郡には、七川祭、田中祭、五十川《いかがわ》祭の三つの馬まつりがある。関東では相馬祭、関西では七川祭が、もっとも広く世間に知られている。私の村のまつりが七川祭で、南どなりの村のまつりが田中祭、北どなりの村で五十川祭がある。

馬の鞍《くら》は漆塗《うるしぬり》で、装束《そうぞく》は撚糸《よりいと》の本絹、色は真赤《まっか》のもあれば、赤白のそめわけもある。私の地方では「蔵をたてよか、鞍買おか」といわれるほど、馬具や装束に力こぶをいれる。私の家は村いちばんの豪勢《ごうせい》な鞍装束をもっていた。鐙《あぶみ》はいぶし銀で、鞍は蒔絵《まきえ》の漆塗りであった。

まつりの行列は鎌倉時代そっくりで、先頭は、かみしもをつけた露払《すばしり》いが、篠竹《しのだけ》の杖をもって馬に乗って行く。そのあとを十四人の若者が、奴《やっこ》に扮して、太い青竹に杉皮を菱《ひし》形にはさんだ的《まと》をかついで行く。長襦袢《じゅばん》にビロードの奴の紋をつけて、腰には印籠《いんろう》をぶらさげ、すはだかの脛《すね》に脚絆《きゃはん》をはいている。実にスマートな姿である。的をもつ奴のあとには、樽《たる》かつぎの奴がふたりいる。一見たらいのような平べったい樽に長い柄《え》がついている。これらの奴は歌ったり、尻をふったりして練りあるくのである。そして樽かつぎは樽をふりながら、洒落《しゃれ》を語るのであるが、的ねりの歌も、樽ふりの洒落も、実におげれつで、いやらしいものだった。このごろの七川祭の奴の的ねりは、文化財の指定をうけたが、この機会に歌詞や、せりふを品のよいものに改正するがよいと思う。

行列は的奴のつぎに流鏑馬《やぶさめ》が行く。露払いも的奴も、このやぶさめのけらいなのである。金襴《きんらん》の狩衣《ぎぬ》に、頭には綾藺笠《あやいがさ》をかぶり、行縢籠手《むかばきごて》を身にきて馬に乗っている。

先頭を行く露払いには中年の男が扮するが、やぶさめはけがれない童貞《どうてい》の青年がえらばれて扮する。まだけがれていないばかりでなく、祭日の前、百か日は、冷水で斎戒沐浴《さいかいもくよく》をすることになっている。やぶさめの脇にはんべるのは小姓《こしょう》の弓持ちである。白重藤《しげとう》の弓を持つのである。私も十一歳の年にさせられた。黒紋つきに仙台平《ひら》の袴《はかま》をはき、白たびにぞうりというかいでたちで、この役をつとめたことをおぼえている。

つぎに行列するのは矛《ほこ》である。それぞれの字《あざ》から一本でるから、七川祭には七本の矛がならぶ。七川祭の矛は緋色《ひいろ》のラシャの柄《え》が矛の柄であって、柄は傘をつらぬいてつきでているが、光は刃の穂をなしている。その傘には白ぬきの近江源氏の家紋、四つ目の紋がついている。けれども田中祭の矛の傘には花嫁ごの丸帯とうちかけがつりかざられる。たぶん平家の一族が女房、お女中の衣裳《いしょう》をもって戦場にでたことを物語っているのであろう。

それぞれの矛には鉦《かね》二ちょう、太鼓一個の囃《はやし》で行進する。私は鉦たたきは三歳と五歳のときに、太鼓は八歳の年にやらされた。小さい陣笠をかぶり、ハンドライティングで絵を画いた長襦袢、脚絆にわらじで、鉦はカンカ　カンカン　カカン　カラカラカンカ。太鼓はデンデ　デンデン　デンデコデンデとたたいたものだ。矛のあとから行くのが神輿《みこし》である。その神輿はたたみ三畳くらいの面積の大きさ、三、四十人の若者がやっとかつげる重さで真鍮でつくられている。神輿のあとから馬が一列にながながとならんで行くのである。七川祭の騎手は、白い小さい幟《のぼり》を白絹のたすきでせおい、頭は白布で鉢まきしている。そして田中祭の騎手は、烏帽子《えぼし》直垂《ひたたれ》をきて、赤い幟をせおっている。五十川祭の騎手は陣笠をかぶっている。

行列は馬場をねりあるいて、氏神を参拝してあとは解散する。解散したあとは、露払いが杖の中央を両手でささげもって、手ばなしで駆ける。そのつぎには、やぶさめが鏑矢《かぶらや》を馬上から射ちつつ駆ける。その的は行列に奴がかついできたそれで、馬場の左がわに三本たてられている。やぶさめが社殿につくと、すべての馬が、思い思い、てんでんに、われがちに駆けるのである。うちの馬は二頭こしたとか、三頭ぬいたとかいってよろこぶのである。馬場は三百メートルくらいあって、祭のときには両側に桟敷《さじき》の高場がもうけられる。一枡（一坪）いくらで売って神社の収入にするのである。村の金持ちは他村から親戚をさじきに招いて、すしや赤飯の重箱を開くのである。

この競馬はダービーのように、馬の鼻をそろえて、いっせいに発走するのではない。百頭もそれいじょうもの馬が、われがちに駆けだすのである。落馬すればかならず死ぬか大けがをする。とくに田中祭は血を見ないではすまぬといわれていた。

七川祭は佐々木源氏の郎党《ろうとう》が敵の館にせめいる光景、神社の社殿にむかって馬で駆けあがる。田中祭は平家の一族が館から敗走するところ、社殿から馬場を駆けくだる。

私は六歳から十四歳まで、中学へ進学して古里の村をはなれるまで毎年、三つの馬まつりのどれにも馬に乗って参加した。小学生のころはひき馬で行列に加わり、高等小学校では騎手となって競馬に参加した。今から考えると、スリル満点だった。

(八) 濁流を泳ぐ

明治時代の馬は、すべて去勢《きょせい》しなかった。そのうえ馬まつりに出場する馬は、農家にかわれていることだから、ぜんぜん調教してない野生と同じであったばかりでなく、祭りともなれば馬でも日ごろの粗食にくらべて、ふんだんに大豆のごちそうがふるまわれた。こうして精力のあふれた馬たちが群をなすと、ものすごい野性をむきだしにして足をまげ、後足で四十五度くらい体をもちあげ、うおんうおんといきり立っていななく。こんなとき私はひっしになって鞍にしがみついたものである。また前足で立ちあがり、後の両足で力いっぱいけりあげるときは、実におそろしかった。いまから思っても身の毛がよだつほどだった。

しかし私が冒険ずきだったことは、馬まつりばかりではなかった。私の高等小学校二年（いまの小学六年）の夏であった。連日の大雨で安曇川《あどがわ》の橋が流された。橋の根もとから堤が五十メートルばかり、夜なかにくずれた。橋のそばの字新庄は、五十余戸も流れてきた土砂の下にうまってしまった。むろんいまは、災害をうけた戸数をはっきりはわすれたが、溺死した者が何十人もいた。

私の生村、新儀村字北畑は、同じく新儀村字新庄から四百メートルしかはなれていないので、水がたたみの上まであがった。私の家では下女と下男の住居を中二階につくってあったので、私はそこで大水の一夜をすごした。

私は毎日新庄村をとおりぬけて安曇川橋をわたり、安曇高等小学校に通学していた。その日も大水の知らせがあったのだが、私は学校をやすもうとは思わなかった。母も、

「おまえは泳げるじゃないか」

といって、学校をやすめとはいわなかった。当時北畑からは、男女の生徒が、彼らは私よりも一年下の組であったが、毎朝たもとをつらねて安曇川橋をわたって通学した。その日は彼らも川堤までやってきていた。

橋は対岸の岸になかば、へし折れてしがみつくようにのこっていた。濁流はごうごうとすごい音をたてて渦をまいていた。私は濁流にむかって武者ぶるいすると、すっぱだかになって、着物と本をかっぱにくるんだ。ふろしきがわりのかっぱの両はしを両肩から背中に負い、胸のところでしっかり結んだ。そして流れの中にずぶりとはいった。流れは百メートルばかりではあるが、急流に流されながら泳ぐので、どうしても、ななめに百五十メートルは泳がねばならなかった。流れのなかほどまでくると、かっぱで首がしまってきた。つかれてもきたので、だんだん息ぐるしくなった。私は命にはかえられぬと、思いきってかっぱの荷物を流してしまった。私はへとへとになってやっと対岸の蛇籠《じゃかご》――堤防がわりに玉石を長い竹籠につめたもの――にとりついた。その蛇籠の上にはいあがって見ると、対岸の堤の上には、さすがに私の安否を気づかった母と四人の友だちが両手を高々とあげて、私

の成功を祝福しているではないか。私もうれしさに思わず両手をあげて「ばんざい」と声たからかにさけんでこたえた。

私はこうして濁流を征服したものの、気がつくと身には一糸もまとっておらぬまるはだかではないか。「こまったこっちゃ」とひとりごとをいいながら、村や町をとおらず、人の目をさけて、たんぼのあぜ道をあるいてこそこそと学校にたどりついた。

私ははずかしさに、おずおずと教室のしきいをまたぐと、級友たちはどっと笑った。なかには笑いがとまらず、ころげまわるものもいた。女生徒たちは顔をふせてくすくすと笑った。これを見た先生もおどろき、

「おう！」

とさけんで、すぐ私を教室の外へつれだし、副級長の伊藤停《とどむ》君に、

「お前の家に帰って、着物としごき（帯のこと）と、シャツや下着を持ってきなさい」

と命じた。伊藤君の家は学校のすぐそばにある酒屋（醸造業）であった。私たちの教室は彼の家の酒倉にほとんど接していた。だから学校の柵のやぶれから、ちょっとむりをすれば、生徒は伊藤君とこの酒屋の瀬戸口に出ることができた。

そのとき伊藤君が持ってきた着物は、なんと紺がすりのひとえに、帯は黒いモスリンであった。

私の家は、がんらい倹約家であったから、ふだん着は、ごつごつの手おりのしまの着物、帯は豆しぼりのもめんの三尺ときまっていた。私は生まれてはじめてこんなやわらかい紺がすりとモスリンのしごきをしめて、とてもうれしかった。

私は、大水のおかげで、一週間も学校の宿直室にとめてもらった。

当時は私の新儀村には小学校（四年制）しかなく、高等小学校は隣の村へかよわなければならなかった。北隣りの饗庭《あいば》村の高等小学校へ行くものもいたが、私は南隣りの安曇《あど》村の高等小学校へかよった。道のりは六キロもあった。冬には一メートルほども雪がつもることさえあった。

私はあの大水の日にもしも休んでいたら、卒業のとき四年間皆勤のほうびがもらえなかった。それにあのときに濁流にのまれていたら、私の生涯は十一年で終わったであろう。

(九) にわとり

日清戦役のあとから日露戦役〔一九〇四〜〇五年〕の前まで、わが国はいわば勤倹貯蓄の時代であった。私は幼年の日をそのような時代にすごしたのである。私の高小一年（いまの小学校五年）のときだった。天本梅香という坊さんが、西江州の村々を「貯金のすすめ」のために回った。まことにはやぐちで、たて板に水を流すような弁舌家であった。私はこれをきいて、心ひそかに、

「よし！　わいも貯金をしてこますぞ！」

とかたく決心した。それまでは毎月一回は、村の断髪屋へ行って頭をかるのがつねだった。それからは祖母の手でまるぼうずに、くりくりとそってもらうことにした。当時のさんぱつ代は五銭であった。祖母は私のぼうず頭が、よほど気にいったものか、毎月十銭を貯金してくれた。もちろんそり賃は無料であった。私がつるつる頭で登校すると、上級生たちが、私の背後にまわり自分たちの前だれ

（まえかけ）を私の頭の上にかぶせて、ぐいっと前だれをひっぱった。すると私は、やむなく頭をうしろにそらせた。それが彼らにはおもしろかった。

このつるつる頭になるのも楽ではなかった。とにかく石鹼なしでそるのだから、痛いのなんの、話にもならなかった。とくに延髄のあたりをそるときには、こぶしをにぎり、歯をくいしばって、顔をまっかにして、きばったものである。

私の家では祭と盆《ぼん》のおこづかいには十銭、白髭明神《しらひげみょうじん》の祭には三十銭もらうことになっていた。私は一個五りんの飴だまもしゃぶらず絵本も買わずに、祭からかえっても十銭銀貨をにぎっていたので、母は感心して、さらに十銭たして二十銭貯金してくれた。白髭明神の祭は、六キロもあるかねばいけないほど遠かったが、私は三十銭のこづかいをもらうためにいった。のぞきからくりは二銭、顔が少女で胴体が大蛇の見世物は五銭だったが、私はどちらも看板の絵だけ見て満足し、一銭もつかわずに帰ってきた。私のこのようすを見ていた和市さんが、たいそう感心して私に毬《いが》まんじゅう（米粒のくっついている）を買ってくれた。

私の家ではお正月になると、黒牛皮のつまかけ、皮の鼻緒《はなお》、桐の足駄《たかげた》、お盆には皮の鼻緒のひくげたを買ってもらうことになっていた。私はそれも全部ことわって、お金をもらって貯金した。お正月には古げたに新しい歯をいれ、お盆には下男が編んだ草履《ぞうり》をはいた。

ある日のこと母は、私が貯金狂になっているのをあわれんでか、

「お前がどんなに倹約しても、それはどうせ、たかのしれたものじゃ、鶏の卵を売ってもうけてはどうや」

といってくれた。そして雛を十羽かうことをすすめた。私は母の名案にうごかされ、それまでに忍耐して貯めた貯金をおろして養鶏にすっかり投資したのであった。

こうして私の高小時代は、まさしく養鶏時代となった。多いときは四十羽もかった。飼料はこごめ（臼すりのときのこわれた米）、とうもろこし、みよさ（半みのりの米）であった。私はこの飼料を農家の伯父や伯母から、ロハで〔只で、の意〕もらいうけたのである。そのかわり鶏が老いて卵を産まなくなると、鶏肉にして伯父や伯母に贈ることをわすれなかった。いまでもよく記憶していることは、私は飼料を煮て食わせたことである。

「お前の鶏は、なんと人間さまと同じやのう」

といって村の人びとが、あざ笑ったが、いなかは柴に金がいらないから、鶏でもよく煮たものを食べさせたら多く産卵するだろうと考えたのである。また雄《おん》は一羽もかわなかった。村の人が、

「お前のめんどりは、なんと雄なしに卵を産むのじゃて、ふしぎじゃのう」

「安さんとこの卵は、雄なしじゃから滋養が少ないだろう」

といってからかった。また私は魚を釣ったり、みみず、便所にわく白い虫をつかまえて鶏にくれた。

「お前とこの鶏は、なまぐさぼうずじゃてのう」

といって私をかまった。しかし私は鶏がいつも、みみずや虫を争って食う習性を見て、こんなに好きなものならきっと鶏が食えば肥えるらしいと考えて、発見した養鶏法だった。

私は毎日家から六キロの道を通学していたから、卵を籠に入れて持っていき、登校の道々、村々の料理屋や飲食店の前にたって、

「おばさん、産みたての地玉はいらんかね」

と呼ばわって買ってもらった。一個一銭二りんだった。私は養鶏によって、クラスの誰よりも多く貯金をした。今から考えて私は大学もふくめて、学校で学んだ才能よりも、ことによったらこの時の養鶏によってえた才能の方が、より大きかったと思えてならない。

(一〇) 逆教

私の兄の弥七第四世は、家督を相続するまでは弥太郎といった。彼はとても頭がよい男であった。ある年の三月、学校で首席から二番にさがった。私の祖父はおこって、棒をふりあげて追いまわしたそうである。すると彼はトイレの中ににげこんで、中からかきがねをかけ、

「ここまでおいで、あまざけしんじょ」

といって祖父をからかったそうである。村の学校を卒業して、京都の富岡鉄斎〔1836–1924. 儒学者・文人画家〕について書道を学んだのち、家に帰り祖父から米穀商や縮《ちぢみ》商のあきないを実地に学んだ。村でも評判の石《いし》部金吉《べきんきち》で、かたいのなんの、かんからかんの堅造《かたぞう》で、模範青年のほまれが高かった。

ある日、村の若い衆の宴会が、隣りの字《あざ》の新庄の兜屋《かぶとや》という料亭であった。若い衆はみんな飲めや歌えで、酌婦《しゃくふ》を呼び、三味や太鼓で大さんざい（大散財）をやらかした。兄弥太郎はいっぱいの酒も口にせず、ただ黙々として飯をくうのみであった。

どんちゃんさわぎも、やがて幕となり、若い衆たちが、にぎやかにどやどやと帰るだんとなり、そ

の中にしらふの弥太郎がしょんぼりとおるのを見つけた一人の酌婦が、弥太郎の肩をぽんとたたいて、

「ちょっと弥七さんの若だんな、またきとくなはいや、わては酒のまん人だいすきやさかい」

といったものである。ああ、その背なかの「ぽん」が兄弥太郎の生涯のわかれみちとなろうとは。それからの彼は、世にもまれに見る遊蕩児となりはてたのである。

私の七つ八つのころのことだった。夜中の十一時、十二時ころになると祖母が隠居のはなれからやってきて、兄の納戸《なんど》にはいり、もし兄がいないものならかならず、

「おうた（母）、あにいは寝ていぬじゃないかい。行ってさがしてござれ」

と叫んでしょうちしないのであった。すると母は、ぐっすり眠っている私をたたきおこして、

「さあ、あんさんさがしに行こう」

といってつれだすのが常であった。母と私はぽんぽこ、ぽんぽこ大太鼓のなる村めざして行った。

私はとぼとぼ母のしりからついて行った。いまでもおぼえているが、字安養寺という、私の生村字北畑から一キロ半ばかりの村にランプという旗亭があった。二階がざしきで、下がわらの納屋になっていた。私は母といっしょに、わらの中にうずくまって、じっと耳をすませるのだった。

「人は武士、ほまれは高山彦九郎、京の三条の橋の上、おつる涙はかもの川、トットットットット……」

というラッパぶしをうたっていた。

「たしかに兄じゃわいのう」

と母がいうと、私は二階へつかつかとあがって、

「あんさん、いのう。おばあ、おこったいやはる」

とさけぶと、座はすっかり白けてしまうので、兄はふしょうぶしょう帰るのであった。私は大津へも兄をさがしに行ったことがある。九つの年だった。うちの家が饗庭野へ演習にくる軍隊の師団本部にきまったときだった。師団長のお宿をつとめるのに、男主人がるすでは、申しわけないことじゃというので、私が大津の貸座敷業のお茶屋に、いつづけて誰が呼びに行っても帰らぬ兄を、つれもどす大役を命ぜられた。申しおくれたが、祖父は私の二つの年に、父は六つの年に死んで、仲兄は膳所《ぜぜ》の中学校の寄宿舎にいて、家にいる男性は私一人だったのである。

私は生まれてはじめて蒸汽船にのり、これまたはじめて広場（都市）へ行ったのであった。行かせるものも行かせたものだが、よくも行ったものだ。私は今もよくおぼえている。草履《ぞうり》をぬがないで、土足のまま座敷にあがりこみ、

「芸者屋はきたないとこじゃそうやで、わしはぞうりぬがん」

とさけんだ。これは祖母が、こうせよといいつけたそのとおりに、私がしたのだった。もう一つおぼえていることは、私が行った晩は、兄がお大尽《だいじん》風を吹かせ、芸者をおおぜいつれて、芝居見物に行った。そして私も芸者や舞子たちといっしょに見に行ったことである。むろんこれは後年、兄から聞かされたのであるが、その芝居は川上音二郎〔1864-1911〕と貞奴《さだやっこ》〔1871-1946〕が演じた『不如帰《ほととぎす》』だったそうだ。

私は幼いときに芝居など見たためか、どうも後年、芝居がすきで、中国にいたとき、日本に帰ると歌舞伎を見たり、築地小劇場へ行ったり、また北京では、私の職業とは、はなはだ縁遠いものではあるが、梅蘭芳や余叔岩の芝居をよく楽しんだものである。「三つ子のたましい百まで」、あれはほんと

うである。幼少のころ、私の兄は庭師を京都からよんで庭園を作ったり、家屋をいじくりまわし、茶の間〔茶室〕をたてたり、ぬれ縁をうぐいす張りにしたり、年じゅう大工、左官、庭師が家に泊っているのであった。私も近年になって、くる年もくる年も校舎を建てたり、キャンパスを改造したりしている。

私はこんな遊蕩のかぎりをつくす兄の行状に、日夜心をいためる母を見て、

「わしは大きくなったら、ぜったい母に心配はかけないぞ」

と幼い肝にめいじたことは、私にとってまことにけっこうなことだった。世には逆教育という語があるが、まさに私は幼少のころ、その逆教というものをうけたのである。

（一二）れい験

中学校の入学試験をうけに行く私のために、母は柳ごうりに着物をふたとおりつめてくれた。こうりの奥の方には、久留米絣《くるめがすり》の筒袖《つつそで》のはおりと着物、白地に黒じまのはかま、豆しぼりの三尺おび、ふたの方には縞《しま》のておりの着物、黒のかくおび、それから前だれなどもつめてくれた。その時母は私に、

「お前が試験にとおったら、こうりの身にはいっている着物をきよ。らくだいして大阪へ丁稚《でっち》に行ったら、こうりのふたにはいっている着物をきるのじゃよ」

といわれた。私はらくだいした場合は、ちゃんと大阪の紙屋へでっちに行くことになっていた。私はあの時こそ、人生の分れ道にたたされていたわけである。

私はこうして滋賀県立膳所《ぜぜ》中学校〔現在の膳所高校〕の入学試験をうけた。受験者は三百四十八人だったが、このうち合格者は百十人、私もそのうちの一人だった。かなりきびしい競争だった。

私は試験のあと入学まで半月もあったので、ちょっと村にかえった。私が家についた時は、すでに日は西山にぼっしていた。母は、

「おお、もどってきたか、そいじゃ、さっそく氏神へまいってこよう。さあついてこいの」

と私をうながして、四キロもある氏神へつれて行った。氏神は山のふもとのうっそうと古い木がしげった森の中に鎮座《ちんざ》しているから、

「もうすぐ暗ろうなるよって、あした行こうな」

と私が主張したにもかかわらず母はいっかな聞きいれないので、私はふくれっつらをしながら母について行った。途中で母は、

「なんか、試験の時にふしぎなこと、あらせなかったか」

ととうた。私はなにかあったかなと、しばらく考えた。

「そうそうあったよ。わしがどうしても読めん字があった。それは「馬鈴薯」いう字や」

といって、母に道々あるきながらつぶさに話した。それは国語の問題で、熟語がいくつかでた。それに片仮名《かたかな》でよみがなをふり、平仮名《ひらがな》でわけを書くのである。

実をいうと私のつぎのクラスから、教科書がすっかりかわってしまった。その新教科書の高小二年の国語読本の中に「馬鈴薯」というタイトルがあった。それはむかしフランスで、人民が馬鈴薯をどうしても常食としないので、役人が馬鈴薯の畑に、

「このいもは、王侯貴族の食卓にのぼるものである」

と立ふだを書いて立てたのだそうな。すると人民は畑のさくをやぶって、いもを盗んでまで食べたというストーリーである。

その当時は中学の入学資格は、高小二年修了以上ときめられていた。中学の入試の問題は、当然高小二年の教科書からだされるはずであった。

ところが私は高小四年を卒業して受験したのであったから、とくに高小二年の新教科書を、ひととおり読んでおくべきであった。それだのに私としたことが、高小二年の新教科書を一読することを怠けてしなかったのである。

「さあ、こまったこっちゃ。この漢字が読めんとさいが、わしは大阪にでっちに行かんとならんのか」

そう思うと、もう泣きだしたくなるのであった。受験生は教室から一人さり、二人さって、もうあとに残っているものは、五、六人である。私はなおも、馬のすずのいも、いったいなんのことだろうと考えに考え、ねばりにねばっていると、一人の子がつと立って、

「先生、読みかたが、ふたとおりある場合には、右と左と両側に仮名をつけるのですか、たとえばバレイショと右に書いて、ジャガタライモと左に書いてよろしいか」

と質問した。するとひげの先生が、

「ぶるぶるっと、だまれ！　そんなことといったらあかん」

といってから、かんらかんらと笑った。

私がしめたとばかり「バレイショ」と右側に片仮名で書き、下の方に「じゃがたらいも」と書いたことは、なにをかくそう、その子のおかげであった。

母はこれを聞き、すかさず、

「それはみな氏神さまのおかげじゃぞよ」

といった。母は私の受験の日に氏神の社殿のまわりを、ぐるぐると、す足でお百度をふんだということだった。

（一二）いじんさん

私が膳所中学にはいって数日あとのことであった。

「きょうは毛唐《けとう》の教師のくる日や。おめいなんか、異人《いじん》見たことなんかあらへんやろ」

といって級友のひとりにからかわれた。その子は一年上級のはずであったが、落第して私たちのクラスに配置された生徒だった。

私の郷里の滋賀県の高島郡では昭和二年になってはじめて江若《こうじゃく》鉄道がひかれたので、明治・大正のころには、汽車を見ようと思えば大津まで行かねばならなかった。それほどだから私はいまだかつて外国人を見たことがなかった。その落第生のあざけりもまことにずばりだった。

私は六時限目の授業がはねると、いそいで教室をでて校門で待ちぶせた。一目でよいから異人の先生を見ようという一念からだった。

きた。

まもなく二十五、六歳の異人の紳士《しんし》が山高帽をかぶって小さな柳行李《やなぎごうり》のバスケットをさげてでてきた。

「きた！　きた！」

「ほんとに白い肌やなあ、金色の髪やなあ、眼玉があおいや」

とつぶやきながら先生の顔をじろじろと見ていると、

「カマワン　ボーイ」

とさけぶや、私の肩に手をかけて、ぐいぐいとひっぱるではないか。

「日本語しっていやはるなあ、構《かま》わんといったはる」

とひとりごとをいっていると、こんどは私の首をつかまえて、どんどんおすではないか。

「はなして、はなして！」

とさけびながらも、私はにげる気はなかった。先生におされるままにつれて行かれた。中学校の東どなりの一軒の士族やしきだった。玄関をあがると、おざしきには、すでに四年、五年の上級生たちが十数人あぐらをかいて先生の帰るのを待っていた。

その異人の先生こそは、ウィリアム・メレル・ヴォーリズ〔W. M. Vories, 1880-1964〕先生その人であった。後年、日本に帰化して一柳米来留《ひとつやなぎめれる》と改名した。私たちは当時ボリッさんボリッさんとよんで、ヴォーリズ先生とよぶものはひとりもなかった。

先生は明治三十八年一月二十九日に横浜につき、こえて二月二日には近江八幡町（現在では市）にきて、県立八幡商業学校の英語教師となったのである。私がはじめて出会ったのは、先生が八幡にきて二カ月余、七十日たったばかりであった。毎週一回木曜日には、八幡町から膳所中学へ会話を教えにこられた。

当時先生は、週四日は八幡商業で教え、一日は彦根中学でも教えた。近江八幡の自宅では、いちはやくバイブル・クラスを開かれたが、彦根でも膳所でも、学校の近くの座敷を賃がりして、週に一回のバイブル・クラスを開いたのであった。

私がはじめてひっぱられて行った日には、羊飼の話であったが、上級生の山本一清君が通訳した。山本君は後年、全国的に有名な天文学者となった人である。

私はその後、毎週かならずそのバイブル・クラスに出席した。バイブル・クラスの終わった後には、ボリッさんは例の小さいバスケットからホーム・メイドのクッキーをとりだして、あまい紅茶やコーヒーでわれらをもてなした。そのレフレッシュメントが生徒たちにはとても魅力的《チャーミング》だった。いなかものの私にとっては特にそうであった。

いまになって、つらつら思うのに、私の生涯において、自分にもっとも偉大な影響を与えた人物は誰であろうか。それはやっぱりボリッさんだったかと思われてならない。もし私がボリッさんを知らなかったならば、私はあるいはイエス・キリストにも出会わなかった。従ってクリスチャンにもならなかった。もし私がキリストを信じなかったならば、むろん私は支那《しな》へなど行かなかったであろう。そう思うと、ただ一目異人さんを見てくれようと思って、校門でボリッさんを見はったのが、はしなくも私の一生の運命を、よかれあしかれ決定してしまったのであった。

ボリッさんはあまりにも熱心にバイブル・クラスを通じて、生徒たちに伝道したので、ついには県当局から首にされ、もはや膳所中学にも教えにこられなくなった。しかし私はこうなっては、ますます燃えずにはいられなかった。私は熱心に、ボリッさんの後を追った。大津の教会にも八幡にまでもでかけて、求道することをやめなかったのである。

(一三) 悪習《あくしゅう》

ボリッさんからは毎週一度バイブル・クラスで話をきいた。ある日のこと、先生は私たちに純潔について話された。

「きょう私が話すことを、なんのことやら、わからん者はそれでもよい。わかる者だけに私は話しかける」

と、その日にかぎって前おきをして、じゅんじゅんと話すのだった。彼の眼光は、けいけいと輝いていた。

「君たちのうちには、人にいえないような悪い習慣をもっている者はないか。その悪習をもっている者はかならず成績がわるくなる。とくに数学ができなくなる。また眼玉がくぼんでＴＢ〔結核〕にかかりやすい。学業ばかりでなく、スポーツはぜんぜんだめになる。体ばかりでない。精神力が低下する。この悪習からのがれる方法は、両手を夜着のそとにだして眠ることである。ねまきはユカタよりも、パジャマを用いる方がよい。なおも誘惑におちいるならば、父や母に告白してその協力をもとめよ。その監視のもとに夜はあかりをともしたまま眠るのも一案である。

しかしながら、もっとも完全な方法は神に協力をもとめることである。天の父はどこにでも、またいつでも見ていらっしゃるのであるから。使徒パウロは、

「わたしの肢体には別の律法があって、わたしの心の法則に対して戦いをいどみ、そして、肢体に存在する罪の法則の中に、わたしをとりこにしているのを見る。わたしは、なんというみじめな人間なのだろう。だれが、この死のからだから、わたしを救ってくれるだろうか」〔「ローマの信徒への手紙」第七章二三―二四〕

といって、われらの主イエス・キリストによってのみ、われわれは悪習から救いだされることを教えている」

ボリッさんの話は、温情にあふれ、しかも私たちの心に迫るものがあった。生徒は、みなだまって頭をあげえず、うつむいたまま、しんとしてきいた。学校には数多くの教師がいたが、このようなことを教えてくれる先生はただのひとりもいなかった。私の胸はどきどきと高なり、私はその場にいたたまれないほど感動した。

私の家には私の小学生時代からひとりの下男がいた。その男はまことにきさくな、心のあたたかい人物だった。私に乗馬をすすめ、将棋を教え、しゃれ《ジョーク》をいって人の心をやわらげることを教えてくれたのも、その下男であった。私は幼いころ、よく口ぐせのように、

「わしがいこうなって、えらい人になったら朝どん（下男の名）に家の一軒もたて、洋服のいっちょうもこうたるぞ！」

といったそうである。ところがである。実をいうと、私はいつのまにか、その朝どんから、ボリッさんがわれわれに、じゅんじゅんといましめた悪習を伝授されていた。彼は私が高校生になった後ま

でも、かなり長い年月の間、ひとめをぬすんでは、私にいまわしい悪習をいろいろと教えこみ、私を自分のあやしい享楽の道づれにしていたのであった。

そのころ私の村に和湖正太という人がいた。父親は銀行の頭取だった。正太君の家もやはり豪農で下男が二、三人いた。小学校はわたしより五年下級、中学は三年下だった。学校の成績はよかった。この正太君があるとき、

「ぼくなんんか、教室でもときどきやるんや」

と、悪習に便利なように、右のズボンのポケットの内袋の底を抜いて、さもさもじまんげに見せたものである。私はおどろいた。

正太君になんどもバイブル・クラスにきて、ボリッさんの話をきくようにとすすめたが、彼はまるであいてにせず、一度もこなかった。

それでも彼は中学をおえ、三高から京都帝大を卒業。ある大会社にはいったまでは順調だった。ところが、なんたることだろう。人生最良の日であるべき新婚旅行の途中、彼はホテルに花嫁さんをおきざりにして逃げたのである。彼は故郷の村に帰ると、家の床下に大きな穴を掘って、牛か馬のように藁《わら》をしき、穴ぐら生活をはじめた。もちろん会社もやめてしまった。

空腹になると山にいって山いもを掘り、川にいって鯉やふなをつかまえて食い、またそれを売ってくらした。ひげはぼうぼう、ぼろぼろの服をきて、仙人かルンペンのようであった。

私は村に帰ると、かならず正太君を彼の家の縁の下にたずねて声をかけた。私は彼にバイブルをおくったこともある。また彼は山いもを二度ほど私にくれた。

一方、風のたよりに下男朝どんは、いまも生存中ときくが、私はいまだ一度も訪ねたことはない。もちろん洋服など贈呈しようと思ったこともない。

といっても下男朝次郎から悪習を伝授されたればこそ、後年の清水安三に信仰の戦いがあったのではあるが。それにしても私は、朝どんだけは、いまもなお、とうていたずねる気にはなれないのである。

（一四）おんなごくどう

私の長兄の弥太郎は私よりも十六歳年うえだった。酒は一合はおろか、ひとくちだっていけなかったが、世にもまれなおんな極道《ごくどう》だった。男ぶりもよければ、おしだしも悪くなく、幼年のころ漢学者富岡鉄斎のもとに学んだというから、いなかでは教養もなかなかのものだった。

そのころ大津には柴屋町という遊廓《くるわ》があった。兄の弥太はその柴屋町で一番大きいかまえの大房楼のお大尽《だいじん》だった。その大房には平岡貞太郎という息子がいて、その腹ちがいの妹に小政という女性がいた。家娘でありながら、左褄《ひだりづま》をとって芸者をしていた。そして弥太は彼女の旦那《だんな》で、彼女は兄の愛人《あいかた》だった。

芸者小政は色白で背がすらりと高く、まるで浮世絵からぬけでたような美人で、うりざね顔で歌舞伎の歌右衛門そっくりだった。

小政の腹ちがいの兄の貞太はやくざで、博奕《ばくち》うちだった。私の兄は、貞太が高利貸のために競売のはめにおちいった大房楼をごっそり居抜《いぬき》のままで買いとって、小政の財産にした。
そうするためには、私のうちの田舎の山林の樹木はだいぶ伐採され、山々がみな坊主になったといって、祖母や母はたいそう悲しんだが、まあそれはそれでよいとしても、またまたものの一年もたたないのに、貞太は小政の実印を盗み、高利貸から大金を借りて、どこかへどろんして姿を消してしまった。うわさでは支那へ渡ったとのことだった。

兄は穂積という弁護士に頼み控訴までしたが、なにしろ相手が姿をかくしていたこととて、裁判はやっぱり敗けた。ついに大房楼は人手に渡ってしまった。そこで兄は大津の四宮《しのみや》〔町〕に、小政の従兄の早藤佐吉にすすめられて、彼の持っていた大きい家屋を借り受けて、平岡家《ひらおかや》という旅館を開業して、小政に経営させた。四宮町はもとは遊廓だったが、県庁がこの町に建設されたので、町ぐるみ廃業を命ぜられたのであった。佐吉は遊女屋の息子だったが、廃業してから後は、生まれつき手先が器用だったので、経師屋を営んで、どうにか口を糊していた。たいした学問はなかったが「一六」〔滋賀県出身の政治家・書家の巌谷一六〕ばりの字をたくみに書く男だった。

借りうけたその家屋はなにしろかつて貸座敷業のお茶屋だったので、大宴会にかっこうな、下には四十畳、二階には二十畳の大広間があった。これがあたって開業まもなく政友会系の県会議員の常宿にされ、たまたま全国遊説にきた総裁原敬〔1856-1921. のちに首相〕が立ちよったというので、たちまちにして全県に知れわたる旅館となった。

小政の従兄佐吉は、ただ一年しか営業しないのに、家屋を買いとってくれ、買いとらねば他へ売ってしまうと無理なんだいをいいだした。兄はそれまでに多額の資金を投資しているし、買いとるのには、さらに多くの金がいるのだが、すごく繁昌しだしたので欲をだして買収することにした。兄が私の名義になっていた田地を人手に渡したのはその時だった。今日、県立今津高校の校地は、その地面だったということである。

私が中学へ入ったころ、兄は本妻を田舎から呼び寄せて、四宮町から五十メートルの近い距離にある鍛冶屋町《かじやまち》に、一軒借りて住まわせていた。そうして私は、その兄の本妻の宅から中学校へ通学した。兄嫁は本妻であるにもかかわらず、かえって、第二夫人でもあるかのような、取りあつかいをうけていた。

しかも私はその不自然な家庭で、まるで、継子と継母の関係のような冷たい待遇をうけて、学生生活を営まねばならなかった。ある日兄嫁が、法事でもあったのであろう、田舎へいった。そうして私の母の鏡台の引出しに、私が母に送った兄の家庭のことをいろいろと書いた手紙を見つけた。そうしてその手紙をわざわざ持ち帰って兄に見せたからたまらない。

「お前は世話になりながら、恩知らずだ」

とばかり、私は彼女の眼の前でけられたりぶたれたりした。

そのころ私はまだこどもだったので、なんで兄嫁が私に冷たくするのか、さっぱりわからなかった。その兄嫁は今もなお田舎に矍鑠《かくしゃく》としてくらしているが、私には少年の日の忘れられないうらみ心から、

「ねえさん、あのころはさぞつらかったろうな」

といって、おみやげの一つも持って、たずねて慰めるようになったのは、よほど私が年をとってから後のことであった。

（一五）どろぬま

中国ではそのころ一号夫人と二号夫人が、同じ構えの家の中に同棲しても、少なくとも外から見たところは平和に生活していたが、日本では妻と妾《めかけ》が一軒の家に住むことは絶対にむずかしいようだ。私の兄の本妻も、近くに別居はしていたが、私が中学三年になったとき、とうとうがまんができなくなり、兄と別れて京都へ女中奉公に出た。なんでも大きい呉服屋の女中頭になってしあわせに生きているという噂だった。

そこで私はしかたなく、兄のめかけの経営する旅館平岡家に引越し、そこから通学しなければならなくなった。私の部屋は、旅館の玄関わきの三畳の間だった。格子《こうし》戸であったから昼なお、うす暗かった。そのうえ街路に面していたので、荷車のきしる音、物売りのよび声などが聞こえてまことにそうぞうしかった。しかも玄関わきであったから、店に客がくると、

「お客さんどっせ」

と、いちいち大声で伝達せねばならなかった。また泊り客が外出する時には、

「お客さん、お出まし」

などと、これまたいちいち呼ばねばならぬ。もともとやっかい者だから客室に使えぬ部屋をあてがわれたとてしかたのないことだったが、これでは中学生の勉強部屋としてはぜんぜん不適当であった。

私の居室がただに、勉強するのにはふさわしいものでなかったばかりではなく、旅館兼料理屋の平

岡家そのものが、中学生のおるべきところではなかった。

なにしろ遊女屋のおかみだった小政が経営主だったから、実に風紀のわるいことは話にならなかった。夜十時ともなると、女中がお座敷へ行って客の床をのべ、かやをつる時など、女中はきゃあきゃあ叫んだあげくのはてに、

「誰かきてんか。はなしておくれやすな。いやや、いややや！」

と、よっぱらいのわるさから助けをもとめる黄色い悲鳴が聞こえたりすることは毎夜のようだった。また大広間ではよく、どんちゃんさわぎの宴会が開かれた。おおぜいの芸者や舞妓《まいこ》がやってきて三味や太鼓で夜おそくまでさわがれるのにはよわった。

つぎに食事のことだが、宿屋ではお座敷から客の食いのこしたさがり物がふんだんにあるので、家の者のためにはお惣菜《そうざい》をつくらないならわしであった。ところが私にだけは、兄が、

「客の食いのこしは絶対に食ってはならん」

ときびしく禁じていた。また私も絶対に人が箸をつけた物は口にしまい、と女中たちにも宣言していた。それがためには私は時にはおかずなしに飯を食わねばならなかった。女中たちがひときれではあるが客が残した刺身や、すこし背をつついてはいるが、まだ形のくずれていない焼き物の魚などを、さもうまそうに食べているのを横目でながめつつ食事をすることは実に不快であった。

ある冬の夜のこと、お座敷から客のつつきのこした牛鍋がコンロとともにさげられてきた。それへ五十匁《もんめ》〔一匁は三・七五グラム〕ばかり新たに肉を加えて、兄のおぜんの前におかれた。兄のめかけ小政と彼らの娘の幼女八重《やえ》とは、その牛鍋をかこんだ。私のおぜんには干大根《ほしだいこん》のせんぎりを、こまかくきった油揚

げとうふとともに煮たおそうざいがのっていた。

私の反射神経が思わずはたらいて私の視線がふとその牛鍋のうえに注がれたとき、小政が、

「だんなはん、ヤスゾウはんにもたべてもらいまほう」

といったから、たいへんなことになった。

「いやしいやつじゃ。そんなに食いたけりゃ、頭から鍋ごとかぶれっ！」

と叫ぶが早いか、ぐらぐら煮たった鍋を私めがけて投げつけた。私の着物はどろどろの牛の油汁をべっとりあびた。その時女中が四人いっしょに食事をしていたが、みな顔をそむけた。あっけにとられて、だれもこぼれおちた肉片や葱をひろおうともせず、ただだまって食事をつづけた。白けきった一座を見た兄はぽいと立って、八重をつれて外へ出た。たぶん、町の飲食店で食ったのであろう。

私はしょんぼり自分の部屋へもどって、机の前にすわり、本も読まず、字も書かず、ただ呆然《ぼうぜん》としていた。するとお菊という女中が、こっそり小皿にごちそうをいれ、前だれの下にかくして、私の部屋へはこんできた。

「これはお客さまに出す前に、べつにもらっておいたのどっせ。食いわけじゃおへんのえ。おあがりやすな」

といっておいて行った。彼女は台所から、お客の部屋へ料理をはこぶ時に、廊下のとちゅうでいくつかのおぜんからひときれ、ひときれ、刺身だの川魚を目だたぬようにかすめとって、一つの小皿にもって私にくれたのであった。そうしてこのことは、その後かなり長い間つづけられることになった。

私としたことが、その女中が盗んでつくった皿のごちそうに、いつしか、不満足ながら満足すること

になってしまった。ひとつはその女中の親切にほだされたのでもあったらしい。

お菊は美人というのではなかったが、いかにもかしこそうな、有馬稲子みたいな顔をしていたようにおぼえている。

(一六) サタン

平岡家はなんといっても、芸者あがりの小政が、おかみで采配《さいはい》をふるっていたことだから、まことにみだらな風紀のわるい旅館であった。しかし私はこんな環境のうちも、せっせと教会にかようことを休まなかった。日曜日の朝夕の礼拝はもちろん、金曜日の夜の祈禱会、それから一週おきの家庭集会のどれにもかかさず出席した。たとえ学校の試験の前日でも、かよいとおしたものだった。

ある日曜の夜であった。教会をでると教会の向かいがわの家の軒のかげから、ひょっくり有馬稲子ににた例の女中のお菊がでてきた。私の前をちょこちょこ行くではないか。私が教会の友だちとわかれて、ひとりになると、お菊はふりかえって近づき、そっと小声で

「やすぞうはん、ちょっと浜までつきあっておくれやはんか。あて、聞いてもらいたいことがおますのや」

というから、

「家へかえって話きこう」

とこたえた。が、私の声がきこえなかったのか、それともきこえたけれども、きこえないふりをし

たのか、どんどんさきに足を早めて、湖畔にむかってあるくではないか。私はしかたなくついていった。その夜は比良比叡《ひらひえい》の山々が、琵琶湖《びわこ》のはるかかなたにうっすらとかすんで見えるくらいあかるい月夜であった。

「なんや話って」

と私は湖畔に積んである丸太の上に腰かけた。と、お菊もなれなれしく、私にならんで腰をかけるではないか。そしてお菊はなにげなく私の右手をとって、自分の膝の上にのっけて、両手でにぎろうとした。いやにぎった。そのとき私は、じんと頭にきた。お菊の手を強くふりはなすと、私はぱっと立ちあがってさけんだ。

「サタンよ！　うしろにさがれ！」

お菊も、はっとして立ちあがった。

「サタンってなんですのや」

「サタンか、アクマいうこっちゃ」

「すると、あてはアクマでっか」

「お菊どん、女を見て心の中に色情をおこすと、右の眼玉をぬきださんければならんのやで」

「おおこわ、キリストはそんなこといわはるのでっか」

「お前がなあ、なおわしを誘惑したら、わしは右の手をきりとらんならんのじゃぞ」

「おおこわ、どうしまひょう、そんなかたわにおなりやしたら」

「お菊どん、お前、わしをラブしたってあかんぜ。お前がせめて女学校を卒業していたらなあ！

お前、ラブいうことわかってるか」

「知ってますわ、ラブはとうざのでき心という歌〔「あらえっさっさ」〕がおすもん」

「はは、、、そうか」

こうしてお菊にアベックにさそわれた翌日だった。いつものように、お菊が、客のおぜんからかすめたごちそうを私の部屋にはこんできた。

「お菊どん、もうぼくは、そんなものいらんわ。渇《かつ》しても盗泉の水を飲まず、というもん」

「それでもあんさん、滋養がたりんで、脚気《かっけ》におなりやしたら、どないおしやす」

「それでもなあ、ぼくはぬすんだ物をもろうて食うのは、はずかしいことやと思うのだ。もうぜったい、もってこないでくれ」

このお菊の好意への拒絶は、お菊に大きなショックを与えたらしい。お菊はそれから一週間ばかりすっかり元気がなくなり、しょんぼりしてしまった。しかもお菊は月末に給金をうけとると、ふいっと姿を消してしまった。ひとことのことわりもいわず一枚のかきおきも残さず、家出したのだった。平岡家ではさっそく警察に捜索《そうさく》願いをだした。しかしなん日まっても、どこに行ったか、なんの手がかりもなかった。

それから十八年ばかりたった。私の三十五歳のとき、組合教会のキリスト教大講演会が大阪の中之島公会堂で開かれた。私は当日の弁士として畠中博君（後の神戸女学院院長）と海老名弾正先生とともに招かれた。大講演のことは新聞にもでかでかと広告がでるし、電車の切符の裏にまで、大々的にPRされた。会場はわれるような聴衆で満員の盛会であった。

やがて講演がおわり、私が講師ひかえ室にひきあげてくると、夫婦ものの面会人があるといって、はいってきた。妻くんらしいのが私を見るなり、

「思いだしてくださいましたか」

という。私はとっさに、

「忘れざれば、思いだしもせずというところですな」

といって微笑した。彼女がつれてきた紳士のさしだした名刺には「都島マーケット専務理事」と印刷されていた。

「主人は慶応出ですのよ。私はあれから東京へ出て、苦学して渡辺（女専〔女子専門学校〕）をでましたの。私は洗礼をうけましたの。主人はまだですけれど……」

「そう、それはえらい」

私としたことが、彼女の主人の名刺をその夜、どこへどうしたものか、紛失してしまった。

私たちは、それぎりで再び消息不通となってしまった。

（一七）カンニング

私が中学一年の二学期だったか、それとも三学期だったか、今はすでに記憶がはっきりしない。私としたことが、どうしてこんなに、私の生涯にとって重要な事件がはっきりしていないのだろうかと、ふしぎに思うのである。それは学期試験のときカンニングをしたことである。きっとでると

思った問題の答えを、さも教室で書いたようにしてだすために、家で紙に書き、教室ではただ番号だけいれればよいように用意して行ったのであった。しかしこれまたその問題が、試験にでたものやら、でなかったものやらはっきりおぼえていない。とにかくその私のわるだくみが試験監督の先生によって発見されたことは事実であった。これはちゃんとおぼえている。

　私はそれから毎日のように、きょうは教員室によばれるか、きょうはよばれるかと心をいためていた。かるくて停学ですめばよいが退学になったらどうしようと、寝てもさめても、びくびくしてくらした。ところが、待てどくらせど、とうとう呼びだされなかった。しかしこの判決はきびしくくだった。その学期の成績表に、操行《そうこう》が丙《へい》とついた。もっとも最下点である。しかもこれが、なんと四年の一学期まで、実に四年間も、さがりっぱなしであった。

　中学四年の四月の新学年になると、私たちの学校に、エルキントン・ホーンという英国人が、英会話をおしえるため京都からやってきた。ホーン先生はロンドンの師範大学を卒業していた。京都でも二、三の学校で教えていて、蹴上《けあげ》に住んでいた。私はあるとき級友と京都へあそびに行った。そのついでにホーン先生をたずねたことがある。そのときにびっくりしたのは、先生が日本語をべらべらしゃべることだった。学校では一言半句も日本語をしゃべらないから、ぜんぜんわからぬと思っていたからである。そのころホーン先生は『旭光《きょっこう》』という雑誌を一部五銭で、希望者にくばった。それは神戸の村上俊吉〔1847-1916〕氏が、通信伝道のために、月々発行しているキリスト教の小雑誌であった。私はそれを五十部買いとって伝道用にした。その代金をかせぎに、私はライオン歯みがきの大袋、小袋や歯ブラシをせっせと売ってあるいた。この私の売る方法が、われながらふるっていた。そのころはまだ水道がなく、街の十字路には、たいてい井戸があって、街の人びとは朝おきると、まず顔をあらいに井戸ばたにでかけたものである。私は朝はやくおきて井戸ばたにがんばった。と、歯ブラシや歯みがき粉のない人は、たいてい指さきに塩をつけて、歯をごしごしこすっていた。

私はそんな人を見つけると、すばやくブラシや歯みがき粉を売りつけるのである。

私はこうしてもうけた金で、友人たちに『旭光』を伝道のためにまいたばかりでなく、下級生には、すごく熱心に教会行きをすすめた。とくに学校から注意人物になっているいかれぼうずには、とくに目をつけた。もちろん私のはたらきばかりではなかったが、当時の大津教会の出席者は、中学生が全会衆の半分くらいをしめていた。生徒がなんぼ多くきても、教会の財政にはさっぱりうるおうことはなかったが、教会に活気があふれていたので、牧師も役員もよろこんでくれた。

私はわすれもしないが、中学四年の一学期の成績表をもらって見ておどろいた。操行の「丙」が、「甲」になっているではないか。これは後日になって、ある教師のひとりから、ないしょできいたのだが、

「校長が、清水は積極的に善をする生徒だ、操行は「甲」にすべきだと発言された」とのことだった。

私はとてもよろこんだ。というのは、それまで私は教会で、なんども洗礼をうけるようにすすめられたが、そのたびに、

「とんでもない。ぼくごときが洗礼をうけては、神のみさかえをけがしますわ」

といってことわっていた。私は操行が「甲」になった機会に、ぜひ洗礼をうけようと決心したのであった。

私はまことに操行の「丙」が苦になっていた。私は自分は罪人だ、しかも罪人のかしらだと思っていた。今だからいえるが、私が中学一年のときにカンニングしたのは、あれはよかったと思う。そして操行点が「丙」をつけられたのも、あれはよかったと思う。なにもかも、今ではよかったと思うのである。

（一八）魂のふるさと

大津は、琵琶のみずうみと逢坂の山脈との狭間《はざま》に長く横たわる町である。私の魂の誕生の地は、湖畔の浜どおりの白玉町である。そこに日本家屋の二階建ての母教会があった。

中国では二階屋のことを「楼」という。白玉楼は文人や学のある者の死後のすみかであるという。と、私の魂は白玉楼に生まれ、白玉楼にゆくわけである。

その白玉町の教会は組合派だった。いまりゅうりゅうと栄えている大津教会、あれは同胞派で、わが国の徴兵忌避者第一号として、禁錮二カ月の刑に服した日本キリスト教史上にさん然と名をとどめている会津の人、矢部喜好《きよし》〔1884-1935. 日露戦争期に兵役を拒否〕牧師がその開山である。

私は用事があって、関西にくだり、京阪神の間でしごとをするときは、かならず西江州の生村をたずねることにしている。そのたびに大津駅でのりおりする。私は大津をすどおりすることはめったにない。一汽車おくれても白玉町のあたりを、うろついて湖畔にでて、なぎさをぶらぶらする。これが私の行事にさえなっている。白玉町教会は、いまでは倉庫になっているらしい。あの家だったか、この家だったか、はっきりしないほどで、すでにあとかたをとどめていない。

　私がせっせと教会にかよったころの牧師は、白石矢一郎先生だった。説教も雄弁で、祈禱もとうとうと流れるようにやってのけた。私はそのころ批判がましい文句はつけなかったが、いま考えると、説教は大声叱咤《しった》で雄弁でもよいが、お祈りはむしろ低声で口ごもるのがよくはないかと思うのである。

　これはまたどうしたことか、白石先生はあれほど雄弁であり、毎週毎週、二回三回ときいたにかかわらず、ほとんど説教の内容については記憶していないこともふしぎである。ただひとつおぼえている言葉は「びんぼう牧師」という語を連発したことである。先生には八郎という息子があったから、先生もまた「子だくさん」の例にもれない「びんぼう牧師」だったにちがいない。この語句は教会の執事たちには、おそらく耳ざわりな言葉であったろう。しかし私には、「おれはそのびんぼう牧師になってくれよう！」という、貰いインスピレーションをうけたのであった。もしも先生が、「牧師くらいたのしい職業は、ほんとうはそうなんだが、世にまたとあるまい」といわれたならば、おそらく私は神学校へはいかなかっただろう。

　明治四十一年、私の中学四年のとき、組合派は大津を中心に集中伝道をもよおした。一月には京都四条教会の牧野虎次〔1871–1964〕牧師、二月には同志社の日野真澄〔1874–1943〕教授、三月には平安教会の西尾幸太郎牧師、そして四月には洛陽教会の木村清松《せいまつ》〔1874–1958〕牧師が講演にこられた。このごろよく若手歌舞伎ということばをきくが、当時京都には若手牧師が、くつわをならべて活動していた。この人びとは後年いずれも大牧師となって、日本組合教会史上にその名をとどめた。

　私がいまもなお、まざまざとおぼえているのは、日野先生が、「ソクラテスと中江藤樹」と題して語られたことである。先生は「ソークラテース、ナカイトウジュ」といわれた言葉のあやまりで記憶にのこっている。

五月には番町の綱島佳吉《かきち》牧師、六月には前橋の堀貞一《ていいち》牧師、七月には霊南坂の小崎《こざき》弘道牧師、八月には本郷の海老名弾正牧師、そして九月には大阪の宮川経輝《つねてる》牧師がこられた。海老名先生の講演会は会場に人があふれた。私は最前列にすわっていたので、先生の足が動くたびにこつんこつんと私の膝がしらにふれたことをおぼえている。

宮川先生は膳所中学の講堂でも講演した。「紳士道」という演題であった。そのとき、「英語には日本語にない、よい言葉がある。ホーム・ゼントルマンのようなのがそれである」と、いわれた。

これらの弁士の顔ぶれを見てもわかるように、そのときはまさしく組合教会の一騎当千の牧師総動員の大伝道だった。はたして、この果実として二十七人の男女の受洗者がでた。その中には後年の陸軍中将山路《やまじ》秀男、三菱倉庫の社長伊夫伎《いぶき》直一、大和証券会長渡辺安太郎のような傑物がでている。つまらないが私もその中の一人であった。

なおこれらの弁士たちは、それぞれの特長をもち、いずれおとらぬ熱弁をふるったが、私を決起せしめたものは、木村清松先生の説教であった。木村先生が満場の会衆の中から私をにらみつけて、悔いあらためをせまった言葉こそは私を罪のふちから、だんぜんはいあがる決意をさせたのであった。

(一九) ひっこし

それはわすれもしない中学四年の十二月四日の夕方であった。私が洗礼をうけて六十六日目だった。私が寄宿していた兄の二号小政が経営する平岡家《ひらおかや》では、県会議員の宴会がひらかれていた。なにしろ五十人からのお客であったから、おかみも女中もてんてこまいだった。その時おかみの小政が私をよびだし、

「やすぞうはん、ビールのつめ（せん）をぬいておくれやはんか」

と命じた。そのころのビールのせんは、キルクであったから、螺旋《らせん》のキルクのせんぬきでなければ抜けなかった。しかもゆっくり抜かねば、泡がほとばしりでるので、ビールびんを股の間にはさんで、ビンをやや斜めにしながら力をいれて抜いたのであった。それだから、客がたてこんで、いそがしいときには女中の仕事としてはたいへんなことであった。

それまでは私もよろこんで、ビールのせん抜きを手伝ったものであるが、洗礼をうけた今日となっては、たとえ他人が飲むにしても、酒をのむお手伝いはすべきでないと考えた。

「ぼくにはもう、ビールのせん抜きは許されんことになったんや」

といって私はすげなくことわった。

「けったいなこといわはるな。そいじゃあんたはん、うちのおまんま食やはりやしやはりまへんか。お客さんにさ、ビールやらお酒やら買うてもろてさ、みんなおまんま食わしてもらいますのやろ。あほらしい、なにをぐずぐずいっていやはるのやろ。しんきくさいお方」

私はただ口に微笑をたたえてだまって答えずにいると、そこに兄がやってきて、

「なんや、なんや、なに？　ビールのせん抜くのが罪悪やて、お前が酒もたばこものまんというの

は、そら結構なこっちゃ、けんどなあ、ビールのつめ抜くのが、どうしてわるいのや、あほう！」

兄は立ったままでどなった。

「お前は洗礼とかいうものを受けてから人間がかわってしまった。女《おな》ごしさんには、ろくろく口もきかんそうやないか、よんべもおなご連れのお客さんが、泊るのではないが二、三時間休ませてもらえんじゃろかといって、玄関にあらわれたら、お前はにべもなく、ことわってしまったそうやないか、そんなこと勝手にするのはなまいきじゃ！」

兄はビールびんのせんを抜きつつ、私をしかるのであった。

「それからお前は、小政のことを七つの悪鬼につかれている女やといったそうなが、そらほんまか？」

となじると、よこあいから小政が、

「そんなことといわはったんでっか、このごろ、あてにさ、白い狐やとか、まむしのすえやとか、いろいろなけったいな仇名《あだな》つけてくれゃはりますのでっせ、おおきに」

「とにかくお前がビールのせんを抜かんのやったら、お前はこの家のめし食う権利がない。どこへなりとでて行くがよい」

兄はついにそこまでいうと、もうだまってしまった。私は兄の小言《こごと》がやっと終わったので、その日、学校で約束してあった桑原与五郎君の家を訪問するため夕方になって家を出た。桑原は私より二年下級生で求道者の一人だった。私はそのころ、一週に一人の求道者の家庭を訪問することにしていた。これは先に選ばれた平信徒のつとめであると考えていたのである。桑原のおばあさんにあうと、とて

も私をあたたかくむかえて、

「あんたはんのお父さんをよく知っとりますがな。わたし方《ほう》はさきに船問屋どしたよって、おうちのお米つんだ船が、うちの港へつきましたんやわ。わたし方は、お宅が大のおとくいさんでしたんやわ」

といいだして、私の父のことをいろいろと思いだして話すのだった。私の父はよほどの胆玉《きもだま》のふとい米の相場師だったということである。桑原の家の前が入江になっていて、船が帆をおろして、なんぞうも碇泊していたそうである。

私がビールのせん抜きをやめたこと、このため兄の家で衝突したこと、風紀のわるい旅館では学生としてはいたたまらんと、ぐちをこぼしたところ、

「そんなどしたら、うちへおいでやすな、洗濯もしてあげまっせ、ごっつおはないけど」

私はその夜、桑原の家の手押車をかりて、平岡家から私の夜具、机、本箱など全部、桑原家へはこんでしまった。平岡家では、まさに宴たけなわで、おかみの小政も女中たちも私の家出には気づかなかった。もしかすると、みんなは知っていて知らぬふりをしたのかもわからなかった。

（二〇）　掘りだしもの

ついさきごろ私は関西へ所用があって旅行した。昼間は京・阪・神をまわって、夜は近江の生家を宿にした。一日暴風雨で新幹線が運転を休むほどの日があった。終日私は家にとじこめられたので骨

やすめができた。あまりのつれづれに、生家の土蔵にはいってみた。祖母や母の嫁いり道具だったらしい徳川末期や明治初期の古いたんす、長持、釣台《つりだい》などがずらりとならんでいた。ふと母のたんすのひきだしを開くと、私の小学生のころの証書が二枚でてきた。一枚は、

賞状
尋常第四学生
清水　安三
一、虎斑硯一面
本学年間、品行方正、学業優等奇特ニ付頭書之通リ賞与ス
明治三十四年三月三十一日
滋賀県立高島安井川尋常小学校長　　野呂　関一（印）

というのがあった。もう一枚は高小〔高等小学校〕一年の賞状で、それには学業優等とあるが「品行方正」が書いてない。実はそのことについて思い出がある。

高小一年の時だった。ある日私は学校の便所《トイレ》の壁に、私の名前とおはなさんの名前が、あいあい傘の下にならべて書いてあるのを発見した。おはなさんは私の生村のもので、百姓《ひゃくしょう》の娘にしては色も白く、眼もともまことにすずしい美少女だった。親せきでもなんでもなく、ただのおさな友だちだった。

私は誰かわからぬ友だちから、おはなさんのことでからかわれた腹いせと、きまりのわるさから、翌朝学校にくる道で、馬糞《ばふん》を竹の棒のさきにくっつけ、友だちがおおぜいいる前で、おはなさんを追いまわして、大いにいじめてくれた。ところが、まさかと思ったのに、おはなさんは、いち早く私の担任の先生にこれを訴えた。さあたいへん、私は放課後になると教員室によびだされて、夕方まで教員室のすみに立たされた。

「おはなさんのばか、おいらの本心も察しようとはせんと、なんだばかたれ、ばかばか」と口の中でつぶやきながら、私は直立の刑を食ったことを覚えている。「品行方正」の四字が飛んでしまったのはまさしくそれがためにちがいなかった。

それはともかくとして、私が小学生時代には優等生だったことは土蔵からの掘出物で証明されたわけである。また私は三十四歳から六歳にかけて〔清水の米国留学は一九二四〜二六年だった。第七五回参照〕、米国オハイオ州のオベリン大学のグラジエート・スクール・オブ・セオロジーに留学したが、毎学期私はメリット・スカラシップをいただいた。米国の大学では、ほうびは物品ではなくて、ドルなのである。もしも私のオベリンにおける成績をうたがう者があるならば、エアー・メールの封かんはがきをはりこんで、問いあわせてみるがよい。

ところが初めと終りはたしかに優等生だったのだが、中間の膳所《ぜぜ》中学と同志社大学の成績が劣等生だった。私の母校、膳所中は関西きっての名門校で、むかしは三高（京都）、今日では京大の入学率は、京一中（現鴨沂《ママ》高校）人と相あらそう学校であった。私のクラスは日露戦役直後のこととて、士官学校や兵学校を多く受験したので、三高にはわずか十三人しか進学しなかったが、九人はストレートで、四人は翌年みなパスしている。なお私のクラスメートから六人の陸軍中将と、二人の少将がでている。兵学校に行った一人は、日本最初の潜水艦に乗りくんで、進水式のとき、浸水のために艦が浮んでこず、おしいことに彼もまた海底のもくずとなった。こんな名門になるためには、そうとうえげつない教育が行われた。その一つは教室の席順は、成績順にならべられた。だから学期ごとに座席がかわった。むろん席順は最後列が優秀で、最前列は劣等生だった。私はたぶん入学試験の成績がよかったおかげで、一年の一学期は最後列の左端だったが、それから学期ごとに前進して、もう中学の四年ころには最前列にいた。最前列にすわっていると黒い制服がグレーになるまで、チョークの粉を身にあびねばならなかった。かの前進という言葉は、よい言葉の一つであって「前進伝道」などという言葉さえあるが、私は前進また前進をやってのけたわけである。

世には「環境の罪」という言葉があるが、さすがの私もその環境には勝てなかったのであった。私はこのごろ学生の親たちに、

「おこさまの小学校時代の成績はどうでしたか。小学校時代によくおできになったのだったら、環境をかえておあげになってごらんなさい。きっとよくできるようになりますよ」

と申しあげている。

(二二) はっぷん

中学生時代の私がどの学年でも落第すれすれの劣等生だったのにくらべて、私の親友たちは、だれ

もかれもみな優等生だった。しかもその親友は、毎年かわった。今から考えると、どうしてそういうことになったのか、私にはさっぱりわからない。

中学一年のときの親友は山内正文君だった。彼は毎朝、私の下宿の鍛冶屋町の兄嫁の家の格子戸《こうし》の前に立って、

「清水君、お待ちどうさん」

と声をかけた。私もまた、ちゃんと身ごしらえをして、彼が声をかけてくれるのを待った。しかしけっして、格子戸の外に彼を一分と立たせたことはなかった。山内君はめったに首席をほかの生徒にゆずらなかった。卒業すると陸軍士官学校にはいり、後年師団長として、インパール作戦に参加、不幸にして戦病死してしまった。

二年のときの親友は中村応君だった。彼もまた毎朝、私をさそってくれた。同君は剣道部、私は柔道部だったから、時としては同じ時間に、けいこが終わらなかったが、ふたりはおたがいに待ちあわせて、いっしょに帰宅するのだった。中村君は三高から東大法科に進んだが、彼は四番で卒業して大蔵省にはいった。そのときの一番は賀屋興宣《かやおきのり》〔大蔵大臣などを歴任。政治家〕で、二番は矢内原忠雄〔東大教授・キリスト者〕だったそうである。彼は下関、神戸、大阪、横浜の税関長を歴任した。

三年のときの親友は、山路秀男君だった。彼の父君は師範学校長で、母君は、

元日や　一系の天子　冨士の山

の名句をよんだ内藤鳴雪〔1847-1926. 俳人〕の娘で、古い女子学院の卒業生だった。大津教会の女執事《デコネス》でもあった。山路君は、後年の河南作戦で「虎部隊長」のあだ名で勇名をとどろかした陸軍中将である。四年生のときの親友は伊夫伎《いぶき》直一君だった。彼は代議士の息子だったが、三高から京大を出て、現在は某倉庫会社の会長をしている。こうしたいずれも優秀な友だちを親友にもっていたことは、私にとっては実はよしわるしで、彼らと親しくしているうちに、いくじなくも、いつのまにか、自分に劣等感を持つようになった。

「わしはもうあかん、頭が散漫《さんまん》になってしまっとる。おれはだめや」

これがそのころの、私のいつわらぬ深刻な悩みとなった。

私はさきに書いた通り、明治四十一年九月二十八日に、大津教会で白石牧師から洗礼をうけた。しかしその日の礼拝説教者は、京都四条教会の牧野虎次牧師だった。その牧野先生の説教こそは、私の生涯にもっとも大きな影響をあたえた。その中で、

「新島先生は、よく、こうおおせられた。すなわち神は同志社のキャンパスにころがっている石ころをさえも、なおよく新島襄とはなしうるのである」と。

これはイエス・キリストが、

「神はよく、これらの石ころの中よりアブラハムの子を起こすことができる」

と教えたもうことを応用したのであったと思う。私はこの牧野先生の話をきいて、

「神はこの石ころのような劣等生清水安三をすらも、なお同志社の創立者新島襄となしうる」

と自分にアプライして考えたのである。そうだ！　おれはたしかに石ころなのだ。けれども神もし

用いたもうならば、おれごとき者でも、新島襄になりうるのだ。こらあ、なんたる福音だ。私はさっそく自分の雅号を「如石《じょせき》」とつけた。私はそのときから、大いなる自覚にはいったのである。

それでは、どうすれば山内、中村その他の諸君に負けない人物になれるだろうか。それが、そのころの私の切実な人生課題となった。私はいろいろと考えた。とうとうこんな結論に達した。

「彼らはみな自分の名利、栄達を追いもとめている。もしも自分が自分の名利や出世を求めて生きるならば、とうてい彼らに勝つことはでけん。おれは富貴、栄達を願わない。おれはどんなに下づみになり、貧乏しても、気のどくな人たちのために役立つ生涯を生きるならば、けっして彼らにひけはとらない」

と考えた。このときから私の劣等感は、跡かたもなく、消しとんでしまった。しかも「われは一個の石ころだ」という自覚が、内面展開して、ついに白石牧師の口ぐせだった「貧乏牧師」に自らを献げようという決心をするようになったのである。もちろん優等生の友人諸君に負けてなるものか、という意気地も、たぶんあったことはあったのである。こうして私は発奮《はっぷん》した。

（二二）憂鬱ふっとぶ

ビールびんのキルクのせんを「抜け」「抜かん」で兄と激突して、平岡家旅館をにげだした私は、いなかの母や姉から、新しい下宿に一日一升のわりで、一カ月三斗の米を送ってもらった。そのころの書生は部屋代、おかず代、石油代、火ばちの炭代いっさいこめて一日米一升さしだせば十分まにあうというのが常識的だった。私のふるさとの高島米は日本一うまい米であるから、下宿さきの桑原家ではおおよろこびだった。

また私の学校の月謝とこづかい銭は、私が小学生時代に、にわとりを飼ってためた郵便貯金を大津局に回してもらって、毎月すこしずつ引き出して使った。私はやっぱりけんやくして貯金したかいがあったとよろこんだ。もしもあの貯金がなかったら、自分の主義をまげて、ビールのせん抜きをつとめなければならなかっただろう。

ところが、そのかわりに私は中学卒業後の方針が、かいもく立てられないのには、ほとほとこまった。たとえ風紀のわるい泥沼であっても、平岡家におりさえすれば、兄が私を京阪の上級学校へ通学させてくれないこともなかった。私の貴重な貯金も卒業式の会費や、記念写真代を支払うと、ほとんどなくなってしまった。自分から好んで足がかりをけとばしたのだから、どうにもならなかった。

学費がわりの米も母は家の仲兄に内密で送ってくれていたものだし、姉はとつぎさきの米倉からごまかして送ってくれていたのだから、これからも続けて米を送れとは言えなかった。中学五年生の夏休みのこと、私が郷里に帰っていると、姉が、

「こんや十一時ごろきなさい」

と知らせてきた。姉のとつぎさきは村はずれの鎮守の森のはしにあった。

「お前はこの「雀おどし」が風でなっているように、かたかたならしておるんだよ」

といった。「雀おどし」というのは、縦六十センチ、横三十センチほどの板きれに、細い竹の筒が四、五本つるしてある、その板きれに長い縄がついていて遠くからぐいぐいと引くと、竹の筒が板き

れをたたいて、がらんがらんと鳴るしかけである。むろん夜は雀がいないから、もっぱら昼間に鳴らして雀のむれをおどして追っぱらうのである。また縄をひっぱらなくても、風が吹けばもちろん鳴るようになっていた。

私は姉の命令でその「雀おどし」を鳴らしていると、姉はそっと米倉の重い扉をあけて、米俵を一俵かつぎ出し、荷車の上にころがしたのである。倉には山とつんであるから、一俵や二俵かつぎ出しても、絶対にわかりはしない。なぜ「雀おどし」を鳴らすかというと、米倉の前にあった隠居《はなれ》には岳父《しゅうと》と姑母《しゅうとめ》が寝ていたからで、がらんがらんで、米倉の戸がきしる音をごまかすためだった。

いくらなんでも、たとえ自分の家の米倉から出すにもせよ、家人の目をかすめて盗みだした米で学校に行くわけにもいかぬ。しかしそのころクラスの友だちが寄ると話になるのは、みな卒業後の進学のことだった。さすがの私もこれには憂鬱《ゆううつ》にならないわけにはいかなかった。

ある日曜日の夕、同志社教会の牧師武田猪平《いのへい》先生が、大津教会で説教された。たぶんさきに書いた集中伝道の延長戦だったのだろう。その説教の中に、先生の同級生だった山室軍平〔キリスト教の救世軍入軍。司令官となる〕が、一文の学資も持たずに同志社に入学してきたという話があった。

「山室君の飯も食えない貧乏を見て、吉田清太郎君は、自分の食券を山室君にやってしまった。するとこんどは吉田君は飯が食えないで、かつえねばならなくなった。ある日ひもじさにたえかねて、御苑の芝生の上にひざまずいて祈っていると、大きな鳥が空からおちてきた。吉田君はこれは神のくださったマナだと思って、その鳥の羽をむしって焼いて食べた」

という話だった。神はかならずなくてはならないものは、与えたもうという、信仰のひとつのイラストレーションとして語ったのであった。さきには牧野虎次先生から、「石ころのような青年でも、神もし用いたまわば、新島襄となりうる」という話をきき、今また武田先生から一文の学資も持たない山室軍平の話をきいた。同志社のこんな話は、金のことで気がめいっていた私をとてもはげました。私はあまりのうれしさに、

「ぼくは同志社大学の神学部に行くんだ」

と、友だちにいいふらした。

「試験もない？　面接だけとは、すてきじゃねえかよ、君は口からさきに生まれたような男じゃから、とおるにきまっちょる」

と、友人たちは、みな口をそろえて賛成してくれた。

（一三）　せんけん

中学五年生の夏休みのすこし前のことだった。ある日学校からのかえり道に、教会の裏に住んでいた白石牧師をたずねた。私が卒業したら同志社の神学部に進学したいことを話して、推薦状を書いてもらおうと思ったのである。

「君が同志社を志望していることは、かねがね噂に聞いていた。もしもぼくに相談にきたら、こういおうと考えていたところだ」

とまえおきして、

「ぼくは君が同志社の神学部へ進学することには賛成できない。反対だね。しかしなぜ反対であるかはいわないでおこう。これもあらかじめ決心しているのだよ」

と、これだけいうと白石先生は約束があるからと、あっけにとられている私をのこして、あたふたと出て行った。あまりの冷たいしうちに、先生の奥さんは気の毒に思ったか、たいへん私をあたたかくもてなして、

「なんにもありませんけど、よかったら夕飯をめしあがれ」

といわれたので、私はいちどあげた腰をもういちどおろした。

「今夜のおそうざいは、これっぱかしなのよ」

といって、東京から家に帰っていた津田塾のお嬢さんが食卓をととのえてくれた。見ればとうふのおからに、あげどうふを細くきざんで盛った小皿が出されているではないか。ねぎも少々にこんであったが、

「君も牧師なんかになったら、家族にこういう豚のえさのようなものを食わさねばならんわよ」

と、津田塾の女学生がいった。

「ぼくは、おからはだいすきだ。とうふのかすさえいただけるなら、喜んで牧師になる」

とつけ加えた。

「だって家族のものはかわいそうよ」

と逆襲してきた。

「ぼくはそれでは一生独身でいましょう」

「そう、えらいわね」

私は夕食をごちそうになった足で、村上太五平老牧師を、百石町通りの木村屋旅館にたずねた。村上先生は組合教会の本部から、訪問牧師として、集中伝道後ずっと大津にとどまっていた。たぶん集中伝道のフォローアップだったのだろう。私は村上先生にもまた、同志社の神学部に入学したいと話して、賛成をもとめたところ、しばらく先生は黙禱してから、

「清水君、私も賛成でけんな。白石さんはかしこいから理由はいわなかったんだろう」

といって、

「中学時代に学問が十分にでけなんだから、どこの学校にもはいれそうにない。同志社の神学部だったら無試験じゃ。また自分は学資のめどがつかん。神学校じゃったら月謝もいらんし、原書の教科書でもロハでもらえる。その上に奨学金ももらえる。それじゃから神学校へ進学しよう。そういう動機じゃったら、誰だって反対するね」

と、ずけずけと話してくれた。村上先生はバックストン〔B. F. Buxton, 1860-1946. イギリス人の宣教師〕の弟子で、オーソドックスのぱりぱりであった。実はこんなことは、かねがね、なんどもなんども私は私の心のうちで問答したのだった。だから私はこんな村上先生のご意見なら、すこしもたじろがなかった。私は私のうちなる心の声を、そのままに口に出した。

「先生はプロビデンス（先見または摂理）の信仰をおもちでしょうか。私が中学へ入学した早々に、八幡のボリッさんにつかまったのも、神のふしぎなお導きだったと思います。また兄の妾《めかけ》のそうぞうしい家におかれて、勉強しようにもできなかったのも、また神さまのお導きだったのであります。も

し私が勉強できる境遇におかれていたら、三高か神戸高商に進学する誘惑にかかっていたでしょう。また私が兄の妾の家をぬけ出したことも、神さまのおさしずに従ったことであるならば、そのために卒業後の学資の出どころを失ってしまったのも、これまた神さまのお導きであると、私には思われてなりません。私を神学校へ導くために、これらのことはいっさい、あらかじめ神が工作したもうたのではないでしょうか」

というと、先生は私の言葉をさえぎって、

「清水君、そんなことはみな、君の思いすごしだ。自分のかってに神の意志をそんたくしてはならない」

といった。私はいうだけのことをいったので、いまはこれまでと思い、村上先生にわかれをつげて下宿に帰ったのだった。

（二四）合計四円也

私の同志社神学部への進学の決心は、たとえ二人の牧師の反対にあっても、いささかも動揺しなかった。

私はなおも南石福二郎先生に相談した。先生は当時膳中〔膳所中学〕の教諭で、後年は同志社の教授となった、まれに見る篤学の人である。また大津教会の執事であった。

「君が一文のスカラーシップももらわないなら、僕は賛成する」

「それはどういうわけですか」

「理由はこうだ。スカラーシップ（奨学金）には必ず卒業後に教役者《きょうえき》となるという義務が条件としてうたってあるはずだ。もし君が万一にも、在学中に神の存在に疑いを持ったとする。そんな場合でも信仰もないのに、伝道師として教会へ赴任せねばならないだろう。だから、わが輩は賛成できないのだ」

というのだった。そこで私はけっして奨学金はもらわないということを誓って、教会の推薦状を出してもらった。

そこで私には実に、いやでたまらんことではあったが、兄の妾の経営する平岡家旅館に行き、中学時代三年間用いた私の小部屋を、もう一度あてがってはくれぬかと歎願した。すると妾の小政はさも得意げに、

「あんたはんが帰ろうとお思いやはるんやったら、あてはいややとはいいまへんえ、そのかわりビールの詰《つめ》くらいは、頼んだら抜いておくれやすや。それからお客が女《おな》ごしさんに、じゃれやはっても、だまってほっといてくれやはりまっか。女中をしかるならまだしも、あんたはんはお客さんにかて、お説教しなはるんやろ。そんなことしてもろうたら商売は、わやどすよってな」

という。小政にこごとをいわれているところに兄が帰ってきた。

「なんやと、ここから京都の同志社へ通学させじゃと。なにいってんじゃ。お前も男じゃ。いったん出たらこの家の敷居またげるな」

とたたみかけたが、しかし言葉をにわかにやわらげて、

「この時計やる。餞別じゃ。タバナクルの舶来品じゃぞ」

といって、帯にまきつけていた時計をはずしてくれた。私は級友たちが卒業後の進学について話しあっても「おれは同志社大学に行く」というのはやめて、ただだまって黙々と他人の話をきく身の上となった。

ある金曜日の夕の祈禱会で、川村壱太郎氏が奨励をした。同氏は東京の私大を終えて帰国〔帰郷〕したばかりで、商工会議所の書記となった。その奨励は東京での苦学生活の体験談であった。大津から東海道を歩いて、夜は寺の縁の下に眠り、芋畑でおさつをちょうだいし、魚がほしてあれば、これまた一、二匹ちょうだいし、なにもなければ草根木皮をかじりつつ、無銭旅行をつづけ、東京に出ては人力車夫、牛乳配達、新聞くばりなど数々の体験を実にくわしくしたのであった。

私は毎週金曜日の祈禱会にもかかさず出席したが、今もなおおぼえている感話は、川村氏のこの話だけである。

つまるところ川村氏の話は「神はなくてはならぬ物を、ことごとく与え給う」という信仰のあかしであった。

「東京へ歩いていくなら京都へ歩いていくくらいはなんでもない。よおし！　やっぱりおれは同志社へいくことにしてこまそう」

私の決心は、川村壱太郎氏の感話によって、ようやく固まってしまった。

明治四十三年三月二十三日に私は膳所中学を卒業した。その時の卒業生は五十四人であった。私はたぶん尻から四、五番目であっただろう。私は卒業して後に、いなかへ帰って、できるだけ餞別を多

くもらいうけるために、親戚の家々を残らず訪れた。その字《あざ》一番の分限者《ぶげんじゃ》の伯父は、

「神学校へいくってか、耶蘇教の神主になるのか」

といい、もう一人の村一番の金持の伯父も、

「耶蘇教の坊主になるというのか」

といってバカにしてしまって相手になってくれなかった。しかし伯母たちはそれぞれ五十銭銀貨をくれた。一人の伯母は私の手のひらに五十銭玉をのっけて、自分の手で私の指を折ってにぎらせた。そしていま一人の伯母は、着物の縫いあげの中へ五十銭銀貨をねじこんでくれた。


小学校の教師の従姉お豊は一円札一枚を、また親戚でもっとも貧しい和市さんと呼ぶ小農の従兄は、五十銭銀貨二枚をめぐんでくれた。

私の大学入学のためにつくった学資金は、しめて合計四円也が総額であった。

(二五) 荷車ひいて入寮

明治四十三年四月、いよいよ同志社大学の神学部へ入学することになった。まず私は信者の八百屋から荷車をかりた。それに夜具ふとん、机、本箱、柳ごうりを積み、バケツも積んだ。この車をひいて徒歩で京都にむけて出発するのである。バケツについては、かねがね同志社ボーイの間では、洗顔用、せんたく用、ぞうきんをすすぐ掃除用の三つを、一つのバケツでまにあわす、彼ら呼んで三位一体のバケツ用法という風俗があるげな、ときいていたからである。

友だちはありがたいものである。その荷車を三人の親友が、かわるがわる、先びき、後おしをしてくれた。渡辺安太郎、伊夫伎直一、山路秀男の三君である。後年、渡辺は大和証券の社長、伊夫伎は三菱倉庫社長、山路は陸軍中将になったことは前にも書いた。

われわれは大津から逢坂山を越えて山科街道を行った。京の三条までは三里であるが、その日大津を何時ごろ出発したかは忘れてしまった。とにかく同志社の西寮についた時には、すでにたそがれだったことはおぼえている。私はさっそく三人の友だちを案内して室町通りの「山清」に行き、かけうどんをおごった。いや、ワリカンだったかな。これもはっきりおぼえていない。が、うどんをすすりながら彼らと話したことについてはよくおぼえている。

「いやしくも神学校へ行くんだから、教会では壮行会くらいしてくれてもよかりそうなもんじゃのう」

「こぜにを集めに帽子をまわして、せんべつの金一封をくれてもよかりそうじゃねいかよ」

「まあ、そういうな。牧師も執事もわしの神学校行きには、賛成しとらんのやもん、そらだめ」

それから何十年かたった戦後、むろんこれはおせじにすぎないだろうが、南石先生が、

「大津教会は一人の清水安三をうんだというだけで、すでに十分の意義があるよ」

といったそうだ。私は他人にほめられる場合には、眉毛につばをつけて「なんの図《ず》にのるものか」とみずから戒めるのを常とするのであるが、南石先生の賛辞にかぎってはまことにうれしかった。

「山清」をでた三人は、ご苦労にもまた、から車をがらがらひいて大津へ帰っていった。

「風蕭々《しょうしょう》として易水《えきすい》寒し」

という詩吟が車の音とともに聞こえた。山路の声だったのだろう。私は御苑まで見おくって、西寮に帰った。私の部屋は玄関わきの四畳半であった。私の上の二階の住人は富森京次《とみもりきょうじ》氏だった。あいさつに行くと、

「ぼくも膳中出だ。君の兄は清水善七といわなかったか。ぼくの同級生だったよ。どうしているか」

ときかれた。同君は後年の同志社神学部のディーン〔学部長〕を十五年間もつとめた新約学者である。私は同君にあって、地獄で仏にあったような気持になった。

翌朝、私は例の武田猪平先生をお宅にたずねて、

「だいまい四円也をふところにしてやってきました」

「それでは今日の午後から、さっそく教えなさい」

といって三人の同志社中学の一年生を、家庭教師のアルバイトに紹介された。多田、荻野正孝、荻野章の三君だったが、今でも彼らの名前をおぼえている。三君は月謝として一人一円五十銭ずつ支払ってくれた。当時、同志社の食費は一日が十六銭であった。一週のうち毎日曜日に三食ぬけば、ことたりた。だから土曜の夕食を茶碗で七、八はい、食いだめしておけば何とか、もった。同志社の寮は石油ランプを用いていたから、私は毎夜、出町の電車の待合所に行って、ほの暗い電灯の下で勉強した。冬の夜ふけに運転手が炭火をのこして行くのが実にありがたかった。

こうして一年の第一学期は、実に貧乏をした。そこで第二学期には大いに知恵をしぼった。それは第一学期に落第点をとった中学一年生をしらべて、その保護者に「あなたの息子さんの学習のお手伝いをさせてくれまいか」と勧誘状を出した。むろん総寮長武田牧師の推薦状を同封することは忘れな

かった。これがみごとにあたって、私は十二人の生徒を手に入れた。これで月十八円のアルバイトとなった。

(二六) うそをつけ!

それは私が同志社の西寮第一寮にはいった翌日の晩であった。三年生の渡瀬主一郎〔1885-1958. 組合教会牧師。日本で最初の口語訳聖書をつくる〕さんが新入生を一人一人、自分の部屋によびだした。

「おまえが、清水あんぞうか。おまえはどうして神学校へやってきたのか」

彼は長火鉢《ながひばち》の前に、どてらをきて、どっかと、あぐらをかいていた。しかも長煙管《きせる》で、すぱりすぱりと、きざみたばこをふかし、ときどき火鉢のへりを、煙管でこんこんとたたきながらの訊問《じんもん》であった。私はかしこまって、

「ぼくは主イエス・キリストに自分が救われた喜びを、世の多くの人びとにわかとうとぞんじまして……」

と、そこまでいうと、

「うそつけ!」

と一喝《いっかつ》されてしまった。渡瀬さんは一高から転学してきた人で、とくにドイツ語に強かった。私たちの予習、復習のために、おしみなく自分の時間をさいてくれた。

学校がはじまって数日後の夕方、今出川教会の幼稚園のホールで、新入生の歓迎会と〔ジェローム・

デビス〔1838-1910。アメリカの軍人・宣教師〕教授の送別会とをかねた集まりがあった。デビス先生は新島襄先生とともに同志社を創立した人で、先生は一年の休暇をとって帰米したが、その時の送別会が、はからずも永遠の別れとなり、先生は故郷で天に召された。

その夜の余興として、三年生の田中金造さんが、白虎隊の剣舞をまった。白絣《かすり》の袴をみじかくからげ、白はちまき、白だすきであらわれた。大刀で床板をどすんどすんとたたいて、

「このごろ神学生のくせに、たばこをのむのがいる。剣舞中ことによったら、この剣がたばこくさいやつに、ふれるかも知れぬ。覚悟してくれ」

と、いうが早いか、四人の学生が舞台の前にせりだし、

「斬れるものなら斬ってみろ」

「たばこなど、斬る斬らんの問題じゃねえぞ」

とさわぎはじめた。田中さんはこのさわぎを尻目《しりめ》に、四人の学生のすぐ近くを、二度、三度と剣をふるって舞い抜けた。私たちは手に汗をにぎって、終わるまではらはらした。

「とんでもない学校にきたわい」

というのが新入生の私たちの実感であった。まったくどぎもを抜かれてしまった。

私は膳所中学と同志社大学で、それぞれ五年間の学生生活を経験した。膳中では、やれ爪がのびてる、ゲイトルのボタンがとれてる、髪の毛が長い、小説は読むな、活動写真は見ちゃいかん、袴をはけ等々ときびしい教育をうけた。

同志社では髪の毛は、ぼうぼう蓬《よもぎ》のようでも、誰ひとり文句をいうものもなく、寮の出入りもまっ

たく自由で門限はない、徹底したものであった。自由と放縦《ほうじゅう》はにているが、自由には自治がなければならない。とかなんとかいうが、実に当時の同志社はルーズきわまる学校であったので、私は膳中の教育をほめたたえたものであった。

ところが世の中はふしぎなものである。だいぶん前の話だが、基督《キリスト》教学校教育同盟の主事をしていた関根文之助氏（文博・現共愛学園＝女子＝園長）に、

「全国のキリスト教関係学校で、どこの学校が最もよい学校だと思いますか」

と問うてみたところ、

「前橋の共愛女学校ですね」

とためらうことなく答えた。ここの創立者で前校長は、私の同志社の同窓のクラスメート周再賜《しゅうさいし》〔1888–1969. 台湾生まれ〕君である。同君は同志社普通学校（中学）出身のきっすいの同志社マンである。

これに反して私の経営するところの桜美林学園ときたら、学校にも寄宿舎にも垣も塀《へい》もなく、門柱はあっても扉はなく、校舎は土足ごめんで泥だらけである。生徒が教師に出あっても、会釈《えしゃく》しかする要はないのであるから、上級生と下級生の区別はまるでない。しかも男女共学である。

これではまるで周君が膳中の教育をして、私が同志社の教育をしているのである。私は時々、はたしてこれでよいのかと自ら考えさせられることがある。三年に一度くらい全学園の教職員を共愛学園に見学に行かせて、したしく周君から教えをうけねばならないと思っている。

(二七)　工事と芝居ずき

遊蕩児《ゆうとうじ》の兄がいたことは、私にとっては生涯のマイナスともなったが、またプラスともなった。やっぱり、すべてのことが働いて益となったらしい。私には二つの趣味がある。その一つは工事ずきなことである。つまり私は新築したり、改築したりすることがすきである。このために崇貞学園（北京）でも桜美林学園でもりっぱな校舎ができた。私の自宅は「これが終《つい》の栖《すみか》」と思われる陋屋《ろうおく》ではあるが、これでも一室一室と年月をへて、前に後に上にと建てましたものだ。庭は二河白道《にがびゃくどう》の故事にちなんだ、まことに凝《こ》った庭である。しかも金をかけず、私みずから造った庭園である。私の兄は私の小さいころ、湯水のように金をつぎこんで、離れを建てたり門をきずき、茶室を建て、奇石巨岩を集めた庭園を造った。そのため家にはいつも大工や左官、経師《きょうじ》（ふすま・しょうじを張る職人）、庭師などが、年がら年じゅう泊りこんでいた。

もう一つの趣味は芝居《しばい》ずきなことである。私が八歳のときである。兄が大津の遊女に熱中して、くるわに居続《いつづ》けして帰らないので、迎えにやられた。その時くるわの近くの大黒座という芝居小屋に、川上音二郎、貞奴《さだやっこ》の『不如帰』がかかっていた。兄はそれを私に見せてくれた。また兄は京都の木屋町のお茶屋の女にいりびたって帰らぬことがあり、私はここにも迎えに行った。その時にも近くの南座で九代目と五代目の顔見世がかかっていた。私はそれも兄から見せてもらった。団十郎は勧進帖の弁慶だったが、菊五郎は何になったか忘れてしまった。

その後、同志社時代の私は貧乏書生だったが、それでも芝居はやめられず、時計を売ったり、本を手ばなして、東京からきた中村吉蔵の『無花果』と『井伊大老の死』、島村抱月の『サロメ』と『復活』を見たりした。その時中村、島村両教授がいずれも幕間で小講演をしたことをおぼえている。松井須磨子のサロメはヌードものだったが、カチューシャは実にいたいけであった。

北京時代は、私はよく梅蘭芳や余叔岩をひそかに楽しんだ。現代京劇の大御所の馬連良は二枚目の小孩《しょうはい》〔子ども〕だった。こんど桜美林学園が大学に中国文学科を設置したのも、私が中国の小説や戯曲がなんぼかわかることが助けになっているだろう。〔「しょう」は日本語の音読み、「はい」は中国語〕

これは今だからいえるが、日支事変の初め、日本軍の北京入城があり、日本人居留民は交民巷の日本大使館に集まれと軍命令が出た。このため日本人は大使館の床や廊下に雑魚寝《ざこね》までさせられたそうであった。そのとき私だけは行かず自宅にいた。これはそのころ有名な話題になった。私に何かむずかしい理由でもあるのだろうと人びとは憶測した。実はさにあらず、そのとき上海から劇団がきて『阿Q正伝』をやっていて、私はちょうど日本軍入城の前夜の切符をもっていたからであった。ところがなんと首都北京が敵国の手におちるというのに『阿Q正伝』は大入満員の盛況だった。

ついでにもう一つ。私の母教会、大津教会に稲畑善之助という青年紳士がいた。この人物は弁護士の書生をしながら立命館大学の夜学に通い、卒業して大阪の株屋で働き、百万長者の成り金になったという噂だった。この男がある日、突然私のところにあらわれた。しかも出しぬけに切手三十枚、びんせん一冊、封筒一束を私の前にならべて、さていうことには、

「僕、白石（牧師）の津田塾出の娘に結婚を申しこんだんや。そしたら白石が、同志社へ行っとる

清水君に言って、この縁談は神のみ旨にかなっとるかどうか、きいて見よとぬかすのや。君、一つ賛成やいうて一本手紙かいてんか」

といって、別にお礼のつもりで大阪の帝国座の『ファウスト』の一等切符を出した。私はさっそく白石牧師にあてて、「けだし良縁と存じます」と書いた。彼は大いに気をよくして、大阪までの往復汽車賃と弁当代までおいて帰った。『ファウスト』はおもしろかった。上山草人のファウストにメフィストフェレスは伊庭孝だった。浦路は何になったか覚えていないが、衣川孔雀のマルガレーテがマリア像にひざまずいて、「わが魂を愛するエスよ、……沈むばかりのこの身をまもり……」を歌うところは実にかれんだった。

それにしても、私の神学校進学に断固反対した白石牧師が、なぜに娘さんの縁談について意見をきけと私を名ざしたのか、今もってとけぬ謎である。白石先生も稲畑君もすでに天上の人となった。

(二八) 忘られぬ恩人

私には一生涯の恩人という人が何人かある。武田猪平先生もわすれてならない恩人の一人である。先生をたよって私は同志社に入学し、先生の世話で補習教育の中学生を集めてアルバイトができたのであった。その武田先生は私が二年になるとまもなく、同志社教会の牧師兼総寮長のポストをやめて、江州彦根教会の牧師として転出した。先生はたいそう話術にすぐれた人ではあったが、思想がシンプルで説教は中学生がせいぜいだった。それも一、二年生の低学年むきであった。たぶんそれがために同志社は長つづきしなかったのであろう。先生が彦根にさられた後は、私が補習教育をしようとしても、中学生が集まらず、アルバイトの種がきれて、ほとほと生活にこまってしまった。

そのころ同志社の神学生は、ほとんどの者が奨学金をもらっていた。私のクラスで、これをもらっていない者は、後に有名な英文学者となった詩人の竹友藻風《そうふう》君くらいだった。一方、私は奨学金はけっしてもらわないという約束で、大津教会から同志社入学の推薦状をもらった。しかし私がもしも在学中に神をみうしなって、キリストをうたがうようなことになったとしたら退校して、サラリーマンとなり、少しずつ金をかえせばよい。せっぱつまった私は、こんな屁理屈《へりくつ》をでっちあげて教頭の日野真澄先生のところにひとなみな奨学金がほしいと申しでた。すると日野先生は、

「君にはほかの学生の半分、月に四円だけだしましょう。君の成績では八円はだせませんね」

とのことだった。

「私のクラスの××君は十五円もらっていますが、半分でも七円五十銭ではありませんか」

「××君は特待生ですよ」

とすかさず逆襲された。そこでだまっておればよいのに、

「先生！　私のようなわるい成績の学生の方にこそ、よけいにくれる方がよくはないでしょうか。そうすれば、働く時間を少なくして勉強が多くできます」

「君、だめですよ。そんなことをしたら、みんな競争でわるい成績をとるでしょう。ハハ……」

と笑った。実は私のクラスにはもう一人、半分しか奨学金をもらえないのがいた。後年彼は、おしもおされもせぬ大もの牧師となった。

試験のお点がわるいからという理由で奨学金を半分にされる。へらされた学生は、その分だけアルバイトでかせがねばならない。そうすると次の学期にはさらに成績がわるくなって、お点がとれなくなる。一方奨学金の多い学生は、アルバイトの時間を短くして勉強の時間が多くとれる。従って成績はますますよくなる。奨学金もさらに増額してもらえる。持てる者はますます与えられて、なお余り持たぬ者はその持てるものも取られるという、主イエスのお言葉〔「マタイによる福音書」二五章二九〕は神学校においても成就されているわけであった。しかし神のみさかえは、どんな人物にあらわれるかも測りしれないから、せめて神学校だけはアタマにカネをかけないで、人に援助の手をのべてほしいものである、と思った。

私はにっちもさっちも行かなくなった。そこで近江八幡のヴォーリズさんに一通の手紙を書いた。和英辞書と首っぴきで英文で書いたものである。私にできる何かサイド・ワークはないかというお願いをした。そのころはアルバイトのことをサイド・ワークといった。ところがふしぎなことには、私がボリッさんへの手紙をポストに投函して、三時間もたたないのに、なんとボリッさんから返事がきたではないか。

それは、ボリッさんは、かねてから武田猪平先生に私が学資にこまっていることを聞き、私を助けてやろうと考え、たまたま私に差し出した手紙が、私の依頼状とすれちがいになったのだった。このためボリッさんもまた、私と同様に私からの返事が早いのにおどろいたらしい。

まもなく、〔近江〕兄弟社の吉田悦蔵君を同道して、同志社に私を訪ねてくれた。そして、これがきっかけで明治四十四年六月に、私は近江兄弟社（当時は近江ミッションといった）のメンバーに加えられたのであった。入社したのは、第一番はヴォーリズ、次が吉田悦蔵、村田幸一郎、武田猪平、そのつぎの第五番が私だった。当時はメンバーになると、みんなそろいの銀の指輪を左の手の指にはめた。それには近江富士を龍がとりまいているデザインがあった。これはむかし俵藤太《たわらとうた》〔藤原〕秀郷が瀬田の橋から三上山《みかみやま》にわだかまる百足《むかで》を弓で射て殺して退治したという故事からボリッさんが思いついたものであった。私のもらった指輪にはNo.５ときざんであった。

（二九）祈りで防戦

ウィリアム・メレル・ヴォーリズ先生もまた私の生涯わすれてならない大恩人である。先生は、先生のバイブル・クラスが仏教徒の反撃にあったのが遠因となり、そのうえ滋賀県学務部長石井某の工作が近因となって、八幡商業学校の講師の職を追われた。

ある日ボリッさんは石井学務部長に呼びだされて県庁に出頭を命ぜられた。行って見ると、学務部長は官舎で待っているとのことだった。ボリッさんは応接室に通された。

「県会があなたの給料の予算をけずるといって、さわいでいます。ぼくがなんとかして、なだめてあげましょう。しかしそれにはすこし、これを使わねばなりません」

といって、石井学務部長は人さし指とおや指をまるめて見せた。金のことである。彼はその時、かたわらに飾ってあった一振りの刀を指さして、

「これは名刀ともいうべき日本刀です。先生、これを一千円で買ってくれませんか。その金を運動

費につかってやりましょう」

「ぼくはノー・マネー。刀はノー・インタレストです」

と言下にきっぱりことわった。ボリッさんはこんな始末で、八幡商、膳中、彦根中の英語の教師のポストから追放されてしまった。しかしボリッ先生はたとえ解雇されても、もしも近江に一握りの塩、一杯の水があれば、ここを離れまいと決心された。

私はここで村田幸一郎君のことをすこし書いておきたい。村田君は後に近江兄弟社の社長にまでなった人物である。吉田悦蔵君とともにヴォーリズ門下の二本柱であった。彼ははじめのころは、使徒パウロのようにボリッさんのバイブル・クラスを迫害した学生の頭目であった。彼はみずからバイブル・クラスの学生にしばしば暴力を加えて迫害した。そうした迫害や暴力に対して、ボリッさんは「お祈り」をもって防戦することを学生に教えた。

ある日の夕方、ボリッさんの家で祈禱会を開いていた。

村田君らのバイブル・クラス撲滅《ぼくめつ》運動の学生たちは、

「いったい、どんなことを祈ってくさるのか。ことによったらキリシタンの魔術で、わしらを祈り殺そうとしていやがるんやろ」

といって、祈禱会にスパイを出すことになった。そして村田君が自分でその役目を買って出た。村田君は祈禱会場に、しのび足ではいりこんだ。一同は目を閉じていたので村田君のもぐりこんだのを知らなかった。祈りはつづいた。

「神よ、どうかわれらを迫害する兄弟たちをあわれんでください。彼らの罪をゆるしてください」

と、祈っているではないか。村田君はおどろいた。「われらを迫害するものに鉄槌を加えてください」「彼らの頭の上に雷でもどかんと落として、やっつけてください」などと祈るものは一人としていなかった。村田君は電気にでもうたれたように感動してしまった。村田君は正体をあらわし、

「諸君！　ぼくがわるかった。ぼくは今から君たちの擁護者になる」

と、みんなの前で頭をさげて誓ったのだった。彼はそれから二、三日すると大ぶろしきに身のまわりの品を包んで、遊女屋の養父の家を脱出、ボリッ先生の家へひっこしてしまった。村田君は卒業すると先生の推薦で、同志社の宣教師ダニング氏の日本語の教師、書記となった。

そのころＹＭＣＡのフェルプス氏が京都へ着任した。そのフェルプス氏がボリッ先生を柳馬場のＹＭＣＡの建築に用いた。最初の仕事は現場監督だった。先生は若いころから設計図をかくのが何よりもすきなホビー（道楽）だった。一時は建築技師で身をたてようと思ったこともあるくらいだった。村田君はこの柳馬場のＹＭＣＡの建築の時にも、先生の助手をつとめた。

つぎに吉田悦蔵君の近江兄弟社入りはこうであった。彼はもと神戸の大きな石油問屋のぼんぼん（坊っちゃん）だった。その当時石油商といえば、もっとも新しい商売であった。彼の母親が近江の人であった関係から、彼は八商へ入学させられたのであった。彼はまことに美少年であった。ボリッさんは大いにかわいがって、一年生の時から自宅にひきとってわが子のように、寝食をともにした。そのため彼の英語はうまくて日本人ばなれがしていた。後にいったん三井物産に入社したが、ボリッ先生が兄弟社を創立すると、前途ある三井物産の地位を、あっさりすてて、近江八幡へきた。しかも神戸の実家から月々生活費の仕おくりをうけて、よろこんでただ働きをしたのだった。

（三〇）シイルズ氏

明治四十四年の夏七月、さきに書いたように私はヴォーリズ氏の近江ミッション――後の兄弟社に入社した。入社そうそう私が聞かされたことは、私にくれる月給の予算はないということであった。ボリッさんは私を籐《とう》のいすの前にひざまずかせ、また自分もひざまずいて、

「神よ、この青年が神学校で学ぶには月に八円いります。どうかそれだけを与えてください」

とお祈りした。また私にもそう祈ることを命じた。祈りおわるとボリッさんは、一本のえんぴつと数枚のペーパーを持ち出してHow I became a Christian? という題で告白することを命じた。私は命じられるままに、ブロークン・イングリッシュで語った。それをボリッさんは美しい英語で書きつづった。

私は自分が、がんこな門徒の家に生まれたので、正信偈経《しょうしんげきょう》や三部経《さんぶきょう》、歎異抄《たんにしょう》をそらんじていることと、むろん何のことやら、ちんぷんかんぷんで意味はまるでわからないことなどを語った。またボリッさんの前で「帰命無量寿如来　南無不可思議光」とか「そもそも男子も女人も罪の深からんともがらは……」〔蓮如の言葉〕と唱えても見たものである。

その告白をボリッさんは近江ミッションの機関紙のマンスリー・レターにのせた。しかも文章の終わりに「誰かこのボーイのために月八円のスカラーシップを送金してくるように」と書きそえた。

ところがなんと、ロンドンのコロンビア・レコードの顧問弁護士ゼームス・ヴァン・アレン・シイ

ルズという青年紳士から毎月八円を送金するという申しこみがきた。この八円はもちろん私が同志社を卒業するまで、ありがたくいただいたが、なおこの送金はつづき、鎌田漢三氏（現日本基督教団今津教会牧師）はこれで青山学院神学部に、西村関一《せきかず》氏〔牧師・衆議院議員〕もそれで大阪フリー・メソヂストの神学校に学ぶことができた。シイルズ氏のような人物こそ、まさに恒心ある人というのであろう。

シイルズ氏はニューヨークの人であったが、幼いころ父母につれられて、一夏をニューイングランドの北の湖畔で過ごした。その時にコネチカット州はリッジフィルドの旧家の少女ローラさんも、はからずもその避暑地にきていた。二人の少年と少女は、ある日、粘土をこねて遊んだ。ローラさんは粘土でハート型を作り、その裏に「誰も私たちの愛を破ることはできない」と刻んだ。それは幼い子どものいたずらだった。アレンは長じて大学を卒業し弁護士になりコロンビア・レコードの顧問弁護士となってイギリスにわたった。その前に粘土のハート型を持ってミス・キュリーに求婚したのだった。ところがローラさんはひとり娘で、両親は遠く外国に出すことを許さなかった。このためアレン氏はただ一人でさびしくロンドンにいった。しかも五十歳を過ぎても独身でとおすことになった。

一方、ローラさんは医者を養子にして、二人の娘を与えられて幸福な生活を送った。しかるにドクター・キュリーは五十歳を過ぎて病気になって死んだ。シイルズ氏が社用でアメリカに帰ったとき、ローラさんがすでに父母と夫を天におくって、さびしく未亡人の生活をおくっていることを知り、さっそくリッジフィルドにいって、重ねて求婚した。ローラさんも今はすでに、反対する両親もなく、娘二人は結婚して、いないので、この求婚をうけ、家を釘づけにしてロンドンへいった。そして定年がくるまで英国でくらし、老後はやはりリッジフィルドに帰って、老夫妻は楽しい晩年を過ごした。

私が、なき妻郁子をつれてリッジフィルドを訪れたのは、そのころのことであった。十エーカーの屋敷は、よく手入れした美しい芝生にかこまれ、ところどころに花壇があり、白亜の木造の家は、まことに大きいものだった。客室がいくつもあり、リビングルームには百年、二百年の古い家具がならんでいた。屋敷の中にはガードナー（庭師）とマッサージ師の住む小屋が建っていた。自動車のガレージは地下室で、小さいエレベーターがあった。朝食のルームには朝ごとにいろいろな小鳥が訪ねてきた。ドクター・キュリーの建てた煉瓦造りのハイスクールも見せてもらった。何よりも私が驚かされたことは、書斎の壁に私の写真がかけてあることであった。しかもその写真は紺がすりのひとえに、袴をはいて、ほお歯の下駄をはいた同志社時代のものだった。米人ゼームス・ヴァン・アレン・シイルズ氏もまた実に、私の恩人の一人である。

（三二）　かり進級

こうして私は、月額で八円のスカラシップを近江ミッションからもらうことになった。しかし、それには何もせず、ただでもらうのではなかった。金曜日の午後から日曜日の正午まで伝道をせねばならなかった。金曜の夜は野田村で、土曜の夜は安土村で、日曜の朝は八幡教会で、働かねばならなかった。私は金曜の学校がおわると、てくてく歩いて大津に出て、紺屋ガ関から汽船に乗って対岸の吉川港につき、またそこからてくてく歩いて農村の野田に行った。夕食までの時間は、

「どうか、こんばんの集会におでかけください」

と、家庭訪問をして回った。そのころの私はオイケン〔1846-1926. ドイツの哲学者〕やベルクソン〔1859-1941. フランスの哲学者〕の哲学をふりまわす若い説教者であったが、村の人々はよく集まってくれた。受洗を希望する者も、毎年一人か二人はあった。現近江兄弟社学園の浦谷道三氏は、そのころ私の宿であり伝道集会の会場であった浦谷家で生まれた。

土曜には朝食をすませると、朝鮮人街道をとおって八幡に出た。この朝鮮人街道というのは、むかし朝鮮から入貢した国使〔朝鮮通信使〕が通ったというので、そんな名がついていた。道のりは六キロくらいだろうか、八キロもあったかも知れない。土曜の午後は、また朝鮮人街道を歩いて安土村に行き、日の暮れぬ間に、

「晩の集会においでください」

と、信者や求道者の家々を回った。土曜の夜には村田幸一郎君がよくチエピン氏をつれてきてくれた。時にはボリッさんもきてくれた。チエピン氏は建築技師で、米人だが英国人のような、じみな青年紳士であった。

私は集会の前に子どもの集まりをした。集会がすむと、三人は足をそろえて、

「ロウロウロウ・ユアーボート……ライフ・イズ・ドリーム……」

を歌いながら安土から八幡まで歩いた。なお安土というのは、織田信長の居城であった戦国時代の旧跡である。

日曜の朝は、私は八幡教会の日曜学校を受け持たねばならなかった。とくに宮森牧師がやめて、田中牧師までの無牧時代には、何から何まで私がした。今から考えると、誰が、どうして私にそんな多

くの仕事をさせたのだろうか、私にもわからない。はたして、私は二年から三年に進級する学年末のある日、教頭の芦田慶治先生が、寮の一室にわざわざ私をたずねてきて、

「実は君を現級どめにしようと思っている。ほかにも二人ばかりいる。気をおとさず、もう一年やりたまえ」

と、じゅんじゅんといった。私は先生の話がおわったところで、

「先生、僕はもう学校をやめます。ながながお世話になりました」

「それはこまった」

「いったい、何の学課が何点たらんのどすか？」

「英語だ、二十二点だよ」

「先生、それなら僕をかり及第にしてください。もし三年の一学期の点数が九十点とれなかったら、自分で二年にさがります」

私が真剣に膝をのりだして迫ると、先生はしばらく考えた。

「君、九十点でなくとも七十点でよいよ。そのかわり三年の一学期の成績がわるかったら、よろこんで勉学は続けてくれるね」

「承知しました。きっと百点とって見せますよ」

と固くちかった。私は、それからは山科街道でも、朝鮮人街道でも、歩きながらかならず英語を口ずさみながら暗記した。八幡ではチエピン氏に読みかたをならい、訳は吉田〔悦蔵〕君に教わった。私はやってやって、やりぬいた。三年の一学期の試験がおわると、また芦田先生が寮の一室に私をた

ずねてきた。

「よくやってくれた。君はやればできるんだから、大いにがんばってくれ」

といって、はげましてくれた。私は、今は多くの学生をあずかる身分であるが、アルバイト学生にはよくいってきかせるのである。

「アルバイトもけっこうだが、とかくアルバイトの方が学校よりおもしろくなるのだ。よく注意したまえよ」と、ね。

(三二)　学生伝道師

明治四十四年《ママ》、私の同志社神学部の三年の夏だった。夏季伝道師として越後の柏崎へ行った。どうした手ちがいか教会から、駅には誰ひとり出むかえにきていなかった。しかも私は教会の所も番地も知らなかった。とぼとぼと駅を出て、商店やおまわりさんに教会をきいた。誰も知らぬという。私は今のザック、信玄袋《しんげんぶくろ》をかついで、ぶらぶらと歩いているうちに海岸に出てしまった。あたりを見まわして海水を手でくんでなめてみた。なるほど聞いたより塩からかった。また信玄袋をかついで街道を行くと、右側に盲学校の看板がみつかった。私はそのとき、ふと盲人とイエスの関係〔「ヨハネによる福音書」九章〕を考えて、つかつかとはいっていった。これは町の眼科医師の宮川氏が自力で経営している塾であった。

「まことに押し売り的ですが、私に一席お話をさせていただけませんか」

と申しいれた。すぐ許してくれた。その日は、私は自分で創作した童話「桃次郎」を語った。そして私は柏崎にいるうちは、ずっとその盲学校で奉仕をした。

その盲学校には東京の青山女専〔青山学院女子専門部〕の学生で帰省中の伊藤恵子さんが、ボランティアで手伝っていた。私が教会をきいたところ、さすがによく知っていて、私に略図をかいてくれた。私は例の信玄袋を肩に出て行った。教会は奥深い路地のつきあたりの長屋の一軒であった。八〔畳〕、六、四半のしもたやだった。誰もいなかった。雨戸を一枚あけてはいった。じとじとした畳だったが、私はごろりとあおむけに寝ころんだ。しばし瞑想にふけっていると、伊藤恵子さんがもう一人の青山女専の学生大橋勝子さんをつれて訪ねてきた。

「何をぐずぐずしていらっしゃるの?」

といったかと思うと、二人は、はたく、掃く、ふく、と大掃除をはじめた。

「水をくんでいらっしゃい」

「ガラスでもふくのよ」

と、客の私に命令をくだす。伝道師もかたなしである。大橋さんは新潟のランプ屋の娘、伊藤さんの父君は日石重役(伊藤)一隆〔1859–1929. 札幌農学校第一期生。無教会キリスト者〕氏、母君は長尾半平(東京都電気局長、代議士、東京YMCA理事長)のいとこ、とのことであった。

掃除がおわると、私は二人の女子学生につれられて町を一巡した。まず町の地理にあかるくならねばならない、というのが彼女らの意見であった。

「あのたんぼの中に高く立っているのは何ですか」

「あれ知らんの。油井《ゆせい》よ」

これが日石本社、これは柏崎神社、彼女らは観光バスの車掌のように説明してくれた。

「この横町はなんですか」

「遊女屋の町よ」

「そんならマグダラのマリア〔「ルカによる福音書」八章二など〕がおらんかな」

と私はかまわずはいっていくと
「わたし生まれて、こんなとこはじめてだわ」

といいながらついてきた。まだ日がくれていないのに、首を白くぬった遊女らしい女がうろうろしていた。

「波はさかまき、風吹きあれて、沈むばかりのこの身を守り……」

と、私は低い声で歌いながら左右を見まわしたりせず、ただうつむいて、自分の足もとを見つめながら歩いた。私はその後も週に一度はかならず同じ時刻に、同じ讃美歌を流しながら、この横町を歩いた。しまいにはハミングでもって、私に応ずる遊女たちの低い歌声が、二階の窓から、格子戸の中からもれ聞こえるようになった。私は廃娼講説はしなかったが、ただ祈りを心の底にいだいてこの横町を通るのを私の夏季伝道の一つとした。私のことを伝え聞いたためか、江原《えばら》小弥太氏の夫人お八重さんが教会にくるようになった。彼女はむかし柏崎のくるわで名妓《ぎ》としてうたわれた女性だった。江原氏の小説『新約』『旧約』が後年ベストセラーになったことは、人のよく知るところである。

浪の音きくがいやさに
山家に行けば
またも気になる鹿の声

これは彼女が三味にあわせて、すきでうたった米山甚句《よねやまじんく》であった。米山といえば越後にある高い山の一つであるが、私は教会の男女青年をつれて、登山をこころみ、岩角にこしかけて瞑想にふけった。イエスが弟子をつれて、山に登りたもうた〔「マルコによる福音書」九章二―八〕ことをまねて、登山をしたのであった。柏崎教会の裏はすぐ海岸だったので、夜中に波の音が聞こえた。私はよく地引網の網ひきの手伝いに出かけた。帰りには、ぴんぴんはねる魚をもらった。また私は漁師たちに、イエスが漁《すなど》り人に道を説かれた〔「マタイによる福音書」四章一九〕ことなどを話したりした。

(三三) 感謝と感激の別れ

しばらくすると教会のようすがぼつぼつわかってきた。日石技師長の高野夫人が病床で苦しんでいることを知った。高野氏は教会の名簿にのっていたが、夫人は未信者であった。ある日、私に祈ってほしいという夫人の伝言があり、私はさっそく病床を見舞った。ところがその翌日亡くなった。葬式は教会ですることになった。私は東京の本郷教会の海老名弾正牧師に電話で司式をたのんだ。しかし副牧師額賀《ぬかが》鹿之助先生がこられた。ところが町には葬儀をするような公会堂も何もなかった。やむなく寺院の境内をかりることになった。亡くなった高野夫人は蒲原郡きっての豪農の娘さんだったことと、日石の町だけあって、参列者は千人をこえるという盛儀となった。額賀牧師は寺のお堂の縁側に立って式辞をのべた。

この葬式は教会のためにたいへんなPRとなって、柏崎町全体に教会の存在が知られた。それから高野氏はむろん、日石の重役や課長の夫人たちが、きそって教会の礼拝に出席するようになった。おどろいたのは、その中に故川中勘之助先生（同志社神学部教授）の妹さんもいたことだった。

ある日伊藤一隆氏夫人が、

「あなたは知らないだろうが、木村という人が教会に出入りしては、善良な人はいやがってこなくなる」

と注意してくれた。木村某とはびっこで口の右かどがつりあがった男だった。しかし私は九十九匹の羊はおいても、一匹の羊は大切にすべきだ〔「ルカによる福音書」一五章一―七〕と考え、木村某をますます重く教会のご用に用いて、礼拝の司会をしてもらったりした。

そのころまた柏崎新聞は、毎日のように「鬼権《おにごん》」のことを書いていた。なんでもきびしく貸金をとりたてる「権」の字がつく名の金貸業らしく、その悪どいしうちをたたいていたのであった。私はその「鬼権」のことを「柏崎のザアカイ」〔ザアカイは「ルカによる福音書」一九章にみえる取税人〕ということにした。ある日、海岸にある大きな彼の屋敷を訪ねた。

「子どもが外に出るのもいやがりまして……」

とその夫人が泣きそうな顔で悲しんでいた。私はそれからは時々「鬼権」の家をたずねては、子どもたちの宿題を手伝ってやった。

またある日、農村の青年が、私をたずねてきた。風紀を乱す盆踊りをどうしてやめさせたらよいかという相談であった。私は一度その村を見ようといって出かけた。村では若衆が、盆踊りのやぐらを組んだり飾りつけをしていた。

「盆踊りは悪い風俗でしょうか」

「ぼくはそうは思いません。いなかには、もっとお祭りや踊りがあってもよいと思います」

私の答えは、まず盆踊りをやめさせようと考えた青年たちをおどろかした。

「どうすれば風紀を乱さないでやれましょうか」

「村の小学校の庭で踊りなさい」

「それは妙案」

ということになって、やぐらをうす暗い鎮守の森から校庭にうつした。その夜、私も踊りの輪に加わって、たどたどしい手ぶりで踊って帰った。

私は家に帰り、戸をあけてはいってランプに火をつけようとマッチを探した。どうしてもない。しかたなく暗やみで着物をさがして、着ようとした。こんどは手が袖に通らない。翌朝目がさめて見ると、袖がかたくぬいつけてあった。マッチもかくしてあった。いたずらの犯人はわかっていたが、私はそしらぬ顔をしていた。

「清水さん、ゆうべマッチありましたか」

「いつものところにありましたよ」

「着物に異状はなくって？」

「いいえ、何にも」

「さてはうらぎったな」

「こら勝五郎」

「こら恵介」

と、犯人二人がおたがいに疑いあっていたのは痛快だった。

こうして七、八月の伝道は夢のようにすぎた。九月の第一日曜の礼拝をもって、いよいよ私は柏崎をひきあげることになった。その日になると、礼拝は満員の盛況で、立つところも坐るところもなかった。会衆も色とりどり、種々雑多すなわち盲人あり、びっこあり、芸者衆に漁師、むろん紳士も淑女もおれば、学生もおるという、まさに聖書的な集いだった。ただ一つ残念であったのは、ザアカイの鬼権氏の顔が見えなかったことであった。その日の午後私を車窓に送ってくれた人々は、柏崎駅のプラットホームを埋めつくすほどだった。さらに列車に乗りこんで、鯨波、直江津までも追ってきた人々もあった。二カ月前、はじめて私がここに到着したときには、ただの一人も出迎えてくれなかったのにくらべて、これは何というちがいだっただろう。未熟な、若僧の伝道にこんなにまで感謝してくれた柏崎の信者の方々に、私はただただ感激するばかりであった。

(三四) とんだおみやげ

柏崎には私はその後も、なんども訪ねて行った。

東京外語の露語科の学生で、宮川哲郎なる青年がいた。彼の父親は例の盲学校を経営していた眼科医であった。私よりも一つ年上で、牡牛のようながっちりした体格の持主であった。性格はまことに温和だったが、この青年は柏崎教会にけっして姿をあらわさなかった。

宮川君の家は柏崎の町はずれにあった。私をそこへ連れて行ったのは、青山女専の学生伊藤恵子女史であった。紹介されてから後、私はたびたび彼を訪ねた。ところが私が訪ねるたびに恵子女史が、ちゃんとさきまわりでもしているように来ていた。たぶん彼女は宮川君のところにいりびたりだったのだろう。

宮川君はいつもトルストイを談じた。彼の話の中には露語が、ちょいちょい出てきた。ナロウデ、ナロウデ〔ナロードは民衆の意〕などと。私は徳冨蘆花《ろか》の『トルストイ』、中沢臨川《りんせん》の『トルストイ伝』を読んでいたくらいで、それ以外はトルストイについてはあまり知らなかった。それでも話にあいづちを打つくらいのことはどうにかできた。

私は柏崎をひきあげて後、軽井沢の近江ミッションの夏季寮へ立ちよって、ひといきいれて骨やすめをすることにした。一週間くらい滞在していたところに、伊藤恵子、大橋勝子の両女史から軽井沢駅を通る日時を電報でしらせてきた。駅へ出てみると、

「東京を案内してあげるから上野駅に着く時間を知らせなさい。朝上野について、夜行で京都に帰るようにしなさい」

との親切な招待であった。

私は上野駅にむかえられて、帝劇へ案内され、活動写真（映画のこと）を見せてもらった。活動写真といえば、木戸銭は十銭ときまっていると思っていたが、切符は一枚五円を払っているのを、ちらりと見て私は舌を巻いた。その映画はトルストイの『生ける屍』だった。

帝劇から出て、私たちは銀座をぶらついて丸善に行った。私はアルマー・モード〔Aylmer Maude, 1858-1938〕の『トルストイ伝』上・下二巻、ロマン・ローランの『トルストイ』一巻を買った。この代金が十五円だった。私が柏崎をさるとき、人々はめいめい紙につつんだ餞別をくれた。それがしめて十五円あった。その当時の同志社の寮の食費は、一日十六銭だったから、十五円もあれば第二学期は、らくらくとすごせるものだった。それにもかかわらず私は、ろくに考えもせず、その貴いおかねを惜しげもなく、全部本代にはたきだした。切符は軽井沢から京都までの通しだった。このために汽車の中では、弁当も買えねば、お茶ひとつ飲めなかった。実はこれこそ、私には生まれてはじめての東京訪問であった。今もなお、なつかしく忘れられない一日であった。

ロマン・ローランの『トルストイ』は英訳であった。これも私は生まれてはじめて、一頁から終りまで読みとおした最初の原書であった。私の本箱は年をおって、トルストイ関係の本でいっぱいになった。

そのころ小西増太郎先生が、同志社社長〔一九一八年に社長は総長と改称された〕原田助《たすく》〔清水安三の学生時代の教員。のちハワイ大学東洋学部を創設〕博士の秘書としてこられた。たぶん原田博士はロシアを訪問したとき、小西先生に世話になったのだろう。小西先生はその半生をロシアで暮らした通訳官であった。しかも大のトルストイ崇拝者であった。近ごろ野球の解説者として有名な小西得郎氏の父君のはずである。

この小西先生のために、特別講座ができて、トルストイが講ぜられた。必修科目ではないので、あまり聴講者がなく、時には私が一人のこともあった。小西先生は講義の中で、「トルストイ」とけっして呼びすてにせず「トルストイ先生」と尊称をつけて呼ばれた。私の卒業論文は「トルストイの神学」というタイトルであった。それを日野真澄神学部教授に提出したところ、

「君、原田社長はトルストイからステッキをもらったのだもの、君の論文を審査する資格は十分にあるよ。ウフフ……」

といわれた。私は負けておらず、

「たぶん小西先生に審査を命じなさるでしょう。小西先生は日本一のトルストイ通ですからね」

といった。私はその後、その論文を立教の雑誌『神学の研究』に寄稿したところ、主管の杉浦貞次郎氏から礼状と原稿料を送ってきた。

近ごろ〔その〕『神学の研究』が思わぬことから手に入った。さっそく読んで見たところ、実に気どった文章で書いてあり、思わず吹きだした。いずれにしても、私を評するなら、カルビン派、ウェスレイ〔メソジスト運動の指導者〕派、ジョナサン・エドワーズ〔アメリカ会衆派の神学者・牧師〕派などいずれともいわず、トルストイ派とでも呼ぶだろう。いずれにもせよ、私は柏崎にいったおかげで、トルストイというとんでもないおみやげをもらったものである。

（三五）筆禍事件

私は近江ミッション——現在の近江兄弟社——で三年間やしなってもらった。同志社大学神学部の二年、三年、四年生の時だった。もちろん私は、ただ飯を食ったわけではなかった。前にも書いたとおり、私は毎週の金曜日の午後から日曜日の夕方まで、野田、安土、八幡を伝道してまわった。それによって米国コネチカットのゼントルマン、シイルズ氏から月々の送金、米金の四ドルをちょうだいしていたのであった。

ところが私は四年生の時に、はからずも私の書いた文章のために災難にあうという筆禍事件がおきて、私はお払い箱のうき目にあうことになった。

そのころ近江ミッションで『湖畔の声』という月刊雑誌——今もなおつづいている——が創刊された。吉田悦蔵君は「霊峰」、村田幸一郎君は「紫電」、武田猪平先生は「神黙」、そして私は「如石」というペンネームで、筆をそろえて書いたものであった。

編集から私には、何かやわらかいものを書けということになった。私はイエスをとりまく女性について書いた。マルタが敬愛するイエスに心中（恋心）をうちあけると、イエスは「お前がもそっとマリアのような女性だったらなあ」と仰せになり、こんどはマリアが意中をうちあけると「マリアよ。お前にマルタのようなところが少しでもある女だったらなあ」と仰せになった。というようなことを小説風に書いたように思う。まるでハウプトマン〔1862–1946．ドイツの劇作家・小説家〕でも書きそうな創作である。もう五十数年前のことだから、くわしいことは忘れてしまった。

そのころ近江ミッションに、婦人伝道師川端という女史がいた。すごく英語が達者だった。たぶんアメリカ帰りだったのであろう。ボリッさんは日曜を安息日として厳守すること、たばこをのまないこと、これだけは絶対に戒律として、まことにやかましくいう人だった。しかし信仰そのものは、きわめてリベラルだった。神学、ドグマそんなものについては、かれこれ何もいわなかった。ところが川端女史はオルソドックスをひっさげて、まず私の創作をやりだまにあげた。

「神の聖名をけがす文章で、おそれおおい冒瀆《ぼうとく》です。聖書のどこにそんなことが書いてありますか。勝手な想像にまかせて書くことは、イエスさまを傷つけ、キリスト教に弓をひくことです」

とかなんとかいって、私はさんざん攻撃された。私は五年生ともなれば卒業論文を書かねばならないし、せめて最後の一年間だけでも専心勉強したいと申し出た。むろん私としては、土、日曜日の伝道活動はしなくとも、月々送ってくれるシイルズ氏の奨学金だけは、いただけるものとばかり考えていた。ところがこの筆禍事件のため、これもぴたりと、さしとめられてしまった。もしも私がこの時に近江ミッションから破門されずにいたら、私は生涯、近江兄弟社で働くことになっていたであろう。

こうして兵糧《ひょうろう》ぜめにあった私は、やむなく家庭教師のアルバイトをせねばならなかった。たまたま私の小学校時代の同級生で、あるお公家《くげ》さまへ上女中《かみ》として奉公しているものの世話で、そのうちへ毎日教えに行くことになった。その上女中は高女〔高等女学校〕卒の女性で、父親は元代議士だった。そのころは塩踏み奉公といって、良家の娘は女学校を卒業すると、一、二年は京都へ行って良家の上女中をする習慣があった。華族さまというものは、われわれ平民の常識では考えられない生活をしていた。上女中ともなれば、身につけるものは、着物をはじめ袴からたびまで全部くれたが、ただ腰巻《ゆもじ》だけは自分のものだった。私の教える小公子は、お習字をすると、家庭教師の顔に墨をぬたくらぬと承知をしないという奇癖があった。私もいくどかビンタをくわせて、やめようと思った。しかし私の前に雇った家庭教師は三日と続かなかったというから、私は曲げ木ざいくのコツで、時間をかけて矯《た》め直そうと考えた。そこではお金はよけいくれなかったが、古靴下とか古シャツ、古洋服はたんまりくれた。それに夕食をふるまってくれた。これは大いにたすかった。夕飯をうんとこさ食いだめしておけば、朝食はパン、昼は焼芋くらいで、けっこうすまされたから、私にとっては、三食いただくのと同じ効果があったのである。天のたすけは何処からくるかわからぬものである。

（三六）　絶望に聖声きく

いちずにトルストイかぶれだった当時の私にとって、もっともいやだと思われてならぬことがあった。それは兵隊にとられることだった。なんとか兵隊をのがれる道はないかと考えた。その時に耳よりな話をきいた。それはアメリカへ留学して三十一歳まで帰ってこないと、兵役をのがれられるということであった。むかしなら徴兵忌避罪で重い刑罰をうけ、まちがいなく刑務所入りだ。今だからこんなことを書いてもいいようなもんだが、岡田政太郎君のごときも徴兵のがれの目的で渡米した。ところが途中で法律が改正されて兵役免除の年齢が延期されたため、ついに四十一歳まで帰ってこられなくなった。いや帰国はいつでもできるのだったが、帰国すればすぐ兵隊にとられた。彼はこのため長い長い年月、オークランドの教会の小部屋で、トルストイばかり読みふけった。とうとう年老いるまで独身ですごした。

幸か不幸か、私のアメリカ行きの計画は、おじゃんになってしまった。私は同志社の学生時代、川中勘之助博士にだけはとてももてた。同博士は、カリフォルニア大学、パシフィック神学校出の旧約学の碩学《せきがく》だった。私はそこに目をつけて、パシフィック神学校に、同教授の添書をもらって入学願書を出した。このため私ごときものにも、なんなく最高の奨学金二百ドルを約束してくれた。

そこで私はこの上は、なんとかして船賃を手にいれようと京都から比叡をこえて十三里（五十キロ）の道を、てくてく歩いて村に帰った。母に相談したところ、

「そんな大金は、山内一豊《かずとよ》の母〔通例は一豊の妻のことが話題となる説話〕にでも出してもらえ」

とまるで謎《なぞ》のようなことをいう。そして、

「お前は誰もこないか見張っとれよ」

といいながら、古蔵《ふるぐら》の跡の土をほじくり出した。その古蔵は大きい土蔵であった。祖父の建てたものので、私の兄がこわして売ってしまい、ただ礎石だけが残っていた。私は、

「わかった。わかった。もう掘らんとおきな、いよいよ洋行するまで掘らんとかんせ。まだ行けるやら行けんやらわからんのやで」

といって母の手をとめた。母はたぶんこれが一家の大事だという時には掘り出そうと思って、小判や一分金や一分銀を壺にでも入れて埋めていたのだろう。私は幸いに滋賀県県会議長井上敬之助氏をよく知っていた。彼が衆議院に出馬した時には、応援弁士になったこともあったので、たやすく渡米

の手続きをとることができた。ところがである。「好事魔多し」のことわざのとおり、私の計画はぺしゃんこにつぶれることになった。

ある日、川中先生が私を呼びだした。

「君、きょうの教授会で君の渡米が問題になりましてね」

といわれたので、ぴんときた私は、

「先生にご迷惑になっては申しわけありませんから、私は思いとどまります」

と答えた。私はせっかく手にいれたパシフィック・セミナリーの入学許可書を、川中先生に返し、歯をくいしばって洋行の計画を完全にあきらめた。後で聞くと教授会では、

「清水など洋行するがらであるまい……また益田《ました》〔千賀雄《ちかお》〕のように首をつってはこまる」

というような発言があったそうな。益田君は私より三級上の学生だった。卒業してオハイオ州のオベリン大学神学部に留学、そこで首をくくって死んだ人である。私たち下級生には、とてもやさしい人だった。死なんでもよいのに惜しいことをした。

私はその後、同じオベリン大学に留学した。私はいつも益田君の墓前に花をそなえて彼の冥福を祈った。

人間はえてして絶望の淵でうめいている時に、天来の声をきくものである。かの太平天国をうち建てた洪秀全は、科挙の制の考試に落第、絶望にうちのめされている時、卒然として神の召命をうけている。また、かの盤珪《ばんけい》和尚〔江戸時代前期の臨済宗の僧侶〕はまさに餓死しようとするまぎわに、豁然《かつぜん》として悟りを開き、彼独特の不生《ふしょう》禅を発明している。私の渡米計画が完全に粉砕されて、おさきまっ暗で沈んでい

る時に、私が聴いた聖声《みこえ》は、

「汝、支那に到れ！　かしこにて、かれ汝を待たん」

というみこえだった。私は直ちに、

「ようし！　支那へ行ってこまそう」

と決意した。それまでは、徴兵が気になり、兵隊にとられたら兵営の裏山の松の木で、首でもくくってやろうくらいに、兵隊がいやでいやでたまらなかった。ところが支那行きの決心がつくと、

「さあ！　兵隊でも何でも持ってこい」と肚《はら》がすわったのだ。

（三七）支那行きの決心

私は県庁から送ってきた渡米のパスポートを、ずたずたにひき破った。私は失望のあまり、精神が虚脱状態におちいり、何をする気もちにもなれず、毎日をぼう然とすごしていた。ところがある日のこと、私の足はふとなにげなく図書館へ向かった。図書館の入口の金網をはった本棚に、徳富《とくとみ》蘇峰《そほう》〔1863-1957. ジャーナリスト〕の『支那漫遊記』〔一九一八年刊。蘇峰の「漫遊」も一九一七年のこと〕が目にとまった。そのころ同志社の図書館では、新刊の本は金網の中の棚にならべることになっていた。

私はほんのでき心で、その本を借りだして一読におよぶと、著者が山東省の徳州を訪問したところに、米人宣教師のトウッカーなる者が、中国の田舎のきたならしい小さい町に、文字通りに身をうめて働いている姿を見て、

「わが国青年宗教家にして、かくの如くにその身生涯を支那人のために捧げて惜しまざる者、果して一人としてありや」

と実に筆の調子を高めて書いているのを読んで、私は、

「よし、おれはアメリカにいけんのなら支那にいこう！」

と頭の中にきらめきを感じた。およそ人というものは、同じ思いがたびたび重なる時は、いよいよますます決心が固まるものである。それは私の同志社大学五年生の正月(*1)のことだった。新年祈禱会なるものが、京都の教会で持ちまわりで開かれていた。私はなにげなく一月三日の夕、平安教会の祈禱会に出席した。その夜の奨励者は京都教会の牧野虎次牧師だった。牧野先生はホレース・ペトキンの話を語った。ペトキンは直隷省は保定府に駐在する宣教師だったが、かのボクサー義和団〔義和団に義和拳を用いる組織があり、英米ではこれをボクサーと言った〕のために虐殺された。その八つざきにされた屍《むくろ》のそばに、血まみれになった一枚の新聞紙がおちていたが、そのブランクのところに、

「エールよエール、汝はわが子ジョンを育てよ。しかしてジョンがエールを卒《お》えたならば、再び保定府に送って、わが業を継がせよ」

と母校エール大学に呼びかけた遺言が書かれてあったというのである。牧野先生はそうでなくても、よく声をのみ、涙をもって語る説教家だったが、その夜はなにしろご自身の母校エールだった関係からだろうか、とくに声涙ともにくだる話しぶりだった。私はきいていて思わず涙にむせび、鼻汁を流して感動してしまった。かくて私はさらに、いっそう支那へ行こうという気持になっていった。

二月に入って、私たち八人の級友は、卒業前の親睦ために、奈良へ遠足をした。その当時、敷設さ

れたばかりの奈良電に乗っていったが、西大寺駅で誰かが、

「新しい奈良はつまらん、いにしえの奈良にいこうや」

といいだしたので、にわかに下車して乗りかえ、田舎道を歩いて唐招提寺へ行き、聖観音を拝観して後、金堂の前で持っていったソフトボールをして遊んだ。その時、私はバッターの順を待つ間に金堂に入って小僧さんから、唐招提寺の開山建立《こんりゅう》者の鑑真《がんじん》和尚のストーリーを聴聞《ちょうもん》した。この鑑真の物語は、まことに静かに語られたにもかかわらず、ホレース・ペトキンの物語にもまして私は感動させられた。

「よし、我輩《わがはい》は日本の鑑真になってこまそう。鑑真の逆輸入をやらかそう」

私の決心は日々にかたまっていくのであった。そうこうするうちに、ある日私たちのクラスは、社長原田助博士に夕食に招かれた。これは社長の年中行事の一つとなっていることで、毎年の卒業生は、卒業前には社長から晩餐をよばれることになっていた。その年の宴会には、一年前に卒業した田崎健作氏もともに招かれてきた。宴がまさにたけなわなころ、町には号外の鈴《りん》がしきりにりんりんと聞こえていた。

「清水、一枚もらってきなよ」

と誰かがいったので、私はすばやく立ってもらってきたところ、青島陥落(*2)の号外だった。しかも「少尉山路秀男負傷」と報ぜられていた。私が、

「山路は、ぼくの膳中時代の同級生だ」

とさけぶと、それをきっかけに、

「諸君、どうだ、ひとつ清水を支那へ伝道にやろうじゃないか」

と提案する者が出た。

「賛成賛成」といって一同やんやと拍手喝采《かっさい》した。なんでも、その夜ははじめから宴席は支那問題で話がわいていたのだった。というのは、原田博士は少し前に中国漫遊から帰ってきたばかりだったので、いわばぬくぬくの、支那漫遊のみやげ話に花を咲かせていたさい中、そんな号外が出たのであった。こうして私の支那行きの決心は、いよいよ固く結晶していくのであった。

（＊1）（＊2）第一次世界大戦における青島陥落は一九一四年一一月であった。（＊1）で同志社卒業の頃（一九一五年）のことが記されているが、時間順が錯綜している。

(三八) 記者

原田助社長邸の招宴の翌日、私は同志社本部を訪れた。さすがの私も廊下をいったり来たりしていると、中にいた社長は、眼鏡の上から視線をそそいで、

「なにかね、はいりたまえ」

と声をかけてくださった。私はデスクの前に立つなり、

「あの、私は支那へ伝道に行きたいのですが……」

と、おそるおそる申しあげると、

「君が、法外の報酬を望まなければ、行かせてもらえるだろう」

といわれた。私はすかさず、報酬などは問題でなく、徳富蘇峰の『支那漫遊記』を読んだこと、ホレース・ペトキンの話を聞いたこと、さては唐招提寺の鑑真和尚のことなどなど、つぶさに申しのべた。社長は、にやりほほえんで、

「君は支那につかれたんだね。では、牧野君によくいっておくから」

といわれた。

京都教会の牧野虎次牧師は、当時、組合教会の幹事でもあった。数日すると、牧野先生から呼び出しがあった。

「君を『基督教世界』の記者に採用する。原田社長は、君の卒業論文を読んで、清水君はなかなか筆が立つといって、感心しておられたよ」

とのことだった。私はまさか社長みずから卒業論文をお読みくださるとは、思ってもみなかった。たぶん、社長秘書の小西増太郎先生が代読されるもの、とばかり思っていた。さては社長自身が、私の卒業論文「トルストイの神学」をお読みになったのか……。私はそうと知って、ひどく感動した。だが、卒業論文で文筆の才が認められたのはけっこうだが、そのために雑誌記者に使われるのはマッピラだった。

「先生、私は原田先生に、支那へ行きたいと申しあげたのです」

というと、牧野先生は、

「支那伝道するにも、先立つものはカネだろう。まず君は、大阪教会の宮川経輝先生に、よく知ら

れておく必要があるんだ。『基督教世界』の記者をしていると、なんぼでも阪神のクリスチャン実業家に知られるチャンスがあるんだ」

といわれた。

卒業の時、私にはほかに二つの就職口があった。一つは台湾・淡水のミッション・スクールの日本史の教諭、もう一つは東京・九段の同仁教会の牧師で、前者は月給百二十円、後者は六十円だった。私はけっきょく、〔一九一五年〕四月早々基督教世界社に赴任したが、月末にもらった給料が、なんと二十円だった。

宮川先生は当時玉造《たまつくり》〔現在の大阪市中央区にある〕に住んでいて、在宅日は木曜日と決まっていた。しかし私は、牧野先生から、毎土曜日に玉造へ参詣するよう忠告されていたので、かかさず足を運んでいた。

ある土曜日、台北から長谷川直吉牧師が来られて、先生に一枚の大きな写真を見せた。

「先生、僕の教会には、こんなに高等官がいます」

すると宮川先生は、

「君はシルクハットに伝道しておるか。僕は前垂れに伝道するんだ」

といわれた。

私は大阪教会から、一銭もサラリーをもらっていなかったが、箕面《みのお》、高石、大阪の三教会で日曜学校を受け持った。また日曜夜の伝道説教は、当時大阪ＹＭＣＡ幹事だった畠中博君と、代わりばんこで担当した。

こうして私の外国行きはおじゃんになり、案の定、甲種合格で徴兵されたので、十一月第三サンデーを最後に、大阪を去ることになった。その最後の朝の礼拝説教を、宮川先生は私にさせてくださった。先生が司会だった。宮川先生は、九州に応援伝道に行かれても、必ず土曜の夜には帰宅して、礼拝説教は自分でなさる方だったのに、若輩の私にさせるとは、じつに珍しいことだった。

先生は、礼拝の直前、背広服の私にむかって、

「どうぞ、着てみたまえ、ちょうどいいではないかね」

といいながら、自分のフロックコートを脱いで着せてくださった。そして、礼拝がすむと、

「君に進呈する」

といわれた。その時私がどれほど感激したか、おそらく誰も想像できまいと思う。

礼拝のあと、有志が残って、壮行会を開いてくださった。その席上、リクエストにより、例の自作の童話「桃次郎」を語った。

「うまいもんだなあ」

「上手だね」

「堂にいったものだねえ」

と、口々にほめ、拍手かっさいを受けた。

(三九) 模範兵

大正四（一九一五）年十二月一日、私は大津市の西郊、琵琶湖畔の歩兵第九連隊に、一年志願兵とし

て入隊した。

私はその前夜、大津同胞教会の牧師定森次郎一君の家庭の客になった。定森君は私の級友で、同君の住居が練兵場をさしはさんで、九連隊のすぐ隣りであったので、裏口から白壁の兵営がすっかり眺められるのであった。定森夫妻は夕食にトロロ汁をご馳走してくれたことを今でもおぼえている。私以外の入営者は、おそらく鯛などの尾頭《おかしら》つきで、一杯飲んで出立《でたち》を祝ってもらったことであろうが、私はトロロ汁の祝宴であった。けれども、そのトロロ汁は実にうまくって、私は思わず五杯、六杯と飯のおかわりをした。

夕食のあとで、私は定森君とともに兵営裏の森に行って祈った。二人は木株に腰をかけて瞑想を試みた。小一時間も瞑想した後で、

「君、ボクは馬鹿になりきるよ」

「そして模範兵になってやる」

「できるだけ早く除隊する」

私がこの三カ条を決心したことを告げると、定森君は、握手を求めて、

「それで安心したよ。さすがによく決心してくれた」

といって、大きな杉の木の下で立ったまま祈ってくれた。

翌日の午前九時、私は定森君一人だけに見送られて営門をくぐった。多くの入営者は「祝入営」の幟《のぼり》を押し立てて、軍歌とともに行進して、多くの人に見送られ、「○○○○君万歳」と歓送されて入営したのに、我輩のみは、さながら喪家の犬が入営するようだった。

入営してから三、四日たった頃、最初の日曜日がやってきた。私は班の上等兵に外出したいと申し出たところ、

「お前はまだ巻脚絆《まききゃはん》の巻き方も教わっておらん。外出するには巻脚絆をせねばならぬから、外出でけん」

と、申しわたされた。そこで私は、さっそく巻脚絆を巻く練習をはじめた。私がようやく巻脚絆を巻けるのを見て、その上等兵は、

「週番士官に頼んで来な」

という。週番士官室へ行くと、若林という古参将校がいた。

「お前に巻脚絆がはけるか」

案の定きかれたので、私は士官室の入口まで持ってきておいた巻脚絆を持ち出して、筍のようにかっこうよく巻きつけて見せた。

「お前は道で大佐や少佐に逢っても、どれが自分の直属上官であるやらわからんだろう」

「大佐または少佐の肩章をつけた将校には、立ち止まって挙手の敬礼をします。礼は厚きに失してもよいのでありましょうから」

「外出してどこへ行くか」

「教会であります」

「よし、行け！」

古兵たちは、

「入営して一週間もたたないうちに、外出したものは、お前がはじめてだろう」

といった。入営して百日ほど経ると、第一期の細密検査があるが、それまでは班長は毎晩班にきて寝て、その検査がすむと、寝台を下士官室に運ぶのが伝統であった。私の属していた第一中隊の第六班の班長は相楽《さがら》軍曹で、伊賀〔三重県〕上野の人で、中学校を卒業していた。寝台を運ぶに当って、班の新兵たちを集合させて、

「お前たちは、オレの服にいったい、誰が毎日刷毛をかけたか知っとるか」

そして、私の肩に右手を置いて、

「清水志願兵じゃぞ、志願兵はわしより二つも年上だのに」

といって、兵卒たちを訓戒した。私は入営以来、毎夜半に起きて、そっと、寝台の上にのっている班長の服を持ち出して、廊下の外で刷毛を掛けていたのであった。班長は多分、狸寝入りでもしていて、そっと細目で見ていたのかも知れない。さらに班長は、

「また、掃除のときも、いつでも清水志願兵がぞうきんを持ち、ほかの者はほうきを持っとる。それはどういうわけじゃ」

といった。兵営では、ぬれぞうきんは、班内で乾かすことは許されないので、夜は厠《かわや》の裏のぞうきん干場にかけておかねばならなかった。私は夜半に目がさめるように、寝台に入る前に、水をたらふく飲むことにした。そうでもしないと、班長の服に刷毛をかけようにも、ぞうきんを他班の兵に占領されぬうちにとりこもうにも、昼間の練兵がはげしいので目がなかなかあかなかったからである。

（四〇）人物経済

服役中、陸軍大将の閑院宮殿下が検閲に来津された。三井寺下の八景観ホテルから、馬乗来営されたことをおぼえている。検閲の最初の一日、一年志願兵を将校集会所の大ホールに集めて、学課の検閲をされた。殿下は、

「白川中将をして質問せしむ」

と、ひと言いわれたまま、終始立っておられた。八の字のりっぱなお髭が目立つ美丈夫であらせられた。

随行の白川中将は、

「何故に一年志願をしたか」

と質問された。答えは第一中隊の志願兵からすることになった。そして私が皮切りである。私は、

「国家人物経済を考えて、一年志願をしました。おわり」

と、やってのけた。次は、福井県出身の中水志願兵だったが、

「そもそも、欧州大戦にかんがみて……」

と、切りだしたところで、

「よし、次」

と、さえぎられた。三番目は辻田志願兵で、

「自分の父親は年よりでありますから、一年でも早く除隊したいので、一年志願をいたしました」

と正直に答えた。

第二中隊から第十二中隊までの配属の志願兵は、こう問われたらこう答えよ、ああ問われたらああ答えよと、あらかじめ教えられていた。そしてそのヤマがずばり当たったので、

「一旦緩急あらば将校として出征し、平素は在郷軍人の指導を行なわしむと欲して、一年志願をしました。おわり」

と、異口同音、それこそ紋切り型でもって答えた。当時歩兵は二年、工兵砲兵は三年服役することになっていたが、中等教育を受けている者には、一年志願をする特典が与えられていた。それのみではなく、一年志願兵には、もう半年、すなわち一年半服務して、試験に合格するならば、少尉にさえなれる特権が与えられていた。

将校集会所から帰って、私たちが一年志願兵居室に入ると間もなく、連隊長船橋大佐、大隊長樫村少佐が、第一中隊長新島大尉を従えて、つかつかとやってこられた。さすがに連隊長は何もいわれなかったが、樫村少佐は私の手箱の蓋をグイととりあげ、転げ落ちた袖珍《しゅうちん》（小型）新約聖書を、みずからひろいあげて、

「こんな本を読んどるから、ろくな答えもでけんのじゃ」

と、いわれた。

連隊長、大隊長とともにいったんは出て行った中隊長は、すぐ引き返してきて、

「おまえたちは、この廊下を木目《もくめ》の現れるまでこすれ」

と命じ、靴音をたてて出ていった。私たちは、ワラ縄を結んでタワシをつくり、水をつけてゴシゴシこすった。検閲は三日間行なわれたが、その間に、私たちはやっと中隊の廊下をことごとくこすり終わった。検閲の最終日には、将校下士官全部を集めて、例の将校集会所で講評が行なわれた。私たち一年志願兵は、まだ上等兵であったので、出席が許されなかった。その講評の中で、

「第一中隊の一年志願兵の指導は概してよし。一年志願兵如き知識階級の兵に、画一的な暗誦を行なわしめるのは反って不可である。国家人物経済を考えて一年志願をせしというは、一年志願兵制が設けられたる趣旨を知悉《ちしつ》せる者の言なり。父老いたるが故に一年志願するというは、法律に許されたる範囲において、忠孝ともに全うせんとする者なれば、咎《とが》むべきに非ず……」

と、評せられたとのことである。

その講評の内容は、ずっと後に伝え聞いたのであったが、講評場から帰ってきた中隊長大尉新島恕之助氏は、ふたたび私たち一年志願兵の室を訪れて、

「廊下は奇麗になったし、検閲も無事にすんだ。ご苦労。おまえたちには一泊の外出を許可する」

と宣言した。軍隊では、外泊の許可が、何よりものごほうびであったのである。

(四二) 少尉

私は、中学生時代にもよく鉄砲をにない、背嚢《はいのう》を負って、行軍や野外演習にひっぱりだされたが、その都度かならず落伍した。たぶん私に脚気の持病があったからだろう。それだのに私は、軍隊では

八貫目（三十キログラム）もある背嚢や鉄砲をかついで一日に五十六《ママ》キロ、六十《ママ》キロの長距離を強行軍させられたことさえあったが、一度として落伍したことはなかった。

私は大正五年秋の師団演習に、八日市〔現在は東近江市〕から関ケ原まで、湖畔の平原をかけ足で前進した。もうすぐ関ケ原というところに相原と称する町があった。相原の町を過ぎる頃、靴擦《くつずれ》がひどくなって、耐えられないほどに傷口がただれてしまった。

「今はこれまで、落伍してくれよう……」

と、決心して私は列を離れた。その時、兵隊見物にたかっている群衆の中に、一人の丸髷《まるまげ》姿の女性をみた。その瞬間、私は髪の毛を靴の中へ入れておくと靴擦に耐えうると聞いたことがあるのを、ふと思い浮かべた。

「奥さん、あなたの髷の中の毛束《けたば》をくださいませんか」

と、訴えたところ、その女性は

「何ですって……」

と、ひとこと問い返したが、さっそく両手を頭にあげて、元結《もっとい》を切り、髱《つと》から毛束を取りだして、

「はい、兵隊さん」

と、差し出してくれた。

脱いだ靴を逆さにしたところ、ぽとり、ぽとりと血が滴《したた》り、靴下の破れ目から、赤く剝《む》けた傷口がのぞいていた。私は毛束で靴擦のただれを包んで靴をはき、ふたたび列にかけもどった。

私は同志社の神学生時代、ウィーク・エンドの金曜の午後から日曜にかけて、京都から大津、野田

から八幡、八幡安土間往復をフィールドウォークのために、かち歩いた。少なくとも毎週三、四十キロは歩かねばならなかった。これが、私が行軍に強くなった原因だろうと思う。また、早駈《が》けも中隊第一着であった。町々村々のよりすぐりの壮丁ばかりであるのに、走って私に及ぶ者がなかったのはどういうわけだったのだろう。

私は同志社の神学生時代、金がなくなると、川端署管轄内の人力車の帖場で、アルバイトの車ひきをやった。川端署の管轄区域を選んだのは、私の小学校時代の先輩が同署の刑事をしていたので、鑑札なしでも一走りゆくことを大目にみてくれるよう取りはからってくれたからであった。これがたぶん、早駈け一着の理由といえばいえるだろう。ともかく、教練が終わると、前方の築山一周「用意ドン」でもって早駈けをやらされたが、私はいつも一着だった。

こうした勤務振りだったから、私は上等兵に任官する時にも、伍長に昇進する時にも、志願兵を引率した。

「連隊長殿、清水志願兵以下五十二名、本日伍長に任ぜられました」

と、やってのけたものである。

それなのに、大正五年十一月に行なわれた終末試験の序列は五十番であった。即ち尻から三番目である。私は、十一月三十日に除隊できるものと考え、ひそかに心用意していた。ところがそうは問屋がおろさなかった。その年は、よほど予備役将校が不足していたものとみえ、五十人が及第、三人が除隊を宣告されることになった。「父が年寄りだから、早く家へ帰らねばなりません」といって、検閲官たちをクスッとほくそえませた例の辻田は除隊することを得たが、私はもう半年間は囚われの身

となった。ある日、中隊古参の若林中尉が、

「シミズ、国家人物経済上、おまえが除隊できなかったのを惜しむ……」

といってからかったので、

「はっ！　その通りであります。終わりっ」

といったところ、

「馬鹿！」

とののしられた。大正六年の五月には、少尉任官の終末試験があった。こんどは、及落は除隊するせぬに関係がないことゆえ、私も操典教範を暗記することにした。その年の終末試験にかぎって、師団本部から試験官がやってきて、試験場に入る前に、襦袢《シャツ》、袴下《こした》（ズボン下）、まわしまで脱ぎ、真っ裸になる身体検査が行われた。

こうした身体検査の後に試験が行われたために、他の連中はアテがはずれたのだろうか、あまりできはよくなく、私が師団最高位で及第してしまった。今だからかくす必要もあるまいからいうが、私の赤紙の秘密通告によるポストは、予備役時代には歩兵一一七連隊旗手、後備役《こうびえき》時代は大隊副官であった。

(四二) 神話

だいぶ以前のことになるが、小野義夫氏が『同志社時報』という雑誌にこんなことを書いていた。

――大津の連隊で、教官が戦争の目的は「勝利にあり」と教えたら、清水安三は「教官殿、戦争の目的は平和にありです」といったそうな――、というのである。

同君は、私よりも数年後に大津連隊に入営せられたのであるから少々、誤って伝えられているようだ。本当の話は、教官の大尉が、

「軍備の目的はいずれにあるか」

と問うたので、

「戦争が容易に起こらないように、軍備するのでありましょう。今日は武装平和の時代であります」

と答えたのである。

また、もう先に、私の生まれた村に伝道していらっしゃる婦人伝道師の小川泉先生に、隣村の商人がこういったというのである。

「私は、清水安三さんよりも、五、六年後に九連隊に入ったのでしたが、よく、お前は高島郡の者か、清水志願兵は、よく働く人じゃった。お前も高島の者なら、定めし精勤じゃろうといわれて、よわりましたわい……」

また、これも以前のことになるが、私の母校の膳中の雑誌に、村田という人が、こういう記事を書いておられた。

「清水安三氏の戦友は、川島という喇叭卒《らっぱ》だったそうな。川島は学校には一日も行っていない兵卒で、自分の姓名も仮名でしか書けなかった。しかし、彼は喇叭はよく吹いた。もっとも一度、起床喇叭の「おきよ、おきよという たら、すぐおきよ」と吹くべきところを、「新兵さんも古兵さんもねえ、

もう寝てよいのだぞう」と就床喇叭を吹いて、営倉にぶちこまれたことがあったそうな。

彼は、師団長の検閲の日に、隣室まで、もう師団長がきているのに、「清水志願兵殿、これをどうしよう」といって、さつまいもの処理を清水安三氏に相談した。清水氏が、「そんなもの食っちゃい」と示唆すると、「実は、今の今まで褌《ふんどし》の中へかくしていたので、口にいれるわけにはいかん」といって、ぶるぶる震えている。すでにもう、営庭はきれいに清掃されているし、投げすてるわけにはいかない。その時清水氏は「おれによこせ」といって、自分の袴（ズボン）のかくしに入れた。しばらくすると、師団長は連隊長、大隊長、中隊長をともなって、靴音も高く入ってきた。

中隊長が「これが先刻おききになった姓名も書けぬ兵であります」と報告に及ぶと、師団長は、「班長、この兵の服装、手箱、ことごとく解いてみせよ」と命じた。川島が服を脱ぎ、襦袢、袴下をも脱ごうとすると、師団長は、「それにてよしい」といって、赤裸になることを制止した。

このように、川島が詳細に調べられている間、清水氏はその隣のベッドの前に立って、直立不動の姿勢をとっていた。幸い、清水志願兵は、服装の検査をまぬがれたから、さつまいもも発見されずにすんだが、川島の方は、検閲のすんだ後に、「おい川島、お前は酒保からさつまなんか持ち帰っちゃあかんぞ」と班の上等兵たちに叱責《しっせき》されたそうである……。云々」

こうした清水志願兵の「神話」が、今もなお、くちづてに伝わっている。

たいていの人々は、軍隊生活を回顧して、その思い出を口を極めて呪詛《じゅそ》するのであるが、私ばかりは、長い自分の生涯で、もっとも面白かった一年有半であったかと思う。なぜ軍隊生活の思い出が、さほどに楽しかったのであろうか。それは私が、上官にも部下にも、常にほめられ通しであったからであろう。

しかしながら、私は少なくとも一つのことを軍隊で失った。それは、私のトルストイ思想であった。くる日もくる日も戦争ごっこしていて、まさかトルストイでもあるまい。また私は、つとめてトルストイを考えまい、考えまいとつとめて、馬鹿になり切って、一年半を生き貫いたのであった。私がもしも兵隊生活を一日もしなかったならば、私の思想はもっと純粋で、コンプレックスなど感じないまま、今日まで歩んできたにちがいないと思う。

こうした心理で、私は一年半の兵営生活を送ったものだから、兵営の門を出たとたんに、けろりと軍隊生活を忘れてしまい、班長の相楽軍曹にも、教官の清水精四郎少尉にも、中隊長の新妻恕之助大尉などにさえ、礼状一本出さず、むろん、その後年賀状を送ることすら怠った。

少尉に任官しても、私は軍服などつくりはしなかった。徴兵されて、ただ一年半だけを、誰にも負けず、もっとも忠実に、模範兵として勤めただけのことであった。

（四三） ソルジャー

大正六年四月の中頃、なんの予告もなく一人の男が大津九連隊へやってきた。彼は京都平安教会の会員、長尾洋服店の店主であった。私のために、モーニングとセビロを各一着、製作するというのである。さすがの私もたまげざるをえなかった。

「あら、あんさんとこへは、組合教会の本部から、なんにもいうてきてやしまへんか……」

長尾洋服店の主人はこういう。（この場合「あんさん」というのは安三＝アンサン＝の意ではなく、あなたさまの意である）。聞けば組合教会の本部から、大津の九連隊へ行って、シミズヤスゾウ氏の寸法をとるよう発注されたのだそうな。ではそのうち、組合教会本部から、なんとか通知してくるだろうと思っていると、はたせるかな数日後、当時組合教会の幹事であった京都教会牧師の牧野虎次先生から書状がとどいた。

「中国伝道は君が年来の宿望に候へば、定めし本懐に候はむ。されど、人は得てして、いよいよ決行となれば躊躇するものに候へば、あるいは君も逡巡することも可有之《これあるべし》。然れども手に鋤を持ちて後ろを顧みる者が、いかに呪はれしかは、君も旧約の物語の中に読みたる可し〔「ルカによる福音書」九章六二、「列王記上」一九章二〇以下〕。この際迷ふことなく、「主よわれここにあり」と答へ奉り、欣然勇躍、征途に上られむことを」

手紙はこのように、諄々《じゅんじゅん》としたためてあった。

なるほど私は入隊以前に、しばしば、中国へ遣わしてほしいことをお頼みしたことは、まさしく事実であったが、こうも出しぬけに召集令が下ろうとは思ってもみなかった。しかも、

「五月二十八日除隊後、三十日大阪中之島ホテルにて歓送会、六月一日神戸にて乗船、大連に向かわるべし。小生は六月五日奉天に君を待たむ」

と記してある。たぶん、私の除隊の日を連隊本部にでも電話してお調べになったのだろう。

私はさっそく、次の日曜外出して京都教会へ行った。ところがすでに、牧野先生は、朝鮮、満州の伝道旅行に旅だたれた後であった。

その日の京都教会の礼拝の講壇には、大阪教会の牧師で、当時組合教会の大御所だった宮川経輝先

生がお立ちになることになっていた。

「こらあ、ちょうどよかった」

私はかえって喜び、礼拝後、宮川先生をつかまえて、

「先生はどうして、私ごときを中国への最初の宣教師としてお選びくださったのですか」

と、おたずねした。すると、

「デビス先生もソルジャー（兵）だった。君もソルジャーじゃで、よかろうと思っただけのことだ」

と、お答えになった。

デビス先生というのはアメリカン・ボード〔アメリカの無教派的な海外伝道組織〕の最初の宣教師の一人で、新島襄の片腕ともなって同志社をともに創立した人である。私は、こうした宮川先生の人を食ったような答えには、なんとなく物足らず思った。その帰途、私はすでにもう動き出した電車から停留所へ飛びおりて、若王寺山《にゃくおうじやま》へ向かった。若王寺山は同志社の聖地で、校祖新島襄の眠るところである。

新島先生は、私がこの世に生を享《う》くるよりも一年半前に物故せられた方である。それにもかかわらず、彼は死してなお物を言えるにや……。かくいえば、誠に恩師たちに失礼なことになるが、同志社在学中、生ける先生がたから受けた感化よりも、正直なところ死していまさざる新島襄から受けた感化影響の方が、はるかに多かったのである。

私は足にからまるサーベルをちゃらつかせながら、見習士官の軍服姿で新島襄の墓前に立った。その時ふとかたわらをみた私の目に入ったのは、あのゼローム・デビスの墓碑であった。南北戦争の勇士であった彼が、日本人ジョセフ・ニイジマの一脇侍《きょうじ》として、あまんじて異郷の地に眠ってござる！

私は右の手でデビス先生の墓碑をなでながら、こう思った。

「よし。わが輩も中国に至って、中国の新島襄を索《もと》め、喜んでその一補佐官を以て自ら任じてくれよう。そしてたとえ祖国日本で死することあるとも、せめてわが骨灰は中国に送り届け、葬らせむ哉《かな》だ」

ちなみに、ゼローム・デビスは米国のオハイオ州オベリンで死亡されたのだが、その骨灰は、はるばる日本にもたらされ、若王寺山上の新島襄の墓側に埋め葬られているのである。

「わが心、すでに定まれり」

と、独語しつつ立ち上がった時、折から、時ならぬ松籟《しょうらい》けたたましく吹き来り、

「ゆけやゆけ、死も悩みも恐れず、ゆけやゆけ」

と、それは私を激励して止まぬ、勇ましい歌曲を奏するような感じであった。

（四四）反逆者

大正六年の五月、私は除隊を前に、事情をつぶさに申しあげ、二泊の外出の許しを得た。そして一泊を近江八幡のヴォーリズ先生のもとで、もう一泊は生村の母のもとで楽しんだ。

ボリッさん（ヴォーリズ先生）とは、サッパーをいただいた後、ゆっくりとお話することを得たがその主旨はこうである。

「キミは近江ミッションの伝道師たるべきじゃ」

「先生、ボクは同志社のセミナリーの四年の終わり頃、近江ミッションからディスミス（解職）されたんですよ。その証拠に五年生の一年間は、一銭だってスカラーシップを受けておらんのですよ」

「それはボクは知らなかった。しかし、ボクはキミを手ばなすことは絶対にでけんわ」

「ボリッさん、アンタが米国から日本に来られたと同じ動機で、ボクはチャイナに行くのですよ」

私は今でもまざまざと記憶している。このように、私たち二人はとうとう夜が明けるまで、日本語半分、英語半分の押問答をした。そして、最後にボリッさんのいい放たれた文句は、

「キミは反逆者だ！」

であった。

私はもう一泊を高島の母のもとで過ごした。そのころ母は幼い孫と二人で、大きい家に淋しゅう暮らしていた。この子は、肺病におかされてともに早死にした仲兄夫妻の遺児である。長いサーベルをさげた見習士官姿の私をみると、母はものすごく喜んで、親類や隣家へ私をつれて歩いた。

「この村が出した、初めての将校どすな」

というおかみもあれば、

「村が開闢《かいびゃく》以来初めて生んだ将校じゃわな」

という人もあった。

その晩、村の人々が招きもせぬのにやってきたので、母は鶏を一羽屠《ほふ》り、生簀《いけす》の鯉も一尾あげて馳走した。まだ除隊もしないのに祝宴がはられたというわけである。

来客がみな帰った後に、私は母に向かって、「実は……」と切りだした。

「おっかあ、わしはなあ、こんどシナへ行くことになったんや」

こういって、母にことの一部始終を物語り、「しかしやで」と言葉を切って、

「おっかあが、淋しいから行かんとけ、近江にいてくれと、たっていうんやったら、わしはボリッさんの近江ミッションで働かしてもろうてもよいのやで……」

母の顔をじっと見つめつつおそるおそる聞いてみた。すると母はつっと立ちあがって、私をふりかえっていうことには、

「おまえはなんと、このクソババのわしのことが心配で、シナにもよう行けんのか。そんならわしは首を吊《つ》って死のうわいの。わしがおまえの立身出世の邪魔になるのか。わしのことなんか考えんと、アメリカなとシナなと、どこへなっと行け」

たてつづけに言う母の言葉を聞いて、私は思わずこういった。

「おっかあ、おまえはなんと、藤樹のおかあさまより偉い女じゃなあ……」

母は、

「そらおまえ、今日は二十世紀じゃ、昔と違うわ」

とさりげなくいって、私の携えていったボックスのひもをほどきながら、

「この箱はなんじゃいのう」

と聞いた。中にはモーニングが入っていた。

「これは、おまえに見せようと思うてもってきた西洋の礼服や。モーニングというて、紳士の着る洋服で、シナ行きの支度として、作ってもらったんや」

こういうと、母はしきりに「着てみよ」とすすめた。

ワイシャツを着て、ネクタイも結んでみせながら、

「こんど除隊する人たちのところへは、家から羽二重の羽織、仙台平《せんだいひら》の袴がとどけられていて、日本の礼服を着て除隊する者が多いが、ボクはこの新しい西洋風の礼服のモーニングを着て、退営することにしたんや」

というと、母は軍服姿を見たとき以上の喜びを見せてくれた。そればかりではなく、翌朝ふたたびこんどはそのモーニングを着て、除隊後すぐにシナに行くことになったことを告げ、なにぶん母をよろしく頼みますといって、もう一度歩けとしつこく命じた。

私は少々こっけいに感じたが、ふたたびモーニングを着て親類と隣家を訪問し、

「シナへ行くことになりましたのどす。なにぶん母をよろしくお願いいたします」

と、挨拶して歩いた。かくて私は、きのうは軍服にサーベル、今日はモーニングという姿で郷党にまみえたわけだ。

(四五) ホラ

大正六年五月二十八日、私は大津歩兵九連隊を退営した。その日は京都へ行き、まず同志社の東寮を訪れて、そこの階段下の押入れにあずけておいた衣類や本を取り出して、荷造りしようともくろんだ。衣類は同志社大学の制服のごときまでも虫も食わずにことごとく保存されていたが、学生のころ

から集めていた書籍は、雑誌にいたるまで一冊も残っていなかった。蔵書家だった私は大いに憤慨した。きのうまで兵営にいたこととて、後輩の神学生たちを廊下に集めて大きい声でどなり散らしたところ、鈴木市次郎クンと石川清クンとが、進みでて、

「すみません、ぼくらがみな食ってしまったのです」

と自白した。一冊一冊、古本屋で小銭に変えて、うどん、そばに代えてしまったというのである。そう告白されてはどうにもならない。せめて一冊なりともと考えて、河原町通りの古本屋の店頭に立った。思い出深いロマン・ローランの『トルストイ』（英訳）が店頭に出ているのをみて、私は、さっそく言い値通りに買い取った。私が中国へ持って行った本は、実にその本一冊であった。

翌二十九日、大阪中之島ホテルで組合教会本部が特に私のために歓送の宴をはってくれた。出席者は宮川経輝、原田助、高木貞衛、小泉澄、船橋福松、大賀寿吉、荒木和一、吉田金太郎、青木庄蔵の諸氏であった。この顔ぶれは、当時の組合教会のベスト・ナンバーであった。

デザート・コースに入ると、宮川先生がやおら立って、挨拶を述べてくれた。

「清水君を用いて、シナへ送るまでには、種々イキサツがあったのであります。また、シナへ行きたいと願い出る者は他にもありました。この席であるから、あえて言ってもさしつかえあるまいが、例えば渡瀬主一郎君、松原大八君ごときも、熱心な志願者であったのです。実をいうと、清水君を起用するについては、少なからぬ人々が不賛成でありました。そこでわが輩は、たまたま大津地方へ講演に行きましたので、自ら歩兵第九連隊を訪れて、連隊長に会い、清水君の行状についてたずねてみたのであります。連隊長は言下に「その兵は第一中隊に勤務しておりますが、まれにみる精

勤な兵であると聞いております」と答えられました。このようにソルジャーとして忠誠を尽された清水君はキリストのソルジャーとしても、かならずや忠誠を尽す人であろうと私は考えたのであります。この結果、雑音を排して、わが組合教会が隣国シナに遣わす最初の宣教師として、清水君を起用することにいたしました。云々……」

挨拶を終えると、宮川先生は私にテーブル・スピーチを命ぜられた。私は蘇峰の『支那漫遊記』、ホレース・ペトキン、鑑真和尚のことなどを、ごく手短かに語って、どのような経過で召命を受けたかを証《あか》しした。ちなみに、その夜来あわせられたレーマン〔一般の信者〕の方々が、月額十円を献金して、今後私を支えてくださると約束してくださった。

宴がはねた後、私は人力車に乗せていただき、高木貞衛〔1857-1940. キリスト者の実業家〕氏にみちびかれて、堂ヶ芝の高木邸へ向かった。途中、ちょっと下車して、有田と称する洋服店に立ち寄り、オーバコートをあつらえていただいたことをおぼえている。高木氏はもっとも高価な英国製の玉羅紗《たまらしゃ》を選び、型はダブルにしてくれた。

六月一日《ママ》、私は、高木氏にともなわれて、大阪朝日と大阪毎日とを訪れた。高木氏は広告業万年社の社長だったので、新聞社とは深い関係があり、大毎は高石真五郎氏、大朝は社会部長長谷川如是閑氏が引見した。

大毎は人事往来の欄に、一、二行書いただけだったが、大朝はその翌日の社会面に、二段ヌキででかでかと記事(*)を掲載してくれた。記事の内容は、私が誘導的に試問されてしゃべった通りであった。

「ボクはシナへ行って、二十歳代には小学校を、三十歳代には中学校を、四十歳代には高等学校を、五十歳代には大学を建てるつもりです」

私の吹いた一ホラを、吹いた通りに書いてくれた。

後年私が「北京の聖者」として喧伝された時、高木さんは、

「如是閑は君のいう通りに書いたね……、あの時」

とおっしゃって、頬に皺《しわ》寄せてお笑いになった。


（＊）『大阪朝日新聞』一九一七年六月六日付夕刊（二頁から三頁にまたがる欄外）に、「組合教会支那伝道」という記事が出ている。

第二章

中国での活動のはじまり

（一九一七～一九二六）

（四六回　第一声）

（四六）第一声

大正六年六月一日、私は神戸港を船出して大連港に向かった。

大連に着いた時、埠頭に私を出迎えてくれたのは宮川巳作《みさく》氏であった。宮川氏には『聖書の話』〔岩波書店、一九一七年〕という著書がある。信州野尻の人で、神学社の出身。植村正久〔1858–1925〕直系の牧師であったが、その著書が物語るように、最もラディカルな新神学の大家であったから、福音主義の信仰をふりかざす日基（旧日本基督教会）にとどまりえようはずがなく、ついに離脱して組合派教会に転会された。これによって大連教会は真っ二つに分裂――、宮川牧師は敷島町に新たに教会を建て、残留組は三吉務牧師を教会に迎えることになったのである。

宮川巳作氏に与《くみ》する人々の中に、〔南満州鉄道株式会社＝満鉄〕大連埠頭《ふとう》事務所長の楢崎《ならざき》猪太郎〔1865–1932〕氏夫妻がいた。楢崎氏は後年ジュネーブの〔ILOの〕会議に労働者代表として出席した人である。夫人は武子さんといった。私はこの楢崎夫妻の官邸の客となったが、ここにワラジを脱いだことは、どのくらい私に益したか、はかり知れないものがあった。ちなみに武子夫人は、天に召されるまで、長い間、崇貞学園の大切なパトロンの一人であった。

私は六月五日奉天に着いて、先に来ておられた牧野虎次先生にお会いした。その夜、奉天の小学校の講堂で大講演会が開かれることになっていた。ところが、朝鮮経由で来られることになっていた弁士の海老名弾正、渡瀬常吉《わたぜつねよし》〔1867–1944 組合教会の朝鮮伝道推進者〕の両先生が、講演の時間が一時間の後に迫っているのに

到着されない。当夜の講演会の司会者、満鉄社会課長《ママ》の大塚素氏は、

「もう一本汽車があるが、正確に一分間も遅れないで着くとしても開会の時刻すれすれです」

と案じておられた。しかし牧野先生は一向にかまわぬ様子で、

「いやあ、海老名さんは、よく講演会場へ「ヨンドコロナキサシツカエデキユケヌ」などと電報をよこす人だよ」

といって、私を見て、

「どうだ清水君、もし来られなかったら、君も一席談ずるか」

と、おすすめになった。たいへんなことになったものである。私はさっそく席を立って、ホテルのルームに帰り、瞑想《めいそう》にふけった。その時ふと脳裏に去来したのは、トーマス・ペイン〔1737-1809. アメリカの革命思想家。『コモン・センス』などを書く〕のことばであった。

「よし、ペインの話をしてくれよう」

こう腹を決めて、ふたたびパーラーに出てみると、海老名、渡瀬両先生がすでにお着きになっていた。内心ほっとして、ああ、これでもう、わが輩はしゃべらんでもよいだろうと思ったが、このあてはみごとにはずれた。私の顔をみると、海老名先生はこういわれたのである。

「清水君を奉天の人々に紹介するのであるから、清水君にも一言語らせるべきですよ」

司会の大塚氏も、

「では五分間だけ、清水さんに時間を提供しましょう」

と、うなずいておられる。

講演会の会場は聴衆で満堂あふれんばかりであった。いや文字通りあふれてしまって、窓の外に立って聞く人もあれば、講壇にのぼりこんで座っている人さえあった。講演の口火を切った牧野先生は十分でさっさと降壇された。つづいて立った渡瀬先生は、司会者に紙片で注意されるまで三十分以上もお話しになった。三番目の海老名先生の番になったとき、先生は立ちあがって私の手を取り、壇上にあがってこう切りだされた。

「諸君に花嫁をご紹介申しあげる。日本組合教会が満州に送る、これが花嫁です」

私の紹介であった。――ウフッ！　とんだ花嫁だ――。私は心の中でささやいた。海老名先生からバトンをわたされると、序言もなにもなく、私は自分の所信を述べはじめた。

「満州には、漢人、満人、朝鮮人、ロシア人、それから日本人が住んでおります。北米には、イギリス人、フランス人、ドイツ人、それからアメリカン・インディアンなどが住んでいます。満州を北米合衆国のような国にしなければなりません。そして、さしずめ日本人は、北米合衆国の建国時代における清教徒の役目を受けもつべきであります。在満日本人は、祖国日本よりも、満州を愛すべきであります。そしてもし必要あらば、祖国日本と一戦交えるべきであります。皆さん、大和民族はいったいどこからきて、日本を建国したのでありましょう。南洋説、シナ説、朝鮮説など種々ありまして、今日ではどれが真実であるか不明であります。ちょうどそのように、私たちの子孫が、おいらの祖先はいったいどこからきたのであろうかと研究しても、さっぱり不明であるというくらいであっても、少しもさしつかえないと思うのです。いかがでしょうか……」

思い切ってのべたところ、後で渡瀬先生からは、ああいうことをいうと誤解されるよ、とたしなめられた。しかし、海老名先生は、大いにほめちぎってくださった。

とにもかくにも、この短い講演が、私が中国で語った第一声だったのである。

（四七）新娘

翌日、すなわち大正六年六月六日、私は海老名弾正、渡瀬常吉、牧野虎次の三先輩にともなわれて、督軍張作霖《ちょうさくりん》〔1875–1928. 中華民国の初期の政治家〕に敬意を表した。堂々たる衙門《がもん》を入ると、一つの応接室に数分待たされた。しばらくすると一人のボーイがきて、次の応接室へ案内した。ふたたび待つこと数分にして、また別なボーイがきて、もう一つ奥の応接室へ招じ入れた。しばらく待っていると、ひょこひょこと、丸顔の小男が姿を現わした。それもボーイかと思ったら、それが名にし負う張作霖だった。これが、その鬼神も三会を避ける馬賊の首魁《しゅかい》か、と思われるほどのやさ男であった。

海老名先生は莞爾《かんじ》として、

「これがお国にささげる花嫁であります。何とぞよろしく」

と、私を紹介された。当日通訳として同道された井上初之助氏がそれを訳されたところ、督軍はけげんな顔をして、

「新娘《シンニャン》？」

と問い返した。

そばにおられた渡瀬先生は思わず「ウフッ」と吹きだされたが、牧野先生は実ににがり切った表情

で、渡瀬先生の顔をきっとにらまれた。

私は、張作霖がごとき高位高官には、二度とふたたび、親しく逢う機会は与えられまいと思ったから、はなはださし出がましいことではあったが、先輩をさしおいてほとんど一人で口をきいた。

「今から約一千年前、中国から鑑真と称する仏僧が日本へ来ました。和尚の建てた寺は、今もなお残っています。ただに鑑真のみではなく、幾多の高僧碩儒《せきじゅ》が、中国から日本へ行って、日本の文化の推進のために尽しました。今日、日本からお国へ来ている日本人は、実に数多くありますが、一人としてお国のために貢献しようなどと考えてやってきている者はありません。私はまことに愚かな者で、学問もなにもない者でありますから、大したことはできませんが、お国の貧しい人びとの足を洗わせて〔「ヨハネによる福音書」一三章をふまえた表現〕いただこうと考えてまいりました。何とぞよろしくお願い申しあげます」

私がこういうと、督軍は、

「鑑真?」

と首をかしげ、

「どう書くのかね」

と問い返した。通訳の井上氏もご存知ないようすなので、

「鑑は金偏に監督の監、真は真理の真です」

と説明した。督軍はそれでもわからず、とうとう井上氏は手帖の一ページを破いて、その上に「鑑真」と書いてみせた。たぶん漢字に弱いので、ピンとこなかったのであろう。

また、私が足を洗わせていただこうと考えて来たといったところを、井上氏がそのまま直訳された

ので、

「足を洗う?」

といって、ふたたびけげんな表情をみせた。

衙門を辞して帰る馬車の中で、渡瀬先生は私の顔をみつめながら

「海老名先生、花嫁とおっしゃいましたね」

といわれた。

「張作霖の方が花嫁のようにかわいらしい顔で、ボクはまるで馬賊みたいだし、これじゃあ、さかさまですね」

私がへらず口をたたくと、海老名牧師はさすがに和漢の学に造詣深い先生であっただけに、

「醜《しこ》の夷《えびす》、醜の御楯《みたて》という言葉〔「醜夷」は『礼記』にみえ、「醜の御楯」は『万葉集』にみえる〕があるからいいじゃないですか」

といわれた。

「使徒パウロも、自らを素焼きの土器に例え〔「コリントの信徒への手紙二」第四章七〕、肉体的に自分が他の使徒たちに劣っていることを自覚していたようだ。容貌のことなど、そう卑下するには及ばないよ」

私はなんだかおかしくなった。

「それじゃあ、醜《しこ》の花嫁で押し通しますかね」

こういって、からからと笑った。

ちなみに、当日通訳の任に当たってくださった井上初之助氏は、井深梶之助〔1854-1940. 日本基督教会の指導者〕先生の令弟で代議士をしておられた井深彦三郎氏の子分で、当時、中国側の公署に顧問として勤務してお

られたシナ語の達人であった。

(四八) 児童館

海老名、渡瀬両牧師が朝鮮へおたちになった後に、牧野先生は私をともに満州の各地を巡遊し、日本在留民のいる主な都市で講演された。私は同先生の鞄《かばん》をたずさえて歩き、各地で前座を勤めさせていただいた。

この講演旅行中、私は満州伝道の内輪話をうけたまわった。

――満州伝道は日基に先手を打たれているというのである。長春に教会を建てようとくわだてていると、それが洩《も》れたのであろう。日基は一足先に牧師を派遣してしまった。

奉天には日基の教会が早くからあるが、もう一つ教会があってもよかろうと、奉天の日基のメンバーで元組合教会員だった人々に呼びかけたところ、シナ人伝道をするなら、組合教会の設立に協力しようというのである。

「それだから、君はどこどこまでも、シナ人伝道をするんだとはっきりいうべきなんだよ」

と、牧野先生はいわれた。

私はこうした内輪話を聞いても少しも驚きはしなかった。自分はシナ人伝道をするために大陸に渡り来《きた》ったのだという意識をはっきり持っていたからである。

各地の巡遊をおえて、奉天に帰ると、牧野先生は帰国の途につかれ、私は、奉天の日赤病院長小川勇氏のお宅に寄留することになった。同氏は広島組合教会で受洗した医学博士である。小川氏のほかに、井上初之助氏が私の伝道事業に参加してくださった。井上氏は前回にも書いたように、シナ語がベラベラで、中国側の公署で通訳官をつとめておられた人である。元は組合教会員だったが、その頃は奉天の日基教会で長老をつとめておられた。

小川、井上両氏とともに、日疋信亮《ひびきのぶすけ》氏の子分と自ら称していた山下永幸氏も、日基の教会を脱会して、私の事業に参加してくださった。日基の教会は、井上氏を失うことはたいそう遺憾《いかん》とされたようだが、山下氏を送り出すことはたいそう喜び、プラス・マイナス・イコール・ゼロというところだったようだ。

私は、これらのかたがたを協力者として、瀋陽《シェンヤン》教会を発足させたのであった。奉天を瀋陽県と中国人は呼んでいたからである。

私は奉天の小西辺門外にあった元ロシア武官公館を賃借した。とても大きな洋館で、半ばを教会、半ばを牧師館に用いて十分であった。

私の奉天入りよりも少し前、一歳の嬰児《えいじ》を失われた山下永幸氏が、その赤ちゃんの供養《くよう》のために五百円献金されたので、私はその金で教会の庭にブランコ、円木、滑り台などをこしらえ、児童館という看板をかかげた。毎日大ぜいの子どもが、この遊園に集まってくるようになった。中国人の子どもが三分の一で、朝鮮人の子どもが三分の一、それから日本人の子どもが三分の一であった。

この児童館の門前には池があった。冬ともなるとこれに氷が張るので、私は中央に電柱を建てて、それに大きい電灯をつけた。スケート場である。白昼は子どもたち、夜になると大人たちが来て滑《すべ》っていた。さすがに、スケートにくる子どもはロシア人が多かった。

私の最初の事業は、子ども遊園のお守りだった。ポケットに櫛《くし》や塵紙《ちりがみ》を入れておいて、女の子の髪をすいてやったり、鼻汁を拭《ぬぐ》ってやるのが日課であった。私は子どもが負傷すると、ヨーチンをぬってやったり、メンソレータムをつけてやったりした。そしてそれが延長して六神丸を飲ませたり、ホメオパシイを施薬したりして、ちょっとした治療をするようになっていた。

私は、集まってくる子どもに、日本語を教えたり、スウェーデン式の体操をやらせたりした。スウェーデン式の体操は軍隊で教わったもので、その頃では斬新《ざんしん》な徒手体操であった。

私は今、東京都下町田に桜美林学園を経営しているが、この学園の前身は北京の崇貞学園で、さらにこの崇貞学園の創世記時代が、すなわち奉天の児童館だったといってもよいであろう。

事業に成功する秘訣を私に問う人があったなら、私はこう答えることであろう。

「ごく小さいところから事業を始めること――。秘訣は実にこの一句にある」

と。

組合教会が、私をずっと長く奉天に駐在させてくれたら、この児童館はりっぱな社会事業として育ち、幼稚園、学校にまで発展し、また教会も成立したことであろうと思う。

(四九) 馬桶

ある日のこと、李徳全、陸建章と称する二人の男の訪問を受けた。二人は南満医学堂の学生ということであった。彼らが在学している南満医学堂は、後の満大で、中国人の学生が多数いたが、彼らは日本語で医学を学んでいた。そして初めて会った私に、日本語で来訪の意図をこう告げた。

「ぼくたちは日本人と同居したい。先生の家は広いから、移ってきてもかまわないか？……」

私は、ヴォーリズ先生が近江八幡で好んで日本人の学生を同居させておられたことを思い出し、

「来てもいいですよ」

と、好意的に返事した。するとその日の夕暮れに、荷物を運んでやってきた。この二人のうち、李君の方は学資を用意していたが、陸君の方は祖父と父親とが相ついで死んだため、学資金は送ってこなくなったというのである。電灯料も払えない、飯は外へ出て食堂で食べるが、それも李君に払ってもらうのだとのことであった。

中国では、祖父とか父親とかいう大切な人が死ぬと、家財を売ってでも盛大な葬式をださねばならぬのである。私は、孫または子どもの学資の方が大切であろうに、なんという愚かな風習だろうと憤慨しないでもなかったが、同時にまた、李君が陸君に飯を食わせているのをみて、その善行には感心せざるを得なかった。私も陸君に、同志社時代に用いた詰襟《つめえり》の服を進呈した。

この陸君について、面白い思い出がある。――ある夜、それは夜半の一、二時ごろだったろう。その夜は車軸を流すような大風雨だった。台所の窓のバターン、バターンという音にめざめて、私は電灯のスイッチをひねった。停電だ。闇の中を台所へ立って、ガラス戸をしめていると、人影が入ってきて、そこでじゃあじゃあと放尿しはじめた。マッチをすったら、人影は陸君である。しかも私の飯《めし》櫃《びつ》の中にこいている。

「なんということをするか！」

といってどなったら、

「これは馬桶でしょう。馬桶は夜の便器でしょう」

と、きょろっとした表情でつったっていた。

私は中国へきたら、中国のものをできるだけ用いるべきだと思っていた。馬桶をみつけたときも、これはりっぱな飯櫃だと思って買ってきたのである。ところが、それがなんと「おまる」だったのである。それにしても鎌倉彫りに似た彫刻はしてあるし、蓋《ふた》の頂きにはまるいつまみの臍《へそ》があるし、蓋にはへこみがあって杓文字《しゃもじ》の柄がでてるし、しかもそれは明治時代の日本の汁杓文字にそっくりときてるから、私ならずとも、飯櫃とまちがえて無理からぬところだろう。聞けば汁杓文字と思っていたのは、大便を落とし洗うときに用いる用具だということであった。

さて、ここで話はおよそ三十年とぶことになる。——終戦後、北シナの日本人居留民は、ことごとく天津の白河の河畔に集結を命ぜられた。集結所には、低いアンペラ小屋のコンセントハウスが幾百、いや幾千棟も設けられていて、居留民たちは、その中で地べたに麦わらを敷いて、這うようにして入り、雑魚寝《ざこね》するのである。結核患者も雑居という状態だった。

ここで与論が起こってきた。天津の衛生局長に嘆願して、患者は別扱いにしてくれるよう運動しようというのである。そして、その交渉は私に任せようということになった。

「清水さん、あんたが頼むと、中国の人びとはなんでも聞いてくれる……」

などとおだてられ、私は、そのころ重慶から来任したばかりの衛生局長を訪れた。

私が受付の窓口に名刺を出すと、時をおかず一人の紳士が奥から出てきて、中国語で、

「我は是れ、衛生局長」

と自己紹介した。玄関で立話するとは気軽い人じゃなと思って、用件を語ると、

「好《ハオ》。接収した日本租界の病院に患者を収容する。そして客船で帰国せしめましょう」

とのことだった。集結所の人たちは歓声をあげて喜んだ。

その時、よい返事をもらったので、急いで衛生局を辞して帰ろうとすると、局長は私のそばへ寄って突然日本語でこうささやいた。

「太々《おくさん》〔中国語で夫人のこと。音はタイタイ〕はいますか。子どもはいますか。今晩中国の飯に招待します。みんなつれてきなさい」

いったいこれはどういう風の吹き回しかと怪しみつつ、招ぜられるままに行ってみたところ、その衛生局長こそ、往年の陸建章その人だった。彼は南満医学堂を卒えて後、京大に学び、医博の学位を受け、その後さらに渡米して、ハーバード大学に学んだということだった。終戦まで昆明病院の院長をつとめていたそうである。

（五〇）ガールフレンドNo.1

中学五年の頃、私はいつも教会長老の家の前を通って登校していた。その長老の娘は、私がくるのをいつも格子戸の中からのぞいて見ていたのであろうか、あと十メートルばかりでその家というとこ

ろに来ると、ひょっこり往来にとび出し、私の前を歩いていった。そして、彼女の通学する女学校へはここから曲がらねばならぬという町角までくると、ふと後ろを向いて会釈《えしゃく》するように頭をさげるのが常であった。私は毎日曜、彼女とは教会で逢っていたが、口をきいたことは一度もなかった。

クリスマスの前日、私は三里の道を歩いて京都へ行き、丸善でクリスマス・カードを手に入れた。私は、そのカードをポケット深くひめて教会へ行った。彼女に手渡そうと思ったのである。しかしその機会はなかなか来なかった。クリスマスの祝会は、子どもの暗誦対話、合唱などがすんで、中学生の活人画までプログラムが進んでいた。活人画は「放蕩息子」と題するもので、私はボロを着てその「放蕩息子」を演じた。演じ終わって楽屋にもどって来た時に、とうとうチャンスが与えられた。

「清水さん、よかったわ」

楽屋に帰ってきた私に、彼女の方から声をかけて、一冊の朱珍のノートをくれたのである。私も、さっそくポケットからカードをとりだして彼女に手渡した。彼女がくれたノートには、ちっちゃい彼女の名刺がはさまれていた。私はカードを用意しておいてよかったと思った。

それから二年たった。同志社大学二年の時、私は招かれて彼女の家で夕食をいただいた。客は私一人。お給仕は彼女であった。父親は電話がかかってきたので、中座したままなかなか帰ってこなかった。私たちは二人になるとひと言もしゃべらず、ただ黙したまま父親のもどるのを待っていた。父親はもどってくるなり、こういった。

「お道、お前の写真、清水君にみてもらいな」

すると、娘は三枚の写真を持ってきて、私に見せた。

「その三枚の中でどれがいっちょよいか、清水君どうです」

父親がこういうので、私は修飾していない本物そっくりの一枚を指摘した。

それから数日後、彼女の父親から一通の手紙を受け取った。

「愚娘こと、この度中学時代貴君よりも一年下級の夏目馨君との間に縁談持ち上り居り候。貴君は学生同志として、その人となりを如何に思われ候や。忌憚《きたん》なきご高見お洩《も》らし願いたく候云々……」

手紙を読み終わって、私は返事を書いた。書いたり、破ったり、また書いたりしたが、結局ただ一行――、「蓋《けだ》しなうての良縁と存じ候」と書いて返事とした。

数週間後、結婚の通知状がとどけられた。私は、

「新家庭にさち多かれ、ヤス三」

と祝電を打った。しかし郵便局から帰ると、フトンを頭からかぶって寝てしまった。五日間は、飯の時間に食堂に行く以外は、自室にとじこもったきりだった。

話はぐんと飛ぶ。六十歳の時、私はブラジルへ講演の旅をこころみた。その途次、この夏目家を訪れた。夏目君は、結婚時代まだ駒場の農大の学生であったが、卒業後農産物の加工工場を設立してそっくり先祖伝来の資産を失い、妻君の道子さんをともなってブラジルへ移民していたのである。ブラジルでは、日本で失敗した農産物加工事業が大いに当り、在伯〔在ブラジル〕同胞間に誰一人知らぬ者がないほどの富豪になっていた。

私はスパニッシュ風の夏目邸に三日泊まらせていただき、付近の町々を講演して歩いた。三日間逗留《とうりゅう》したが、夫人と二人きりになって相語る時はほとんどなかった。しかし、馨君が畑で

トマトの消毒をやっていた時、それをみながらベランダの籐椅子に腰かけて私と何かを話し合っていた彼女は、ふと立ちあがって小さい手箱をもち出してきた。小さい十字架、ヒスイのブローチ、指輪、イヤリングなどをひとつひとつ外へ出してしまうと、彼女は小箱の底に敷いてある白紙をとって、その下から一枚の古びたクリスマス・カードをとりだした。

「清水さん、あんたこのカードに見覚えはありません」

私は思わず、

「あっ、それは……」

といって……受け取った。みるとA MERY XMAS from Y. SHIMIZUとある。しかもRが一字落ちている。私は、お父さまから、ご主人の人となりについて問合せの手紙をいただいたことを申し上げた。

「あんた、そのとき、どんな返事お書きやしたの」

彼女からそう反問されたので、

「やさ男に候へ共《ども》、根性も有之《これあり》、野球の選手には候へ共、成績も優秀の学生に候、蓋《けだ》しなうての良縁と存じ候……と返事しましたよ」

と答えたら、夕食のとき、そのことをご主人に告げて、

「あなた、おごらなければだめよ」

といわれた。

（五二）ガールフレンドNo.2

中学時代、私をかわいがってくれた一人の田舎紳士がいた。鈴鹿山脈に大きい山地を所有する杉山和次郎という人である。山林組合の会長だったので、よく大津の県庁に来られた。くるたびに、

「安三君、またうなぎを馳走しようか、それとも鯉こくにするか」

などといっておごってくれた。中学五年になったとき、卒業したら同志社へ行くつもりだといったところ、思いがけぬことには、

「そらよかろう。ぼくの娘も同志社に行っとる」

というのである。私は思わず、

「へえー、同志社に……」

と奇声を発した。その時は、

「娘も来年は卒業だ。英文科にしようか、家政科に進もうかと迷っとる。君はどう思うかね……」

などとたずねられた。

私は間もなく同志社大学へ入った。そして、いったいどの女性が杉山氏の娘なんだろうと、杉山氏の似顔を、同志社女学校の学生の群の中に求めたりした。

杉山氏は、娘が卒業する年の一月のある日、私を訪れて、

「これをお松のところへ持っていってくれたまえ。卒業式に着る訪問着を発注するから、送金せよ

といってきたんだ」

と、四十円の金を私に托した。自分でもっていけばよかりそうなものだとは思ったが、私はとにかくその金を受けとり、その日の夕食後、平安寮をたずねた。

杉山松子というのが娘の名前である。松子さんはすぐに寮の玄関に現われ、ただひと言、

「ごくろうさま」

といった。かねがねあの女性だろうと想像していた女性ではなかったので、私はあっけにとられていたが、その間に金を受け取って彼女は奥へ消えてしまった。それ以後、何の交渉もなかった。

彼女の卒業式の日、杉山氏は私と彼女をつれて四条の八百政で食事をおごってくれた。食事をしながら杉山氏は、彼女を高い教養を持っている大学教授の家庭にあずけたいが、あずかってくれる家庭はなかろうかとたずねた。食費をお払いするが、女中同様に使役してもらいたい、給料も仕着せもまったくご無用とのことだった。

私は、夫人が目白〔東京・目白の日本女子大〕出身という山中教授のご家庭に彼女を紹介してやった。杉山松子は、お茶お花のおけいこをしながら、塩踏み奉公をすることになったが、時おり私の下宿を訪れて、いろんな相談をもちかけた。

ある時、夏休みにおひまをいただいて鈴鹿へ帰るから、遊びに来ないかといったので、お愛想《あいそ》とは知りながらも、私は汽車に乗り、バスに乗りかえて、はるばる鈴鹿山脈の奥にある田舎町へ行ってみた。

それは、ききしにまさる大きな旧家だった。杉山氏は私を山へともない、この山がうちの山、あの

山がうちの山だと教えてくれた。

「君にぜひ言っておかねばならぬことは、この山の檜《ひのき》、杉が、他人の山との境界なんだ」

私は、日ごろから杉山氏が私を婿にしようともくろんでおられるのではないかと感じていたが、こんなことをいわれたりすると、いよいよその思いを強くせざるをえなくなった。しかし、私は卒業したら牧師になろうと決心している使命ある身体である。もし、お松さんのハズになってしまったら、生涯を森の番人として生きていかねばならないのだ。困ったことになりそうだと、一種の迷惑を感じていた。

その日の夕方、夕飯を杉山夫人のお給仕でお松さんといっしょにいただいていると、奥の間から、蓬《よもぎ》のようにもつれた頭髪の男が現われてきた。男は眼光をきらきら光らせて、私たちのそばにつっと立ち止まり、

「おかあさん、わしにも白メシ食わしてよ」

といった。男はお松さんの兄であった。食後に彼女からこの兄が狂人であることをきかされると、私は、これでは縁談も容易にまとまるまいと思い、婿になれともなんともいわれぬ先に、心ひそかに決心した。

「もし杉山氏が婿になれといわれたら、俺は決してこばむまい。なにも牧師にならんでも、山を護りつつ、この山奥の町の人々を自給伝道すればよいのだ……」

ところが神の摂理の聖手《みて》が働いたのであろう。彼女は山中教授夫妻の媒酌で、自らと同齢の娘のある男ではあったが、日本中にその名を知られている富豪の令弟の後添えに行ってしまった。

ほんとうに、人は往々にして岐路に迷う者で、私はほんのちょっとした違いで、まるで別種の生涯を杉山安三として生きるところだった。しかし、杉山安三になっていたら、今日鈴鹿市の市長くらいにはなっていたかもしれない。

(五二) ガールフレンドNo.3

明治四十五年の夏、私は江州米原へ夏季伝道に行った。米原は東海道線と北陸線の交差点で、駅も小さくなく、特に機関庫が大きい。弁当やサイダー、ラムネ、牛乳を売る駅の売り子も数多くいるというので、近江ミッション(今の兄弟社)は鉄道YMCAなるものを設置したのであった。

米原における私の任務は、将棋をさしたり、碁を囲んだり、フレンチ・チェスを楽しんだり、図書室で本や雑誌を読んだりするためにやってくる青年たちをもてなすことであった。ただし、水曜の夜には、彦根から武田猪平牧師がきて講演していたので、私は聴衆を集めたりして、集会の準備にあたった。

米原の仕事はそれだけだったが、そのかわり日曜日には彦根へ行って、朝は教会の日曜学校で子どもたちに話をしてきかせ、夜は夕拝の講壇に立った。

それは八月〔この年七月三十日に大正と改元〕のお盆の日だった。彦根教会は老いも若きも、相たずさえて伊吹山登山を試みた。私もこれに参加させていただいた。

一行は登山前、山麓の農村で夕飯にお弁当を開いて食後に一いき入れ、横になって休むことになっていた。その休憩の便宜を与えてくれた家は、大きい家屋で、なんでも親類に一人、彦根教会員がいるとのことだった。

武田牧師と私だけは、遠慮せず風呂に入れてもらった。風呂の中で耳をすませていると、私の小倉袴を、おミホさんという女学生がたたんでいるのを、男性の中学生が盛んにひやかしているのがきこえた。むろん私は、風呂からでてきても、おミホさんてどなた？　などと誰にもききはしなかった。

さて、一行は午前二時前に麓の農村を発って伊吹山に登ったが、山頂に達した時には、まだ真っ暗だった。一行は暗《ママ》の中で立ったまま祈禱会を開いた。そして武田先生のお祈りが終わって眼を開くと、もう暗が明け始め、驚いたことに私たちは花園の中に立っていた。むかしゼスイットの宣教師が、欧州から花の種子をもってきて、この山に蒔《ま》いたのだそうな。山の中の花園は実に美しかった。

それからしばらくたったある日曜の夜、例によって、私が武田牧師のお宅の玄関に泊めていただいていると、夜半とんとんと表戸をたたく者があった。雨戸をあけてみると、髪を乱して足袋はだしの娘が立っている。私はぎょっとした。武田先生は娘を座敷に通して、話を聞かれた。

「私の父は元来酒乱であります。今朝私が教会で洗礼を受けたというので、私をぶち殺すと脇差を振りかざしました。それでこんなかっこうで逃げてきたのです」

話を聞き終わると、武田先生は私にちょうちんをもたせ、その娘を伴って、お城のほり端にある娘の家へ出向かれた。私たちはすごく緊張して出かけたのであったが、行ってみると案に相違して、まったくのことにあっけにとられた。武田先生の姿をみると、娘の父親はたたみの上に両手をついて、

「これはこれは武田先生でございますか。今朝は娘に洗礼をお授けくださいましたそうで、まこと

にかたじけのうぞんじます」
と挨拶するのである。……さて、この酒乱の父親こそは横田耕太郎で、その娘こそは私の先妻横田美穂であった。横田家は、彦根の藩士三千五百石の知行をいただく、家老に次ぐ由緒ある家柄であった。前に伊吹山登山の際、一行が休んだ家は横田の縁戚であり、私の袴をたたんでくれた女学生のおミホさんは横田美穂だったのである。

美穂は、彦根高女〔高等女学校〕を卒《お》えて後、同志社高女家政科に学んで、大正三年に卒業した。実言うと、私は、大正六年十月組合教会の総会に出席しがてら、よめさがしの目的で、奉天から日本へ帰ってきたのであった。私はあの娘はと思う娘を、こぐちから一人一人当ってみることにした。近江八幡の日曜学校でいっしょに教えたことのあるMという女性が、その頃京都教会の礼拝に出席していたので、畠中牧師に斡旋を依頼したところ、Mは失踪して目下行方不明だとのこと。しかも、ボーイ・フレンドにかどわかされたとかいうことで、おやおやというところだった。

つぎに、近江八幡の教会で私からも教わった娘で、ミッション・スクールに行った女性があったことを思い浮かべた。近江八幡へ行って村田幸一郎君をたずね、聞いてみたところ、彼女は建築技士とエンゲージしているとのこと。歳月人を待たずとはこのことだと、しみじみ思った。

私は最後に、恩師武田猪平牧師のところへ行って相談した。

「シナ三界まで行く女はありませんよ」

といって、武田先生は、言下にお断りになったが、翌日わざわざ大阪の宿まで訪ねてこられ、

「横田美穂さんはどうや、あの人ならば行くかもしれませんよ」

といわれた。

「先生、こうなったら誰でもよろしい。女性であれば誰でもようござんす」

私はこう申しあげた。こうして私はついに、横田美穂と結婚することになったのである。

（五三）結婚

横田美穂を生涯の伴侶とすることに決心して、私は彼女に五月二十八日に神戸港を出帆する船に乗るよう通告した。

「……船は六月一日に大連港に到着することになっているから、僕は大連の埠頭にあなたを迎える。そして六月二日、大連教会で形ばかりの結婚式を挙げましょう。僕も背広を着るから、あなたもウエディング・ドレスや振袖は無論のこと、紋服など新調に及ばぬ」

このようなことまで、何くれとなく書き添えておくことをおこたらなかった。私は彼女に通知状を出す前に、あらかじめ大連教会牧師磯部敏郎氏に一書を拝呈して、一部始終を書きつづった後に、こうつけ加えた。

「『みみずのたはこと』（徳冨蘆花の随想集。一九一三年刊）の中に出ているおけいさんの結婚式のように、ごく簡単な結婚式ですから、なにとぞよろしくお願い申しあげます」

横田美穂の母は継母であったから、彼女が結婚式に何を着ようかと思いわずらわぬように、私はフロックもモーニングも所持していたにもかかわらず、わざと背広で大連へ行った。

大正七年六月一日、美穂は大連に着くと、すぐに埠頭事務所所長、楢崎猪太郎氏の官舎に迎えられた。私はロシア町の大塚素氏の官舎に泊めていただいた。大塚氏は同志社の先輩で、満鉄の社会課長であった。

美穂が泊めていただいた楢崎氏の夫人武子さんは名うての賢婦人であったが、その夜美穂に、

「牧師の妻としては、どんなことが、もっとも大切なことだと思いますか」

と、試問されたそうである。これに対して美穂は、

「私は毎月、外国の本を買わせようと思います。本棚をもって客間の装飾をしようと存じます」

と答えたということだ。私は、この回答を後日楢崎夫人から聞いたのでたしかめたところ、彼女もたしかにそうお答えしたといっていた。

翌日午後、大連教会へ行ってみると、大勢の紳士淑女が集まっていた。私は、何かほかに会合でもあるのかしらと思った。

牧師室へ入っていくと、大連教会の青年執事をしておられた米国領事館員の安藤斎次、青年医師の青木某両氏が待っていたとばかりに、誰のものともしれないモーニングを着せかけた。私が新婦との約束をもちだして、着用をおことわりしようとすると、隣室に来ていた美穂を呼んで、私の前に連れてきた。みると、彼女はちゃんと振袖を着こんで、扇まで胸元にはさんでいる。聞けば、楢崎夫人が、最近式を挙げた女性から借りてきてくださって、お着せになったというのである。

予行演習もなにもしていないのに、マーチングだ。くすくす笑い声がしたのは、私がスキップしたからだった。

式は順調に進んだ。しかし、磯部牧師が、

「では、新郎に新婦の指にリングをはめていただきましょう」

といわれた時には、さすがの私もびっくりした。宝石入りの指輪も、蒲鉾《かまぼこ》型のリングも、用意していなかったのである。その瞬間、天性賦与の奇智がきらめいた。私は人さし指と親指でさもリングでも持ってるようなかっこうで輪型をつくり、新婦の紅《べに》さし指をとって、指輪をはめてやる真似をした。新婦はけげんな顔をしたが、牧師にも会衆にも気づかれず、無事めでたく式は終わった。そればかりではない。私たちの結婚を祝して、税関長官邸の芝生の庭に席を移して、園遊会なるものが催された。税関長江原忠氏夫妻が、茶菓、サンドイッチで饗応してくださり、村岡管弦楽団のシンホニーまで呼んで私たちの門出を祝ってくださった。さらに園遊会が終わると、私は、十数人の大連教会の青年紳士たちにともなわれて、中華料理屋で開かれた祝宴に出席した。このようにしていただけたのは、当時私が中国への最初のミッショナリーとして献身したことによるのだと思う。本当に、みんなから厚遇された。おかげで、私たちは、びた一文、結婚式のための費用を要せずにすんだのである。

　この時、勧進元となって私たちをお世話くださった青木医師は、町田市相原町の出身であった。三十有余年の後年、私がこの地に移り住んで幾年かたってから、未亡人とお嬢さまのご訪問を受け、

「もしや、このお写真は、あなたさまではございますまいか」

と、持参された写真を見せられた時は、世間は広いようでせまいものだとしみじみ感じたものである。町田市の青木氏のお宅は、二十畳敷の座敷が二つもある、百坪もの邸宅で、この辺きっての旧家であるとのことであった。

（五四）印形

大正六年から七、八年にかけて奉天の新市街（日本人町）は、まさに画期的な発展時代であった。私が奉天へ乗り込んだ時には、城内の日本居留民の方が、新市街の日本人市民よりも多くて、その数は五千八百人といっていた。これにくらべ新市街は五千人足らずではなかったろうか。それが、一年もたたないうちに、新市街の日本人は城内の倍に増加したのである。

その頃満鉄が、奉天の租借地の土地を、願い出る者には誰でもロハで開放分譲し、その上、東拓（東洋拓殖会社）がそこに店舗、会社、住宅を建築する者に、どしどし金を貸し出していた。その代り、もらった土地に三年以内で建物を建てることができなかった場合は、せっかくもらった土地はとりあげられてしまうのである。

私は、この機会に便乗して、新市街に、教会のため敷地を獲得しようと考えた。私がそのことを提案すると、「シナ人伝道をするのだったら」といって、日基（旧）奉天教会から転会して後援者になってくれたお歴々は、こぞって反対の意見を出した。その時の彼らと私とのコントロバシイ（論争）は次のようなものであった。Aは私の意見、Bは彼らの説である。

A　私は新市街に土地をもらい受けて教会を建て、中国人に伝道しようと考えます。

B　新市街に教会堂を建てる以上、日本人伝道をすべきである。

A　新市街には山口重太郎氏の牧する日本人教会があるから、今のところもうひとつ教会を設立する必要はない。
Ｂ　どうして城内で中国人伝道をするのが、いとわしくなったのですか。
Ａ　東門外にはクリスティ〔第五六回参照〕が病院を建て、西門外にはフルトン、イングリス、ミスケリーが学校を設けて伝道している。私が彼らと近しくなるにつれて、山口重太郎氏の地盤にくいこむ以上に、彼らと求道者の奪い合いをするようなことがおこるかもしれない。これがいやなのです。
Ｂ　新市街の教会へ中国人をひきつけることが、はたしてできましょうか。
Ａ　新市街の日本人街に、日本人と隣り合って住んでいる中国人の数は、おそらく日本人居留民の数を上回っているでしょう。
Ｂ　彼らは、キリスト教には接触したことのない人々だから、教会へは来ませんよ。
Ａ　新市街の中国人は、ほとんどが日本人と何らかの形で密接な関係のある者ばかりですから、彼らをひきつけることはかえって容易です。
Ｂ　クリスティは病院、イングリス、ミスケリーは学校をもっているが、あんたは何ひとつ事業をもたない。それで何ができるのです。
Ａ　私は満鉄の病院、満鉄の中学堂を、自分の事業的背景だと考えています。そして南満医学堂の中国人学生、内堀維文氏の中学堂の学生たちにも伝道しようと考えているのです。
Ｂ　それじゃあ、まあやってごらんなさい。こういうと失礼だが、あんたに満鉄から土地などくれるものですか。
Ａ　それじゃあ、もらえたらやってもよろしいですね。

私は念を押して、満鉄奉天地方事務所へ出頭した。そして、南満医学堂、大和ホテルの横丁、瀋陽館隣接の七百七十七《ママ》坪の土地分譲を申し込んだのである。そこはまさに、奉天最高のロット（敷地）であった。

「あなたは三年以内に、瀋陽館、大和ホテルなどと肩を並べるにふさわしい建築物を建てなければならないのですが、自信はありますか」

地方事務所の所長は、私にこうたずねたが、私は言下に、

「はい、あります」

と答えた。

「あなたはいったい幾歳です……」

「当年とって二十六歳」

「では印形《いんぎょう》を取ってきなさい」

「印形なら、これに持参しております」

「ふふん、用意周到だね。保証人はありますか」

保証人と聞かれてそれは困ったなあと思いもしたが、折から奉天地方事務所長と机を並べて、そばにすわっておられた土木課長の福田稔博士の顔をみると、即座に保証人をお願いしようという気持ちになって、博士の前ににじり寄り、捺印を乞うた。

博士はアメリカで学んだ橋梁学の泰斗だった。私のたのみを聞くと、にやっと笑って、不承不承だったが捺印された。博士はそのころ、わざわざ新市街から日曜ごとに私の説教を聞きにくるクリス

チャンだった。察するに、日基教会の神学にはとうていついていけなかったからだろう。

（五五）報告会

大正七年十月、私は日本組合教会派の総会に出席するため、奉天から大阪へ帰った。総会開会中、私のために一夕、中之島ホテルの食堂で会食が行われた。宮川経輝先生がテーブルの中央に着席され、私は命ぜられるままに、宮川先生のまん前に腰掛けた。この夜集まったのは、広告業万年社社長・大阪教会執事高木貞衛氏、滬餡《こしあん》製造会社社長・天満教会執事青木庄蔵氏、カナダサン日本総支配人・島の内教会執事荒木和一氏、武田薬舗顧問・浪花教会執事大賀寿吉氏、貝ボタン貿易商店主・浪花教会執事船橋福松氏、証券会社社長・神戸教会執事吉田金太郎氏などであった。ことわっておくが、これだけのクリスチャン・ビジネスマンが、私の中国伝道の出資者、すなわち私をサポートしてくれた人々のすべてであった。

さて、会食も終わりに近づき、デザート・コースに入ると、宮川先生はやおら立ちあがって挨拶をのべ、それからすぐ、私に報告スピーチをするように命ぜられた。私はこまごまと、一年間何をしたか一通り話した後、いかにも手柄顔をして、あたかも凱旋《がいせん》兵が分捕り品でもみせびらかすように、奉天の新市街（日本人街）に得た土地のことを報告した。

「そこは、将来新市街の中心ともなる地点です。しかも、七百七十坪の敷地をただでもらいうけることができました。そのかわり、ここに、向う一カ年間で煉瓦造りの教会堂を建築しなければならないのです」

そこまで恐る恐る述べたところ、きわめてフランクリーにものをいわれる大賀寿吉氏が、

「どのくらいの大きさの会堂を建てるつもりかね」

と口をだされた。

「なんしろ目ぬき通りのことですから、都市計画上、大阪教会ぐらいの教会を建てねばなりませまい」

「ほほう、君は何万円あればそれが建つと思っているのかね」

「満州は、なんしろ石炭の産地ですし、その上に労働賃金が安いから、黒煉瓦で建築すれば一万円、赤煉瓦でも一万五千円くらいあれば建つそうであります」

「そら安い。それにしても、その一万円もしくは一万五千円を、君はどうしてつくるつもりかね」

「まず皆さまから、お一人三百円ずつ寄付をあおぎたいと考えております。それから満鉄からも三千円、東拓から二千円、あとは在満邦人基督教信者、それでも足らずば、日本全国の組合教会会員に檄を飛ばして集めましょう。奉天には、元組合教会の牧師で、大きな農場を経営している人物もいますから、結構集まると思います」

「集まらなかったらどうする」

「集まらなかったら半分土地を売ればよいと思っています」

私がこう答えると、そのころ中国、満州へ商用の旅行をしばしば試みておられた船橋福松氏が、

「転売は許されんのやおまへんか……」

とたずねた。転売はたしかに許されてはいなかった。しかし、私はこう答えた。

「私が満鉄の奉天事務所へ出頭して、土地を半分返上するといたしましょう。そして私がその事務所を出たら、入れかわりにその土地が欲しい人が出頭して、私が返上した土地をもらい受けたいと申し出るのです。ちょうど、プレイガイドで、人がキャンセルした後でその席を買うのと同じように、その人は欲しい土地を手に入れることができるのです。私の方は、こうしてその土地を得た人から寄付金を五千円もらうことにすればよいわけです」

私がひそかにたくらんでいることまで打ちあけて語ったところ、

「君はなかなか隅におけぬ商売人だね」

と船橋氏は笑いながら言った。荒木和一氏は、語学の達人だけに
「シミズさん、ハウ・オールド・アー・ユー」

と問われた。私は、

「アイ・アム・トウェンティ・ファイヴ・イヤーズ・オールド・サー」と答えた。

話がちょうどとぎれたところで、今度はふたたび大賀寿吉氏が質問してこられた。

「君はシナ人伝道のために渡満したんだろう。それなのに日本人町の新市街に会堂を建ててどうするのかね」

私は、待っていましたとばかりにこう答えた。

「新市街は城内よりも治安もよく衛生的ですから、中国人の知識階級は、漸次新市街に住宅をもつ傾向にあります。その上、満鉄や日本人の経営する会社、病院、学校などに働いている中国人も多数

住んでいますから、日本人の宣教師の働く分野としては、新市街の方が適当であると考えるのです」

（五六）とばっちり

中之島ホテルにおける会食報告会は、はからずも清水安三つるしあげの会になってしまった。

次の質問者は、漉餡商の青木庄蔵氏だった。

「あんたはシナ人伝道のために派遣されたのですよ。日本人街でシナ人伝道するというのは、それは詭弁《きべん》というものです」

私は、青木氏の方に向きなおってこう答えた。

「私は奉天に赴任すると間もなく旧市街に家を借り受けて瀋陽教会を設立し、中国人伝道を始めました。ところが東門外には在奉天三十年のクリスティ〔1855–1936. スコットランド出身の宣教師・医師。『奉天三十年』（矢内原忠雄訳）で知られた〕が病院を設立して伝道しているし、大西門外にはフルトン、イングリス、ミスケリーの三人の宣教師が学校をたてて伝道しているのです。調べてみると、中国では宣教師たちが縄張りの協定を行なっていて、瀋陽（奉天城内）はアイリッシュ・ミッションの地盤ときまっているのだそうです。そういうわけですから私は旧市街よりもむしろ、新市街を私の伝道地盤にしようとチェンジ・マインド（変説）いたしました」

「まさか、三十年もの歴史あるミッションが、あんたなど歯牙にもかけまへんやろ。また、あんたの歯牙にかかるものでもあらへんし……」

「いいや、そうじゃありませんで。三越や大丸の前でも、ネクタイやハンカチを売っとる露店に人々がたかっておりますやろ。蓼《たで》食う虫もあって、アイリッシュ・ミッションの求道者や学生たちが、ぼつぼつ私のところへやってきますのや」

「……」

「私は外人宣教師のように病院や学校を背景として伝道することは困難ですが、新市街には南満医学堂もあり、奉天中学堂もあって、それらの学校には中国人の学生も多数学んでいますから、私は彼らを集めてバイブル・クラスを開いて伝道しようと考えているのです。また、クリスティの病院よりも大規模の満鉄の病院もありますから、これを自分の事業の一つと考えて、これを背景に伝道しようと計画しているのです。もし私が南満医学堂の中国人学生を信者にすることができれば、二十年、三十年の後には、恐らく満州のいたるところどの町にも、私と親しい医者の信友を見出し得ることができるようになるでしょう。彼らは日本語で、日本人の学生と一緒に学んでいるから、日本語を学びたいと思って、進んで日本語の説教を聞きにやってくるでしょう」

「それじゃあ、あなたは去年の十月このホテルのこの食堂で、新市街には日基の教会があるから、城内に教会をもつことにしたといっているんだが、そんなことは、もはや忘れたというわけですか」

「新市街の日基の牧師さんは山口重太郎氏ですが、私はまだ按手礼《あんしゅれい》〔第七三回参照〕を受けていないので、受洗者がある場合は山口牧師にきてもらって洗礼のお授けをいただいています。それほど親しうしていますし、私はあくまでシナ人伝道をするのですから、決してライバル関係には陥らないと思います。たとえトラブルを起しても、英国のアイリッシュ派の宣教師と悶着《もんちゃく》を起すよりも、はるかにましだと思うのですが」

私がここまで話すと、およしくだされればよいのに、宮川先生が、

「どうですか、さすがの青木さんもまいったようだね。さっきから聞いていて、わが輩は少年イエスがエルサレムで学者と討論していらっしゃるのを思いだす」

と、先生一流の皮肉極まる発言をされた。これを聞くと、青木庄蔵氏は憤然と席を立ち、折から火の手のあがっていた同志社紛争〔拡大する同志社の経営方針などをめぐる争い〕をひとくさり論評し、

「私はもうこの上、皆さんと同調することはできません」

と帰っていった。帰り際に青木氏は「清水さんにひと言申しあげる」と忠告めいた苦言を呈した。

「あんたは神を試みる人や。宮川大牧師が三十年かかってきずきあげた教会と同じ大きさの教会をば弱冠二十五歳の青二才のくせに、建てようなんてまったく無茶や」

青木氏が真っ赤な顔をして足《ママ》を蹴たてて帰ってしまわれると、つづいて船橋福松氏が、

「いうといわぬの違いで、わたしらも、このシナ伝道の後援はしばらく見合わさせていただきましょうか」

といいだした。とんでもない報告会になってしまったが、私としてはどうすることもできないのである。実はこれは、同志社の紛争で、最後まで高木貞衛氏が原田助《たすく》社長を支持されたため、組合教会にそのとばっちりが及び、そのハネの泥の一滴が私にひっかかったというところなのである。

集会が終わって、私が玄関にぼう然と立っていると、吉田金太郎氏がつかつかと近寄ってきて、私の肩に軽く手を置き、

「皆さんがやめても、私は従来通り月々献金します。それから会堂建築資金に、千円だけひきうけました」

といって帰っていかれた。

間もなく高木貞衛氏が出てきて二挺の人力車を呼び、私も乗車させ、雨のそぼふる夜の町を天王寺堂ヶ芝の自邸につれていかれた。その時私は、幌の中で鼻汁をたらしてベソをかいたものだった。かくて私の支持者、即ちシナ伝道の支持者は、高木・吉田の両氏ただ二人となったのである。

（五七）北京留学

大正七年十月の総会が終わると、組合教会本部は、事情調査のために、朝鮮伝道副主任牧師の山本忠美氏を奉天へ派遣した。山本氏は前後三週間滞在し、三つの結論を得て、それを本部に報告した。結論とはこうである。

一、清水氏は、自分で募金してでも満鉄からもらい受けた敷地の上に煉瓦造りの会堂を建設すると称し、頑として志をひるがえそうとしない。しかし、北京留学をすすめたところ、北京へやってもらえるならば、あの敷地に誰が募金して会堂を建設しようとも文句をいわぬといっている。

二、在満組合教会員は、せっかく最高の価値ある土地を手に入れたのであるから、ぜひこの際会堂を建設すべきであると、挙《こぞ》って主張している。また、そうとうの助成金が各大会社から出されるであろうと申している。

三、会堂建設委員長には、木村清松氏が最適と思われる。
このような山本氏の結論は、はばかりながら、かくいう私の意見そのものでもあったのであるが、組合教会はその提案をそのまま鵜《う》呑《の》みすることとなって、私は大正八年一月には奉天を去り北京に移った。案のごとく、山本氏と入れかわりに、奉天へは木村清松氏が長期応援伝道のために来任された。

木村氏は京都に洛陽教会、大阪に天満教会を建てた組合教会きってのゴウ・ゲッター（go-getter）である。たちまち塔もあり、牧師館も付属する教会堂を建ててしまった。（ただし、敷地五百坪は人手に渡してしまわれた。）

さて、私は奉天を立ち去るにあたって、〔満鉄立〕奉天図書館でリサーチ・ウォークした支那論を、一文にまとめることにした。

一年半にわたる奉天生活で、私の魂をいこわせ、またこれを養い育ててくれたのは満鉄図書館だった。当時の館長は、今日早稲田大学で支那学を講じておられる実藤恵秀《さねとうけいしゅう》氏であったが、私はただ一介の読書子として出入りしていただけなので、一度といえども館長室に刺《し》を通じようとはしなかった。満鉄図書館でシナ論を形成するにあずかって力あったものは、これは今初めて告白するのであるが、正直なところ、山路愛山〔1865-1919. 史論家〕の著書〔愛山の中国論には、『支那論』（民友社、一九一六年）などがある〕であった。

私は実藤氏に近づこうとはしないで、奉天新聞社の社長佐藤善雄氏に私淑し、種々の教えを受けた。奉天へいったばかりのころは、孫文と孫逸仙《そんいっせん》が同一人であるとも知らず、人に笑われたことがある。それほどにシナに関して無知であった私が、一年有半の後にシナ論の檜《ひのき》舞台《ぶたい》ともいうべき北京におどり出て、シナを論じて何人《なんぴと》にもひけをとらぬ程のひとかどのシナ通として立つことができたのは、奉天に満鉄図書館があったことと佐藤善雄氏と親交を得たことによるといえよう。

ともかく、私が最初にまとめたシナについての論文には「支那は国にあらず世界なり」というタイトルをつけた。私はそれを懐に北京に行き、「在北京　清水安三」と記入して、雑誌『我等』に投稿した。

この雑誌はその頃デビューしたばかりで、表紙には篝火《かがりび》の絵が掲げられてあって、実にさっそうとした感じの雑誌だった。大山郁夫、櫛田民蔵、長谷川萬《まん》次郎〔如是閑〕の三氏の同人雑誌(＊)で、インテリ青年層が月々争って購入したものである。今日のリーダース・ダイジェストの福岡誠一氏は、当時はまだ東大の学生で、この雑誌の校正係りをしておられた。

私は『我等』に投稿はしたものの、これが採用されるとはほとんど考えていなかった。しかし、ボツだろうとは思いながらも、万一の僥倖《ぎょうこう》を期待しつつ、次号の広告が新聞紙上に現れるのを待ったのである。

私の名前をこの広告の中に見出したとき、私は思わず快哉《かいさい》を叫んだ。しかも、大山、櫛田、長谷川と同じ大きさの活字で並んでいるのだ。私の生涯において、もっともうれしかったのは、ことによるとあの時、あの瞬間であったかもしれない。それから図にのって毎月投稿したところ、一回もボツに

(＊)『我等』は、一九一九年二月創刊の雑誌。大阪朝日新聞社を退社した長谷川如是閑・大山郁夫などが初期の同人だが、櫛田民蔵（大阪朝日新聞社在籍の経歴がある）は同人ではなく、寄稿者である。

はならず、ことごとく掲載された。聞くところによると、早大図書館には『我等』全巻がそろっているということである。他日必ず写真にとっておこうと思うが、「支那を動かす迷信の力」などは、少なくとも七、八回は掲載されたと記憶する。

私が、中国の文学革命、思想革命、文字革命など、近代中国の新動向をいち早く日本へ紹介しえたのは、『我等』が私の文章をボツにしなかったからである。

シナ文学の松村藤夫教授が「今日、現代の中国の文学を研究する者は、日本にはただ清水安三、青木正児《まさる》〔1887-1964. 中国学者・中国文学者〕の両氏くらいではないか」といわれたのは、そのころのころであった。

（五八）殴打

私は奉天から北京在住の毎日新聞特派員新田糾君へ、同志社出身のよしみで駅へ出迎えてくれるよう、あらかじめ手紙を出しておいた。迎えてくれた新田君の案内で北京駅横門の交民巷〔公使館区城〕口へ出ると、洋車（人力車）がわっと私たちをとりまいた。後は、いわずと知れた客の奪い合いである。新田君が、

「多少銭（いくらか）」

というと、

「一塊銭（一ドル）」

という。新田君は、

「両個車一塊銭罷（二台で一ドルでよかろう）」

といって、一ドルの銀貨を与えた。車夫たちは「好《ハオ》」と叫んで、私たちを乗せて走り出す。五、六百メートルも走って交民巷を出ると、私たちは別な洋車に乗りかえさせられた。ふたたび五、六百メートル走ると、目指す支那語同学会に着く。到着して車を降りたら、車夫は、私たちに十銭ずつ支払えとさいそくした。車賃は先払いしたではないかといっても、頑としてきかない。新田君は我慢できなくなったのか、車夫の胸ぐらをつかまえて、横っつらをぴしゃりぴしゃりとぶった。車夫はぶうぶう怒りながらも、ともかくひきあげていった。

北京駅の交民巷口から支那語同学会までは、せいぜい十銭くらいの車賃で十分な距離なのである。交民巷の車夫は、二台で一ドルもの大金を支払わさせたので、同学会に着いたら必ず問題になると考え、他の車夫に私たちを引き渡したのである。考えるに、交民巷の車夫は私たちを乗り換えさせる時、ひきついだ車夫に十銭でも二十銭でも与えるのが当然である。しかし、一銭も支払っていなければ、文句をいうのは当然のこと、悪いのは前の車夫であって、後の二人の車夫は殴打される訳もなければ、ののしられる訳もない。当然十銭ずつは、もらうべき権利をもっているのである。

私は、このケースはきわめて一般的なものであると思った。在支日本人が中国人をなぐるのは、それだけの理由があってのことではあるが、たいていの場合、なぐらずとも、わずかな金で解決できることなのである。そこで私は、他の人はともあれ、いかなる場合も絶対に中国人を殴打したり、足蹴にしたりしないことを天地神明にかけて誓ったのである。

これが私の北京の第一印象で、また、北京での最初の決心であった。

さて、同学会の正式の名称は、「大日本支那語同学会」という長たらしい名前だった。ある時、外出先から電話をかけようと思って電話帳を開いたが、四画の「支」のところをさがしたがない。六画のところに「同」の字を求めたがない。そこで「日」かも知れないと思いついて調べたが「日」でもない。いったいどうしたんだろうと考えて電話局にたずねたら「大」の字でひくと載っていることがわかった。

大日本支那語同学会は、ちっぽけな小塾ではあったが、由緒ある学校であって、志士として知られる沖、横河の学んだ学校であった。私が入った当時、学者では武内義雄、佐藤広治、岡崎文夫の諸氏、軍人では多田駿、喜多誠一〔膳所中学の清水の先輩〕、土肥原賢二などの諸氏が在学していた。その他にも、後年外語大の教授になった者や、海軍の少将、中将、正金〔横浜正金銀行〕や三菱、三井の支店長、領事、総領事になった者を、数えきれぬほど輩出している。

私は、トイレのそばの四畳の間をあてがわれた。これからここで勉強である。私は入校した日一日だけしか日本語を用いず、喋《しゃべ》れねば語らぬ、喋れる日まで唖《おし》で通すことを人々に申しあげて了承を得、英書、和書をことごとく柳行李につめて麻縄をかけ、「一年不開」と書いた紙片で封をしてしまった。そして、新聞も聖書も毎日中国語で読み、日本文も英文も一頁といえども読まぬ決意をした。

私が北京に来たことを知って、北京日本人教会の執事が三人、相たずさえて私を訪問してこられた。日曜朝の説教を依頼に来られたのである。聞けば、数年来日曜ごとに信者が七、八人集まるが、無牧であるので、かわるがわるあかしを行なっているとのことである。私は紙片に、

「我不欲語日本語　請待一個年」

と漢文で記し、筆談をもってお返事申しあげた。

「こら変わった人だな……」

執事たちは、口々に噂《うわさ》しながら帰っていった。

私は部屋の柱にその日を書いておいて、翌年その日が来たとき、自分から日曜礼拝の説教を奉仕させていただきたいと申し出た。この奉仕は実に、終戦にまでおよんだのである。

こうした語学研究法は、決して間違ってはいないと思う。私は間もなく、大日本支那語同学会の総弁《ツォンパン》に選ばれた。この総弁は、学校の庶務会計、経営の一切を、北京大使館から任せられていたのである。

（五九）両間屋子

私は、北京でみっちり中国語を学ぼうと思ったから、ワイフの美穂を日本へ帰らせた。彼女は、京都・嵯峨野に亡命仮寓中の孫文の同志、王統一氏の家政婦になった。

「一年たったら、僕が来いという手紙を出さんでも来てもよろしい」

という約束で別々の生活に入ったが、かっきり一年たつと、彼女は神戸出航の船の名を私あてに通知してきて、北京へやってきた。私はしょうがないので、南小街の横丁に両間屋子《リャンジェン・ウーズ》を借り受けた。両間といっても、しきりがあるわけではない。間口十二メートル、奥の一室行六メートルである。

両間屋子の家賃は月十四元であった。そのころ組合教会の本部からは、月々百円送ってきたが、銀が暴騰していて、わずか三十元内外にしか兌換《だかん》できず、十四元以上の家賃は支出しかねた。幸い家財道具は日本人教会の人たちが貸してくださったので、ダブル・ベッド、テーブル、鉄砲風呂、椅子、枕までみんなそろい、水がめ一個を買っただけでことが足りた。

美穂を迎えて、用意しておいた両間屋子へ案内すると、彼女はひとわたり部屋を見回し、

「ベッドのある部屋でお風呂をわかすの？　お炊事も客間も寝間もいっしょくちゃなの？」

と、呆然とたたずんで、椅子にかけようともしなかった。しばらくして、こういった。

「わたしはこの一室で我慢しましょう。しかし、こうした生活をしていて中国人伝道ができるでしょうか……。こんな、みすぼらしい生活をしていて……」

私は、こういう美穂をともなって、日本人教会の執事をしていた鈴木重孝氏のところに何か良い方法はなかろうかと相談に行った。彼も同志社出身である。電話局の傭聘《ようへい》技師だった鈴木氏は、

「僕は、月にいったいなんぼもろとると思いますか。月二万元とっていてもぴいぴいですよ。そら三十元で十四元の家賃は払えん」

などと話しておられたが、ふと思いついて、私たちの目の前で電話をかけ、辻野家の家庭教師に私を推薦された。辻野家の当主辻野朔次郎氏も電話局の傭聘技師で、鈴木氏の上役であった。

私たちはさっそく、辻野氏邸へ乗りこみ、その広い広い洋風邸宅の二階を借り受けることにしたのである。

さて、話はちょっと横道にそれる。ちょうど、そんなことがあってから二十年位たっていたであろうか。ある時、織田金雄牧師とともに、石家荘に赴《おもむ》き、東亜伝道会から遣わされてきていた大森三郎

牧師を問安《もんあん》したことがあった。大森夫人は東京女子大の出身である。夫妻は、ちょうど私が南小街の横丁に借りた両間屋子と同じシナ家屋に住んでいた。ベッドの横に炊事台もあれば、片すみには例の鉄砲風呂が置いてある。長いテーブルと椅子が数脚、それが部屋の調度品のすべてであった。

その夜、私は絹田元吉氏のお宅に泊まったが、織田君は大森氏の家庭に宿をとり、そのベッドの上にやすませてもらった。もう一部屋あるのだろうと思っていたら、夜半目覚めると、大森牧師はテーブルの上に毛布一枚で横たわっているし、夫人は椅子をベッド風に並べてこれに板をのせ、これまた毛布一枚、その上に外套をかけて眠っておられたと、織田君はあとで私に話してくれた。

その翌日は日曜日。大森氏の教会へ行ってみると、中国人が来るわ、来るわ！　百名近くも来るではないか。教会堂といっても、シナ家屋の大きい三間房（間口二十メートル、奥行十二メートル）であるが、会衆はぎっしりである。ことに驚いたのは、彼らの中に、馬鈴薯だの、麦粉だの、白菜だのを携えて来るものがいたことである。いうまでもなく、大森夫妻へささげる贈物であった。

私は、〔後年〕米国のオベリン大学在学中、神学部のフィスク〔George Walter Fiske〕教授の教室で、ある日ライス・クリスチャン（米信者）のことについてディスカッションをしたことをおぼえている。フィスク教授は、中国へ行っている宣教師が、もっとも苦々しく感ずるのは米信者である、といわれた。ミスター・シミズはどう思うかと教授から問われて、私はこう答えた。

「中国人はよほど上流階級でなければ米飯はいただきません。貧乏人はみな、コーン（とうもろこし）の粉を食べています。コーン・クリスチャンという言葉がない以上は、どうもライス・クリスチャンがあろうとは思えません」

私の答えは、フィスク教授の機嫌をだいぶそこねたようだった。

石家荘からの帰りの汽車で、織田君は大森牧師をほめ、私はその夫人をほめた。そして、私もあの南小街の両間屋子で生活すればよかったとつくづく思った。豊かな白人ミッショナリーには、ライス・クリスチャンが、砂糖の甘い汁を吸う蟻のように集まってきたかもしれない。

しかし、貧しい大森牧師夫妻には、受くるよりも与うることのほうが幸いであることを知り得る信者が集まっていたのである。

（六〇）食客

私と先妻美穂とを辻野家の住込み家庭教師に推薦してくれた鈴木重孝氏は熱心なクリスチャンだったが、辻野家の主人朔次郎氏は無神論者であった。辻野夫人の音羽さんは目白出身で、大津事件〔一八九一年五月一一日のロシア皇太子暗殺未遂事件〕の大審院長児島惟謙《これかた》の養女にあたり、北京日本人社交界の花形であった。

この辻野家で二人の坊っちゃんのお相手をさせていただくことになったわけだが、二人とも成績はあまりかんばしい方ではない。長男の泰夫君は小学五年、次男の道雄君は三年生だったが、二人とも一点だの二点だのという点をいただいてくるのである。どうしてこんな点しかとれないのだろうかと検討してみたところ、彼らは、日本語を半分しかわかっていないということを発見した。赤ん坊の時から、ずっと阿媽《あま》（女中）育ちであるために、中国語が彼らのマザー・タング（母語）になっていたのである。そこで私は、まず日本語のヒヤリング、話し方を練習させた。彼らの成績はその後めきめき向上して、二点が三点に、三点が四点に、四点が五点にまであがっていった。

私は彼らに少しも教えようとはしなかった。ただ、わからないところがあったら問いなさいというだけで、彼らに自習をつづけさせ、私はそのそばでだまって読書していただけだった。こんな私のやり方をみて、辻野夫人は不満だったらしく、

「清水さんたら、いつも自習ばかりさせて、ちっとも教えてはくださらないのねえ……」

と、私にぼやかれた。

「奥さま、教えたらだめです。自分で勉強するのでなくちゃあ……」

私がこういうと、

「そうかしらあ」

と首をかしげておられたが、泰夫君が東京府立三中に入り、道雄君が成蹊に合格すると、喜ぶの喜ばないの、会う人ごとに、私の教育者としての才能を吹聴して歩かれた。

私が辻野家に食客していた二年間に、二人の著名な人がやってきた。

一人は産児制限のサンガー夫人〔M. H. Sanger. 1879–1966〕で、たしか吉野作造博士の紹介状をたずさえてこられたように記憶する。北京飯店に室をリザーブしておいたのだが、私の家に泊めてくれというので、夫人を辻野邸につれ帰った。私は在留邦人のために、二カ所で夫人に講演会を開いてもらった。一つは大和倶楽部のホールで、ノース・チャイナ・スタンダードの布施知足氏が通訳し、いま一つは北京大学のホールで、胡適《こてき》〔1891-1962. 哲学者・外交官〕博士が通訳した。

日本ではそのころ、避妊の方法を講演することなどは許されてはいなかったが、私どもはその時か

なり具体的な話を聞くことができたのである。ただし、念のため断っておくが、私自身は決してバース・コントロールの信奉者ではない。私は六人目に生まれた息子である。もしも私の母が三人くらい生んで、後はみな中絶でもしていたら、母は、私という男を世に送り出すことができなかったはずである。もし、私の母が他の五人の兄や姉を生んで、私を生んでいなかったとしたら、母の生涯は、ほとんど無意味だったといってもよい。かく思う時に、私は産児制限に賛意を表するわけにはいかないのである。

もう一人、えらい人がやってきた。それは賀川豊彦氏〔1888-1960. キリスト教社会運動家。桜美林学園の初代理事長〕である。上海の内山完造氏〔1885-1959. 上海で内山書店を経営。魯迅と親交があった〕が出迎え依頼の電報をよこしたので、私は賀川さんのために扶桑館の一室をリザーブしておいた。しかし、賀川さんも、やはり私の家に泊るといわれるので、おつれしてきたのである。サンガー夫人がこられた時は私と先妻美穂はリノリュームの床の上にじかに寝て、サンガー夫人にベッドを提供したが、賀川さんの時は、ベッドの上に賀川さんと私がやすみ、美穂はフロアーの上で一人眠った。

賀川さんのためにも、大和倶楽部のホールで講演会を開いてさしあげた。

賀川さんが在宅中のある日、先妻美穂は、食事をしている賀川さんと私の顔をじろじろ眺めていたが、賀川さんが席をたたれた後こういった。

「あんたの眼は死んでいる。賀川先生の眼は生きている。あんたも本を読みなさい。そうすると眼がかがやく……」

それからずっと後、新聞に賀川氏がトラホームで失明しそうだという記事が出た。

「わしもトラホームにならんかいなあ。そうすると眼がいきいきするだろうから……」

私はそういって哄笑した。

ちなみに、先妻美穂は大の賀川崇拝者で、賀川さんの著書を克明《こくめい》に収集していた。後年、彼女は京都の府立病院で死んだが、病床から賀川さんに祈りを乞う電報をうったりした。賀川さんは彼女の電報を手にすると、すぐ京都へとんできて、美穂のために祈ってやってくださった。賀川さんに祈っていただいた翌朝、美穂は従容《しょうよう》として天に昇った。

彼女の死際《しにぎわ》が、あっぱれみごとだったのは、賀川氏の祈りのおかげだったかとさえ思われた。

（六一）愛国者

私は妙な男で、在支三十年間、他の在支日本人と異なって愛国的行動はなにひとつしなかった。しかし、ただ一度だけ愛国的な行ないをしたことがある。それは大正七、八年頃であったろう。中国には排日の風潮が四百余州にみなぎっていた。背後には英米のミッショナリーが動いているという評判もたっていたのである。

ある日ふと思いついて、私は交民巷の公使館を訪ね、小幡酉吉《おばたゆうきち》氏〔1873–1947〕に面会を求めた。小幡といえば、霞ヶ関の歴史の中で、陸奥〔宗光〕、小村〔寿太郎〕に次ぐ大人格者である。

あらかじめ引見の交渉もせず、また一枚の紹介の名刺も持たなかったにもかかわらず、さすがは小幡氏である、すぐに私を応接間に通した。

「何か対支外交に関する建言でもあって来たのかね」

それが小幡氏の最初の言葉だった。私は、さっそく用件をきり出した。

「実は、在支英米の宣教師四千人に、手紙をだそうと思うのです。それでこの企てに対して、閣下のご批評をうかがいたいと、参上いたしました」

「どんな手紙をだすんだね」

私は、手紙の要旨を説明した。

「あなた方がチャイナに来て、チャイニーズびいきになることは当り前である。実は私もすごくプロ・チャイナ（親中国派）であるから、あなた方の心持ちはよくわかる。しかし、そうかといって、アンチ・ジャパニーズにならなくてもよさそうなものだ。イエス・キリストは、隣人を愛せよと教え給うたではないか。もし、あなた方が、キリスト教の宣教師であるならば、シナ国民に、お前たちの隣人である日本人を愛しなさいと教えるべきではないか。他のシナ国民が、こぞって排日運動をやっても、クリスチャンのチャイニーズはジャパニーズを愛しなさいと教えるべきだと思う。たとえ、日本政府がどのようなことを行おうとも……。

あなた方は、英国または米国から遣わされてきておられるのではなくて、神の王国からこの国に遣わされているアンバサダーであることをお忘れにならぬように。そしてもし、あなた方が、明日から宣教師として日本へ転任するよう本国のミッション・ボードから命令を受けても、心安く日本へ赴任し、口を拭わずに日本人に神の道を証しできるよう、常に心がけていてほしいものだ……」

ここまで説明すると、公使は、

「君、ちょっと」

といって、奥の間へ入っていかれた。奥の方は公使の住居になっているので、トイレにでも立たれたかと思ったが、後から考えると、このとき小幡氏は、財布をとりにいかれたようであった。間もなく帰ってこられて、「それから」と促されたので、私は続けて計画を申し上げた。

「こういう手紙のほかに、もう一枚手紙を封入しようと考えているのです。それには、日本にいる英米の老宣教師からサインをもらわねばなりません。先ほどご説明した手紙とともに、このレバレンド〔牧師〕・シミズの考えに自分は賛成同意するという意味の手紙をそえ、それに在日宣教師のサインをもらおうと思うのです。サインはコロタイプでもかまわないと思います」

「よしわかった。それだけのことをするには、一度日本に行ってこなければならないだろう。印刷費や切手もいるが、予算はあるか」

「私は近日、組合教会の総会に出席することになっておりますので、帰国の旅費は送ってきています。切手や印刷費ぐらいは、帰ったら容易に与えられるでしょう」

こういうと、

「君の洋服はだいぶ疲れとる。僕が一着作ってやる。なんぼ入っているか覚えとらんが、これを君にやる。使いたまえ」

小幡氏はそういって上衣の内ポケットから、外国製の札入れをとりだし、私の方へ差しだされた。

「私は金をもらいに来たのじゃありません。後に外交上面倒が起こったらすまないと思って、相談にきたのです」

差し出された財布をつき返すと、

「文句いわんで、とって置くものだ」

とどなるようにいわれ、私は二の句が継げず、財布をポケットに押しこんだ。財布の中にはなんと当時の金で四千円も入っていたのである。

日本へ帰ってから、私は恩師の南石先生に英文の手紙を書いていただき、ラーネッド〔1848-1943. アメリカンボードの宣教師。同志社大学第二代学長〕、ヴォーリズ、スナイダー、フィシャー、ベイツ、オールズなどの諸先生からサインをいただいた。そして中国四百余州の駐在ミッショナリー一人一人に手紙を出したのである。

後年、〔私が〕非国民として北京村の人々から弾劾されたとき、小幡氏は、

「僕は清水という男に一面識あるが、あの男はお前たちよりも愛国者だよ。あんまりいじめん方がよいぞ」

と、私を弁護してくれたそうである。これは、非国民清水安三に退去命令を出すべしと、公使館に訴え出た連中の一人から、直接聞いた話である。

（六二）居留民大会

大正（民国〔一九一二年を起年とする中華民国での年号〕）八〔一九一九〕年五月四日、北京に学生の遊街会が起こった。中国では、デモを遊街会という。

「大家起来　国家快要亡那」――みんな立ちあがれ！　国がじき亡びるぞ！　こんなスローガンを

かかげて、デモは北京の町をねり歩いた。後年「五四運動」と称されているものである。

この遊街会が行われるまでには、こんないきさつがあった。

その当時北京の政権は、安徽《あんき》派の段祺瑞《だんきずい》、徐樹錚《じょじゅそう》、曹汝霖《そうじょりん》が掌握し、日本軍閥が彼らの尻押しをしていたのである。一方、直隷《ちょくれい》派の呉佩孚《ごはいふ》、馮玉祥《ふうぎょくしょう》が頭角をあらわしはじめ、段祺瑞、徐樹錚なに者ぞといったような勢力を示しつつあった。折から北京大学で、もっとも進歩的だった陳独秀《ちんどくしゅう》教授が、北京の「新世界」の高楼の屋根から「打倒段政権排斥売国政治家」のビラをばら撒くという事件が起こり、北京中の大きい話題となっていた。北京大学生の示威運動は、これがきっかけとなって起こった。

学生たちは、五、六列に、街路幅一杯に並び、なにごとかを叫びながら闊歩した。曹汝霖の邸宅までくると、なだれを打って中へ侵入し、家屋に火をつけ気勢をあげたが、中国人の庄屋は煉瓦建築であるから、大した火事とはならず、小火に終った。

この五四運動は、二つの大事件をひき起こした。一つは川田と称する日本人医師の自家用フォードがデモと衝突、これに乗っていた川田医師が軽傷ではあったが負傷したという事件。いま一つは日本人の小学生が投石されたという事件である。小学生の事件は、軽傷というのさえ誇張になるほどのもので、石ころが頭に当たったという程度だった。しかしこのできごとは、針小棒大になり、日本全土の新聞の第一面に報道された。

北京の居留民の間にも与論が沸騰し、居留民大会なるものが開かれた。居留民大会の座長には、同仁病院事務長の山内嵒《いわお》氏が選ばれた。山内氏は、〔東亜〕同文書院の創立者荒尾精《せい》〔1859–96〕と生涯行動を共にしたという、謂うところの志士である。

居留民保護を理由に、関東軍からでも派兵してもらって、北京の駐屯軍の兵力を増強しておけば、近来抬頭し来って、安福《あんぷく》派の政権をしのがんとしている直隷派をおさえることができる——、この居留民大会を開催にまで漕ぎつけた本当の魂胆は、おそらくこんなところであったろう。しかし誰一人としてそんなことは口に出さず、ただ東京政府は、われわれ居留民の生命を守護すべきであるという発言だけが大会の空気を圧していた。

討論終結の動議がでた。座長は立ちあがって、採決を宣した。

「東京政府に、居留民保護のために出兵を乞うことに賛成の方は挙手を願います」

ばたばたと手が挙がった。私は黙然としてホールの片隅に座っていた。会場を眺めわたした座長は、

「満場一致と認めます……。満場一致と認めます」

とうなずきながらそういった。

「座長、満場一致ではありません。私は大反対であります」

叫んだ私を見て、七十幾歳の白髪の座長は、どうした間違いか、

「その反対の理由」

と問われたのである。採決に入っているのだから、これは的外れの質問だとは思ったが、私は反対の理由をこう述べた。

「車体の大きいフォードで、デモの群衆を横切ることさえどうかと思われるのに、縦切るようなことをするから今度のような事件が起こったのです。のけのけといわんばかりに、ぶうぶうクラクショ

ンを鳴らすなんて、まるで群衆の猛りたった心を余計あおるようなものではありませんか。子どもたちにしても、デモに向かって、「大家起来　国家快要亡那」などと、おうむの口真似のようなことをしたら、石ぐらいは投げられます。この際、われわれは、むしろ非常識な行為を慎まねばならない。自分が非常識な行為をしていて、陛下の軍隊を動かせとは、余りにも虫がよすぎはしませんか。日本の兵隊は傭兵ではないのですから……」

私の発言を聞いて、一人の居留民が立ちあがり、

「ただ今発言した人は、どこの国の国民ですか」

と質問した。座長の山内老は、

「近ごろ北京へヤソが入ってきよりまして……」

とぼそぼそ語り、

「では、ほぼ満場一致と認めます」

と採決した。拍手喝采を私は遠い出来事のように聞いていた。

(六三)　愛のバトン

大正六《ママ》年から八《ママ》年にかけて二年もの間、北支には雨らしい雨が降らなかったので、物すごい飢饉になった。そこで在支宣教師がおのおの本国へ行って募金したり、食物を集めたりしたので、その救済運動はじつに世界的な運動となり、各国は競って救済に乗り出すことになった。

〔大正九年には〕日本でも黙ってはおれんというので、各地の商工会議所が音頭を取って、さかんに義捐金《ぎえんきん》を募ることになった。当時の財界の大御所渋沢栄一氏がその音頭取りだった(*)。そして集まった金を張作霖や曹錕《そうこん》のような軍閥の手を通して贈ったので、在留邦人たちは皆、はたしてその金が食糧となって飢民たちの手に入るかどうかすこぶる疑わしい、たぶん軍閥のアヘンの煙と消えるだろう、とうわさした。

そこで私はある日、北支旱災《かんさい》救済委員会委員長の中山龍次〔1874-1962〕氏を訪れた。中山氏は、後年NHKの最初の理事長や越後十日町市長になった人物で、当時は中国交通部の顧問であった。

北京三条胡同の中山公館を訪れると、門前払いもせずにすぐに応接室に通された。私が、

「外国の救済事業は、集めたおかねだの食物だのを在支宣教師を通じて直接災民に贈与しております。私も宣教師のはしくれです。日本で集めたおかねを、私が直接飢民に与えられるように用いてはくださいませんか」

と縷々《るる》申しあげたところ、中山氏は、

「もし君にやらせるとしたら、どんなことをするかね」

といわれた。私は懐に携えていった計画書を出して、いった。

「臨時の孤児院を設立して、被災地から飢民の子どもを連れてきて、それを来年の麦秋まであずかり育てたいと思うのですが、どうでしょうか」

「家屋などあてがあるのかね？」

「家屋は朝陽門外の太平倉という禄米倉を貸してもらいましょう。禄米倉というのは、清朝のころ、

税金が米で取り立てられたので、北京に禄米が集まって来たのでした。それを貯蔵する倉庫だったそうです。朝陽門外の城壁に背をくっつけて、長々と、一キロほども倉庫が続いております。その倉庫が今では空屋になっているのです。それを借用したらよいと思います。」

「そうか、君はなんでもよく知っているね」

「じつは、北京の社会服務（奉仕）団の団長の沈淵という仁が臨時孤児院を設立して、災童を救済したらどうかといってすすめに来たのです。沈氏は燈市口の公理会（組合教会）の執事でして、私が北京へ来て最初に得た知人です。私が臨時孤児院を建てたら協力するといっています。」

「そうかね。そうだろう。君が創案したとはちょっと思えないからね」

「……」

「ことによったら君にやらせることになるかも知れん。そうなったら君を呼び出すよ」

中山氏は昭和三十七年、東京で逝去された。その葬場でいただいた中山氏の履歴に、若年のころマッキンターフ師の書生に用いられ、その後同氏が帰米されるとベリン師の書生となって苦学された、とあった。そうと聞いて初めて、弱冠二十八《ママ》歳の私を一面識もないのに用いて、大きな事業を思うがままにやらせてくださったわけがわかった。

（＊）渋沢栄一による義援金集めの運動は、一九二〇年（大正九年）秋からの時期であり、これは、『東京朝日新聞』同年一一月一四日付掲載の「日華実業協会」による義援金募集広告などによって疑う余地はない。また、災童収容所での活動は一九二一年のことであり、清水はそれを『基督教世界』（一九二一年三月三一日付）などに書いているが、前提としていた飢饉は大正九年のものである。第六六・六七回冒頭の記述も参照。

マッキンターフ、ベリン両先生の注がれた愛は、なるほど両先生には返されはしなかったのであるが、愛のバトンは私という男に完全に手渡されたのであった。イギリスに「Love begets love（愛は愛を生む）」ということわざがあるが、そのことわざは真実である。中山氏は私を災童収容所の所長に任じて、二、三十万円の予算でやれと大きく出られた。

私はさっそく、飢饉地の順徳、石家荘《せっかそう》、大名《だいめい》、饒陽《じょうよう》の奥地へ行って、飢民の少年少女を集めた。村々では、馬糞を水でこして食う者、木の根をかじっている者がいた。どの子どもも眼くぼを深くひっこませて、胸の肋骨は数えられるほど、腹ばかりは豚のようにふくれて、四肢は骸骨のようにやせていた。私はかれらを大車（荷車）に載せて、ごろごろと田舎道をひっぱって停車場に出、荷物列車に乗って連れてきた。災童収容所に着くとすぐ風呂に入れ、女の子どもは先妻美穂子《ママ》が、男の子どもは私自らがいっしょに入って洗ってやった。生まれて初めて風呂に入った子どもが多かったが、よくもあんなことができたものである。やっぱり私たちが若かったからである。

（六四）災童所の人々

飢饉地から狩り集められた災童は七百九十九人であった。もう一人収容すれば八百人である。たとえ短日月にせよ、これだけの子どものめんどうをみようということになれば、相当多数の職員が必要である。私は、北京服務団の団長で、北京公理会（組合教会）執事の沈淵氏に総弁《ツォンパン》（＝トップ・マネジャー）を引き受けてもらって、教育主任に女子大出身の揚淑敏女史、事務主任にＹＭＣＡ社会部主事の王子文氏を用いた。そして、それぞれ部下の教職員を集めてもらった。教員は十二人、職員は五人集まった。

一方私自身は、もっぱら奥地へ出かけ、災童を集めて回った。本当に飢餓に悩んでいる子どもを、できるかぎり救済しなければと考えていたからである。

今思い出して、うまくやったなあと思うことは、村々を回り、十人子どもが集まると、くじ引きで一人の子どもの母親をえらび、付き添いがてらに連れてきたことであった。母親を一人でも連れてくることで、子どもを手離す他の九人の親たちの不安を少なからずやわらげることができたのである。その上、つれてきた母親たちは、保母の役目も果たしてくれたし洗濯や掃除もやってくれた。大変つごうのよい母親たちだったが、飢饉が終わり、災童所を解散して飢饉地域の村々へ帰ってみると、なかには丈夫《ジャンフ》（おっと）が餓死してしまっていて、未亡人になってしまっていた者もいた。このような予期せぬ悲劇に遭遇した母親は、大きな声で、あいやーあいやーと叫んで慟哭《どうこく》した。このような母親を目の前に見なければならなかった私は慰めの言葉もなく実に閉口した。

さて、これらの教職員のほかに、私は北京同仁病院の協力を得て、徐という名前の大夫《たいふ》（＝医師）を派遣してもらった。彼は南満医学堂の卒業生で、子どもたちの健康をあずかってもらったが、その診察の結果、災童の中に二人の天然痘患者のいることがわかったのである。患者は男児、女児それぞれ一人ずつで、私も先妻美穂も、いっしょに風呂に入ったりしたのだが、私たちばかりか誰にも伝染しないで、ことはすんだ。しかし、一時はやれ消毒、やれ種痘とてんやわんやの騒ぎであった。

私は災童たちをただ食わせることだけで過ごさせるようでは意義がないと考えた。そこで黒板、腰掛けなどもそろえ、読み書き手習いだけは教えることにした。このほか毎朝礼拝を守り、さんび歌をうたわせ、聖書の話をして聞かせた。一番先に語った話は、イエスが安息日に手のなえた男を癒し給うた物語り〔「マタイによる福音書」一二章九参照〕と、司馬温公〔司馬光。1019–86. 北宋時代の儒家・政治家〕がカメをぶち破って溺れた子どもを救った物語りであった。この二つを結びつけ、人間尊重を説いて聞かせたのである。すなわちイエス・キリストは、安息日よりも人間の方を重んじ給うたが、それと同様、少年司馬温公は、値高い大きいカメをぶち破ってもよい、友なる子どもの命を救おうと決心した。二つの物語は、まことによい説教のイラストレーションであったかと思う。これが私がシナ語で行なった最初の説教でもあった。

災童所はこのような働きをしたが、なにしろ八百人の子どもと職員が合宿しているのであるから、毎日かかる経費は相当の額にのぼる。私は、会計監査に当ってくれる日本人の職員を一人雇い入れることにした。

そのころ、東北学院を出て押川方義《まさよし》〔1851–1928. 東北学院創立者。衆議院議員〕氏の門弟だったという末次政太郎氏が北京にいた。九州安川家から派遣され、この町に駐在していた気宇闊達の人物である。この末次氏の家に居候をしていた村田春平という人を、その仕事に採用した。末次氏のすすめもあって採用した村田氏ではあったが、人相は見るからに陰険で、気乗りのする人物ではなかった。当時の私はまだ三十歳に達せぬ若輩、彼はすでに五十を一つ二つ越えていたと思われる。彼に監査役と言う名称を用いると、中国人の職員の気持を害しはせぬかと考えて、彼を私の秘書にした。私としたことが、そのときはまことに思いあがっていたものとみえる。むしろ秘書になるべきは私の方であった。

あるとき、村田氏と総弁の沈氏との間に衝突が起こった。私は仲裁に立って、

「日本にさえ、隠坊《おんぼ》も焼き賃ということわざがあるでしょう。……どうせ中国の飢民に与えるものだから、少々スクイズされても、あんたは目をふさいでくださいよ」

と、生意気にも村田氏を押さえ、沈氏の肩を持った。これがきっかけで村田氏は災童収容所を去って、清水安三弾劾の挙に出ることになり、その結果、北京のお歴々で組織する北支旱災救済会の裁断を受けることになったのである。短からぬ生涯で、あのときぐらい弱ったことは、後にも先にもなかった。

（六五）めぐりあわせ

村田春平氏もさる者で、ご苦労にも、総弁の沈淵氏が粟、麦粉、米などを買い入れた米糧舗（米屋）を克明に調査して歩いた。米糧舗の掌櫃的《ジャングィデ》（番頭）は、村田春平氏の誘導訊問にのって、ごくかんたんに口を割ってしまったらしい。値段はきわめて正当であるが、五パーセントほど目方を少なく計量して沈氏に贈呈したと自白してしまった。また、黒板や机、腰掛けも、ぐんと値びきしておきながら総弁は、値切らない以前の値段の受領書を取ったということも調査していた。

村田氏は、この調査結果を手中にして、清水もこのぴんはねの恩典に浴しているに相違ないから、どうぞ調べてくれるようにと、委員会に申し出たのである。委員会は監査委員を選び、私は調査される立場に立たされたのであった。そのとき、私はこういった。

「私自身、どんなお調べを受けようと、少しも苦しくはありません。しかし、どうか中国人の教職員にまで調査の手が及ばないようにお願いしたい。この収容所は営利事業ではなく、ここで使われる金は一銭残らず中国人に施与するためのものなのです。ここで働いている従業員は飢民とまでは称しえないでしょうが、決して富裕な者ではありませんし、やはり貧しい中国人なのです。こうした人々の懐にそういう金が入るわけですから、なにとぞ寛大な処置をお願いしたいと思います」

私の言葉を聞いて、委員の一人だった深沢通訳官はこう答えた。

「いわれるまでもなく、われわれは君の寄寓している辻野氏にも聞き、〔横浜〕正金銀行、日本郵便局の貯金係りにも問い合わせ、また、郵便局（中国側）の為替課にも調査を請うて、君が内地に送金しているかどうかについても調べてみた。安心したまえ。……中国人のことはいっさい調べないことにしているから……」

「それで安心しました」

私が安堵の声をもらすと、書記官の八木元八氏は、

「しかし、こういうトラブルが起こったというのは、君の不徳の致すところだよ」

と私をたしなめられた。

こうした弾劾を受けたことを、私は、沈淵氏には無論のこと、中国人の教職員にはだれ一人に語り明かさず、何ごともなかったごとく装っていた。だが、会計の分担を分け、物品を買い入れる者と支払う者と二つにした。また割り高になっても、品物は北京人の店舗から購入することにした。私自身は、支払いにタッチすることをいっさいやめ、金銭を汚れたもののように扱って、たとえスタッフがくすねるとも、絶対に嫌疑が及ばぬよう、小心翼々、会計事務を処理することにした。

ある日のこと、京津日日新聞社の記者、中野江漢氏の訪問を受けた。同氏は、いわゆるシナ浪人で、関羽髯《かんうひげ》をはやした豪傑タイプの男だった。体重も二十三、四貫もあり、六尺豊かな巨体で、私でなくても威圧を感ぜざるを得ぬ人物である。

中野氏は私の前に立つと、

「清水さん、まずこれを一読してみなさい。あんたが読んでしまってから、少々申しあげることがある」

と、ひとたばの原稿をさし出した。見覚えのある村田春平氏の筆跡である。「会計紊乱《びんらん》せる災童収容所」と題し、原稿はまるで検察官の調書のように、一つ一つ詳細に調査の結果が書かれていた。私は、てっきり中野氏がゆすりに来たのだと思った。困惑の極みに達して、原稿を読みながら手元がぶるぶる震えてくるのを押さえることができなかった。――万事休すか！　私が読み終って、瞑目しつつ祈っていると、

「清水さん」

と呼びかけて、中野氏は私の手からその投書を取りあげ、音をたてて破り裂いた。そしてくるくると掌でまるめ、私の目の前でストーブの中に投げいれた。

「ぼくはね、清水さん。若い頃上野公園のテント伝道で、木村清松牧師から洗礼を受けている者ですよ。これでもクリスチャンだ。驚いたでしょう……、ぼくが洗礼を受けているなんて……。だから、あんたのためにうしろだてになってあげる。文句を言う奴があったら、首をねじあげてしまうから心配しなさんな」

中野氏は、災童収容所の門番になってあげてもよい、とまでいってくれた。まるで地獄に仏の思いである。思えば、木村清松氏が北京へ来られたとき、一度ならず二度までも、私は案内役をうけたまわってよくお世話申しあげたが、このような、めぐりめぐっての恩義を受けようとは思いもよらぬことであった。

もしも、あのような投書が新聞に掲載されたならば、私自らのことはともかくとして、中国人の教職員の面子をこわしてしまい、せっかくの災童収容所も、日支親善という角度から考え、まったくマイナスとなってしまうところだった。

（六六）罪の値

さいわいにも、大正九年《ママ》〔正しくは大正一〇年＝一九二一年。第六三回の注参照〕の麦秋は大豊年であった。私は、このうえトラブルに出くわしたら面倒だと考えたので、豊作のニュースが伝わると、いちはやく救済委員長の中山龍次氏のところへ相談に出かけた。

「どっさり麦がとれたそうです。子どもたちを引き取りたいと申し出る親たちがあるのですが、いかがいたしましょうか」

私の相談を受けて、中山氏は、

「そら君、親たちがもう養えるようになったら、どしどし返すのが本筋だ。しかし、それにしてもまず旱災《かんさい》委員会に諮《はか》ってみよう」

と答えられた。

委員会は、すべて災童収容所長に一任すると決めたので、私はふたたび子どもたちを荷車に乗っけて順徳、正定《せいてい》、石家荘、大名、饒陽の各県へ行って、自ら村々を訪れ、直接親たちに児童を引き渡した。

荷車に乗るのはさほどつらくはなかったが、駅から村々へ、中国の田舎道を幌馬車で行くのは実に苦しかった。中国の幌馬車は蒲鉾《かまぼこ》形でかっこうは大へんよく、まるで日本の御所車のような形をしていたが、揺れるごとに、頭が幌のけたや柱や、ときには天井にぶつかるのには閉口した。

私は子どもたちに、災童収容所で使用していた教科書、硯、鉛筆、毛筆、それから讃美歌、バイブルをみなもたせ、着用していた衣服もことごとく与え、蒲団《ふとん》までもかつがせて帰らせた。そのうえに、麦粉（メリケン粉）一袋、銀貨一ドルを恵与した。

子どもたちの親は本当に喜んでくれた。私が直接送り届けたことも、好感を与えたようであった。ただし困ったこともあった。災童収容所で、子どもが二人肺炎で死亡したが、その子の村を訪れたときは、まるで私が子どもたちを殺しでもしたかのようにののしられ、私は銀貨三十ドルを贈与して、ほうほうの体で逃げ帰ったのである。本当に、異国で事業をすることくらい、世にむつかしいことはないと思った。

災童収容所解散後、救済委員長の中山龍次氏には大総統黎元洪《れいげんこう》から勲一等嘉禾《かか》章、そして私には勲五等嘉禾章を贈られた。

後日譚であるが、その年の冬、年の暮れも押しつまった頃、ある夜、私の家の戸をたたく者があった。すでに床に就いた後であったが、起きて門まで行って逢ってみると訪問者は例の沈淵氏の長男であった。

破れた毛布を頭からかぶっているが、綿衣も着ず、じゅばん一枚でぶるぶる震えている彼を見て、私は一目で、彼が阿片またはモヒ〔モルヒネのこと〕の中毒者であることがわかった。

私が災童収容所の総弁（トップ・マネジャー）に用いた沈淵氏は、長男を自分の秘書に用いていたのであるから、粟や麦粉を買い入れたり、机や椅子を購《あがな》うときにくすねる役を、父親の沈淵氏の手先となって勤めたのであろう。そういう悪い役をやらせられたことがついに堕落の始まりとなったにちがいない。

私は、ともかく、私の綿衣のシナ服を施与し、古い外套を与え、メリヤスのシャツ、ズボン下、もち合せの銀貨四、五枚を与え、固くいましめて、その夜は帰した。

その後気にかけながらも、父親の沈淵氏にもよう言い出せず、そのままにしていたところ、年も越えた二月の厳冬のある朝、彼は私の家の近くで凍死体となって発見された。

たぶん、私の家を夜半訪れたのであろうが、ボーイが熟睡していたため、門を開けてやらなかったので、どうにもならなくなって路上で行きだおれになったにちがいない。

彼の屍体は、ただ破れたむしろを頭からかぶっているだけで、私の与えた外套も綿衣もシャツすらも着てはいなかった。

今でも不思議に思うのだが、この屍体を沈淵氏の長男だと知っていた私が、沈淵氏に知らせに彼の家に駆けつけたかどうか、まったく記憶していないのである。

以上は沈淵氏の長男の物語であるが、私は次に、沈淵氏自身のことについても後日譚を書いておかねばならない。

昭和十四年のことである。すでに災童収容所を解散してから十数年近く経っていた。

ある日、沈淵氏の長女が私を訪れて、彼の訃報を伝えた。彼女によれば、沈淵氏は日本人の自家用車にひかれて、死亡したというのである。涙ながらに語る彼女の言葉から、その自家用車が住友洋行のものだと知って、私はさっそく住友洋行の支店長にかけあって、見舞金一万円をもらってやった。

沈淵氏親子の死で、私は、罪の値は死という聖書のみことばを思い出し、一種の恐怖を感じざるをえなかった。

（六七）姑娘《クーニャン》

災童収容所のために借用していた禄米倉の太平倉は、北京朝陽門外にあり、城壁に沿って南北に長く横たわる長屋の平屋造りであった。私は、その北端の二階建てのひと棟を収容所の事務所にあて、二階を応接室と自分の仕事部屋に用いていた。

災童収容所を解散するとすぐに、禄米倉の長屋は北京市に返却されたが、私は、この二階建ての家屋だけを続けて無断借用させてもらい、大正（民国）九年《ママ》〔収容所運営は大正一〇年のことであり、ここも一〇年のこと〕五月二十八日、ここに崇貞学校を創立したのである。

収容所時代、会計や庶務の事務員室だった室は教員室にあて、漆喰《しっくい》の土間になっている階下は、二つの教室に用いることにした。そうすることによって私のデスクは動かす必要はなく、応接室もそのまま用いることができたのである。

エクイプメント（設備）は、災童収容所に用いた黒板三枚、机、腰掛け、衛生室用品、バケツ、塵箱などを、ロハで払いさげてもらったので、それこそ箒《ほうき》一本新しく買い求める必要がなかった。私は災童収容所の所長を一年《ママ》近く勤めたにもかかわらず、名誉職であったため一文も給与を受けなかったので、私的にはかえってマイナスであったが、黒板や机、腰掛けなどもらい受けることができたので、学校を創立するのには、絶大なプラスとなった。もし、これが与えられなかったら、学校の創立など思いつけなかったかもしれない。

黒板は三面あったが、二面は教室に用い、一面は教員室の壁にかけて、予定表やメモ用に使用した。事務会計に用いた机は教室の教卓にしたり、教員室で使ったり、幾つも並べて作業室で用いたりした。

崇貞学校の建設資金は、日華実業協会から災童収容所の剰余金として五百八十円、帝国教育会から綿衣製作費剰余金として三百五十円を、それぞれ頂戴したお金であった。それっぱかりのお金で、いやしくも学校と名のつくものを創立するのは無茶ではないかという人々もあろうが、私は、無くて叶うまじきものはことごとく加えられるという信仰を、その当時から持っていたのである。

さて、資金も、校舎も、設備もすべてそなえられたので、私は生徒募集にとりかかった。

「招生」と赤インクで大書したポスターを、朝陽門外の町角、横丁の入口に貼り歩いたが、終わって帰る途中みると、貼ったばかりのポスターが、すでにみんなはがされているのである。

この国では製紙事業が遅れているので、人々は紙を値うちあるものと考えていた。後年、四川省へ漫遊をこころみたとき、重慶で物を購ったら、包紙が日本の古新聞紙であったので驚いたことがあった。聞けば、日本から古新聞紙を輸入するのだそうである。

私はうかつだったと思いかえして、こんどはごく薄い紙をポスターに用いることにした。そうすれば、はがすと破れてしまうため、はがされまいと考えたからである。このようにしてポスターは安泰となったが、こんどは、字が読めない者にポスターをはっても無駄であることに気がついた。

私はチンドン屋を始めた。救世軍から太鼓を拝借して、

「衆位我們開了一個学校、這個学校不収学費、你們快来用功好（皆さん、学校を開きました。学費はいりません。早くきて勉強してください）」

と呼びながら、宣伝して歩いた。

やがて二十四人の姑娘がやってきた。私自身が面接試験を行なった。

「你幾歳（いくつかね）」

「我八歳那（八つです）」

「你多大歳（いくつかね）」

「我也是八歳（私も八つ）」

お前いくつかと問うと、どの姑娘も八歳というのだが、中には顔を白く塗っている者もいるので、

「我看你二十歳罷（お前ははたちだろうと思う）」

というと、七歳または八歳の生徒を募集すると広告されていたから、入れてもらいたいので八歳だと答えたが、実は二十四歳だというのである。

私は、

「好々、行々〔よしよし、大丈夫大丈夫〕」

と答えて、みな入学を許可した。

八歳の少女はたった一人、後は十七、八のティーン・エージャーで、二人、二十歳以上の者がいた。男の生徒は一人も来てはくれなかった。予期しないことであったが、崇貞学校は崇貞女学校として発足することになったのである。どうして男生徒が一人も来なかったのか、今もってわからないままである。

（六八）資金

大正七《ママ》年から八《ママ》年にかけて、帝国教育会は、日本全国の小学生から一人当り三銭ずつ集め、理事野尻精一《せいいち》〔1860–1932. 奈良女高師初代校長・文部省視学官など〕、野口援太郎《えんたろう》〔1868–1941. 教育家・新教育協会会長など〕両氏を遣わして、この義捐金を飢えに苦しむ中国の災童たちに施与することにした。両氏は北京に来着したものの、日支親善と救済にこの金を贈るのに、どのような手段、方法がもっとも効果的であるか、皆目見当がつかないといったようすであった。

はなはだ差し出がましいことではあったが、私はある日、扶桑館に宿泊中の両氏をたずね、飢饉地の子どもたちに綿衣を一着ずつ配給してはどうかと進言した。

野口先生は、

「綿衣は食えないでしょう」

とけげんな表情で私に問い返されたが、飢饉地の実情を知らないのだから、これはもっともな疑問であったろう。私はこう説明した。

「難民たちは、夏の間に冬の衣服をことごとく売って、食べ物にかえてしまっているのです。とにかく、木の芽や草の根をかじっても生きのびることは何とか生きのびるわけですから、餓死する者は案外少ないのですが、凍死するものは実に多いのです。……飢饉地へ難民の子どもを集めに行ったとき、連れていってもらいたいのはやまやまだが、着せてやる着物がないという母親がいたので、その家をたずねてみたのですが、四人の子どもが、裸同然の姿でふとんにくるまって小さくなっていました。着物は一人分しかないのです」

私は、実際に見聞したこのような事実を幾つか申し上げた。両氏は体を乗り出して、熱心に私の話に聞きいってくださった。

私は話をつづけて、

「綿衣の裏に、兵隊服のように白布の小片を縫いつけて、それに、「日本小学生贈」とゴム印をおしておけば、日支親善にもなりましょう」

この話は、喜んで受けいれられた。

「それは妙案だ。名案ですね」

ご両人は手を拍って賛成してくれた。

「この綿衣を、豊台や長辛店の粥廠《ジョウチャン》に集まっている難民の婦女たちに賃金を与えて縫わせてはいかがでしょうか」

私はこう提案した。こうすればその賃金で難民の婦女たちを救済し、同時に綿衣そのもので、難民の子どもたちが救われるわけだから、まさに一石二鳥となるわけである。この提案も、「名案」ということで、さっそく実行に移されることになった。

数日後、野尻、野口両氏は、相たずさえて、拙宅までたずねてこられ、私に三千着の綿入れの子ども服の製作を依頼された。私はすぐに黒と白の綿布を購い、綿花を求め、さらに糸と針をととのえて、豊台と長辛店の粥廠に行って、そこの委員たちに協力を求めた。

粥廠というのは、高粱《カオリャン》きびの粥を難民に施与するところである。粥廠の周囲の畑には高粱のむしろで造った蒲鉾《かまぼこ》型の長いコンセントハウスが幾十棟も建っていて、それが難民たちの住居にあてられていた。ハウスの中には、地べたに麦わらが敷いてあって、難民たちはこのわらの上に横たわってやすむようになっていた。

難民たちには一人に一個、ひょうたんを縦に切ったお椀を配給されていて、日に三度、それに一杯の高粱粥が支給されていた。

粥廠は、都市郊外の町に設けられていた。それは難民が都市に流れこまぬための施設であるといってもさしつかえないものであった。長辛店も豊台も、北京の郊外の町なのである。

私は難民の婦女に糸と針を支給し、黒色の綿布を表に、白色の綿布を裏に用いて、綿衣を製作させた。白といっても、さらさない綿布であるから、黄色に近いような色であった。この綿衣製作の事業には、先妻美穂が大活躍してくれたものである。

私は、それらの綿衣を大車（大八車）に積んで、飢饉地をおとずれ、村々の村夫子の協力を得て、配給して回った。村夫子というのは、村で塾を開いている先生のことである。

私は、この綿衣贈与の事業に参加した謝礼に、三百五十円をいただいた。前回にも述べたように、帝国教育会から贈られたこの三百五十円は、崇貞学園の創立資金に用いられたのである。学園創立後、最初の月の教員のサラリーは、この金で支払われたのであった。

（六九）神の預り物

わずか千円足らずの資金で学校をたてた私は、大正九年《ママ》〔正しくは大正一〇年。第六七回の割注参照〕の六月、夏休みまでの家賃と二人の女教員と一人の小使いの給料を支払って、北京を後に日本へ旅立った。言わずと知れた寄付金募集のためである。天津から神戸へ向かう船の上で私は夜ごとデッキにひざまずき、ひたむきに神に祈った。

神戸港に上陸すると、栄町通りに出て、神戸商工会議所に会頭の田村新吉〔1864-1936．実業家・国会議員〕氏を訪問することにした。田村氏をマークしたわけは、彼がかつて熱心なキリスト者であったこと、また、以前中国を漫遊し、北京では大総統の引見を受け勲一等嘉禾賞を受章していること、そしてそれにもかかわらず、日華実業協会が北支旱災飢饉のための寄付を要請したところ、きっぱり断ってしまったので、朝日新聞や毎日新聞などからもかれこれ非難されていたことなどをよく知っていたからであった。こうしたことがあったので、かえって田村氏に訴えたならば、かならず与えられると考えたのである。

田村商会は、栄町通りの郵便局と公衆辻便所との間にあった。私はその郵便局と便所の間を何度行ったり来たりしたかしれない。なにしろ生まれて初めての寄付金募集である。すぐに飛びこめるわけはなかった。

何回か田村商会の前を通り過ぎるうちに、同志社の卒業生である蜂屋君が、田村商会の中からあたふたと飛び出してきた。彼は田村商会に勤務しているのである。

「やあ、蜂屋君」

私は声をかけた。

「田村さんがいらっしゃったら、この名刺をお渡し願えまいか。ほんの五分間でよいから、おめにかかりたいんだ」

蜂屋君はごく無造作にひきうけて、中へ入っていった。そしてものの五分もたたないうちにもどってきて、

「社長が会うといってる」

といった。会えれば、まず成功である。私はしめしめと独語しつつ田村商会の中へ入った。つれていかれた室には、紫檀のテーブルとソファが並んでいた。一目見て支那漫遊の土産品とわかった。しばらく待っていると、伊藤公（博文）そっくりの老紳士が姿をあらわした。

「私は五時までは空いている。まだ二時間もあるから、君の支那論をひとつ承りましょう」

中国の教育事情、婦人運動、文学革命、労働運動など、田村氏が一言質問すると、私は十言、百言をもってまくしたてた。およそ一時間半ばかり語りあった後で、

「ときに、君が今日わたしをおたずね下さったのは、どういうご用件ですか」

と田村氏は問うた。これからが本論である。私は日華実業協会に頼まれて災童収容所を設立し、七百九十九人の飢民の子どもたちを救済したことや、帝国教育会に頼まれて子どもの綿衣三千着を製作して配布したことなどをつぶさに報告した後、このたび北京朝陽門外の貧民街に学校を設立したことを申しあげ、寄付金をおねだりした。

田村氏は私の話を聞き終えるとつっと立って、応接室を出ていかれた。隣りの事務室に入ったまま三分たっても五分たっても出てこない。

「大将、逃げたな……」

私はつぶやいた。そして足音をしのばせて、隣室の鍵穴に片目をあててそっと中をうかがった。驚いたことに、田村新吉翁は祈っていた。大きなデスクの前に立って、首を前後に震わせ、ブツブツと口ごもって、熱をこめて祈っているのである。私は急いで元の場所にもどった。

間もなく、ドアを勢いよくあけて、靴音高く田村翁が戻ってきた。

「私は今、祈って神に聞いてきたのです。『あなたがしもべに託しておられる宝を、この青年牧師に手渡すべきでありましょうか――』こう祈ったところ、出しておやんなさいと、神さまが仰せになるように思えてならないんですよ。ここに五千円の小切手を書きましたから、どうぞお持ち下さい」

五千円といえば、今日ではざっと二百五十万円ほどの金額である。私はどこをどう歩いたものか、われに返ったときには、神戸郊外の二度山《ふたたびやま》に立っていた。薄暮の中に屹立《きつりつ》する伊藤博文公の銅像を目の前にして、ぎょっとしたものである。ほんの一瞬ではあったが、田村新吉氏だとばかり思ったからであった。私は銅像の礎石に身を寄せ、涙ぐみつつ、神に感謝の祈りをささげたのであった。

所有する財産を私物視せず、ことごとく神さまからお預かりしていると考えるのをトラスティシップという。まことに田村新吉氏こそは、トラスティシップの信者であった。

（七〇）先考の栄爵

神戸で五千円を与えられた後、私は、さらに五千円を得ようと考えて東京に向かった。品川で下車して、私が目指したところは森村男爵邸である。森村男爵と決めたのは、こういう理由であった。

小学生のころ、当時日本女子大に学んでいた姉へ、毎月郵便為替を送るのが私の役目であった。私の学んだ小学校の門前に郵便局があったからである。姉への宛先は、高田豊川町日本女子大学豊明寮気付であった。

私はこの豊明寮という寄宿舎の名前の由来が気になっていた。

「豊明寮という名は、豊臣秀吉の豊の字と、明智光秀の明の字とを合わせたのかね。これは妙な組合せだね、織豊寮とすればよさそうなものだのに……」

ある日、休暇で帰って来た姉にこうたずねてみた。

「この寄宿舎はね、成瀬〔仁蔵。1858-1919. 日本女子大学の創設者〕先生が森村家から寄付していただいたものなんよ。森村市左衛門〔1839-1919. 六代目市左衛門。森村財団創設者。開作が継承〕さまには、明、豊、開作という三人の息子があったんやけど、上のお二人は、齢若うして、おなくなりになったんだってさ。それから、森村組の所得の三分の二は、毎年社会公共のために、惜しみなくおささげになるようになり、私のいる寄宿舎もこういうわけで寄贈していただいたもんやから、お二人を記念して豊明寮と名づけられることになったんやとよ」

姉の説明で私は合点がいった。少年時代のこういう思い出があったため、関東では森村組と目標をつけたのである。

森村邸は、品川駅の近くにあった。心をはずませてやってきたのだが、門番に取次ぎを乞うたところ、にべもなく断られてしまった。私は重い足をひきずって品川駅にもどった。

駅で新聞を買った私は、安田善次郎〔1836-1921.9.28. 安田財閥の創設者。暗殺される〕氏が刺されたという記事をみておどろいた。どの新聞にも、デカデカとこの事件が書かれている。困ったことに、寄付金をねだりにきた男に刺されたということであった。私は、森村邸の門番に言下にこばまれたわけがようやくわかった。

わるい事件が起こったものである。私は、そこで巣鴨の内ケ崎作三郎〔1877-1947. 早稲田大学教授。政治家〕氏をおたずねすることにした。内ケ崎氏は、支那漫遊の途次、私の経営する災童収容所を親しく視察してくれた人なので、きっと同情してくださると考えたからである。私はこころよく迎えられ、内ケ崎氏はすぐに、森村男爵宛に毛筆で手紙を書いてくださった。

「君が先考（亡父）は金銭を惜しむことなく、社会公共の資に献げ給へり。而して世はその功に酬いんがために爵位を贈れり。君今や先考の後を継いで栄爵を継ぐ。然らば先考の志をも継ぎ給ふ可し」

こういった文章を、長々と一メートルぐらいの巻き紙に記して、それを音《おん》吐《と》朗々《ろうろう》、フシを付して読みあげた後、巻き紙をたたみながら、

「どうだうまいものだろう。名文だね、これを持ってもう一度行ってみたまえ、きっと会ってくれるよ」

といって、カラカラと哄笑してみせた。また、ちり紙に三円をくるんで、

「わずかだが電車賃にしたまえ」

と、私に手渡した。

森村邸にひきかえして、門番に内ケ崎氏の手紙を渡すと、こんどは玄関まで導いてくれた。玄関の土間に立っていると、後の森村市左衛門の森村開作氏が和服姿で現れて、

「電話をかけておきますから、日本橋の森村豊明会の山脇正吉君に会うように」

と、これだけ言って、すっと奥に入っていった。

なんとなく物足りなかった。やや失望の感さえ抱いたが、ともかく、その翌朝、日本橋の森村銀行三階の豊明会事務所に山脇氏をたずねてみた。

山脇氏は東大出身であったが、まことに謙遜な態度で人を引見する人物であった。私から、崇貞学園設立のてん末をきき終えると、

「それでは田村新吉氏と同額のお金を寄付いたしましょう。田村さんが寄付なさるくらいですから、この上あなたについて調査する必要はありますまい」

といわれた。金は今もっていくのかときかれたので、私は信用を一層深める意味で、大阪中之島の組合教会本部へ送金ねがいたいと答え、あたふたと森村豊明会の事務所を辞去した。有頂天になって頭がどうにかなりそうであったからである。

私は狭い階段をころげるようにかけ降りて、日本橋のらんかんに両ひじをかけ、川の水を眺めるようにみせかけて目をつぶり、感謝の祈りをささげた。涙が両頬につたわり、鼻水が水の面を打った。

私は、今でも車が日本橋を過ぎようとするとき、車を止めて当時のことを思い出しながら、神さま、神さまと、聖名をあがめるのを常としている。

（七二）祈って待つ

一万円の金を懐にして北京に帰った私は、校舎の建築を企てた。まず土地を買わねばならない。幸い土地を売ってもよいという地主が現れたので、さっそく交渉をはじめた。地主がいうのには、十畝《ムウ》を千円で売ってもよいが、自分の所有している土地三十五畝をのこらず買ってくれれば、地券を分筆せずそっくり引き渡すことができるが、どうだというわけである。

三十五畝も買えば、建築費が足りなくなる。どうしようかと思案したあげく、大阪の高木貞衛氏に書状を送って相談した。

高木氏から折り返し電報がとどいた。

「カネオクル　トチミナカエ」

そして数日後には三千五百円の為替が送られてきたのだった。

中国の一畝は日本の六畝に相当する。三十五畝といえば日本の約六千三百坪の広さになった。私は生涯多くの人々から恩誼を受けているが、この高木氏は中でも最高の恩人である。在中三十年のうち二十五年間《ママ》ほどは、ほとんど高木氏一人によって、私の生活は支えられた。同氏は、前東京女子大学長高木貞二〔1893-1975. 心理学者〕氏の父君である。

このような経過で校地は手に入ったが、いよいよ校舎を建築しようとしたところ、一カ月待っても二カ月待っても許可がおりない。それだけではなく、朝陽門外一帯の警備に当たっている歩軍統領衙《が》門《もん》から兵卒が来て、崇貞女学校の看板をおろして持っていってしまった。しかたがないので、大きい紙片に崇貞女学校と大書して、煉瓦壁にはりつけると、それも墨と泥で塗りつぶしてしまったのである。

私は公使の小幡酉吉氏にこのことを訴えた。話を聞いて公使は、

「中日の条約には、最恵国の恩典に浴するという条項があるから、欧米の宣教師が中国で学校を建て得る以上、日本の宣教師も校地を購い、校舎を建築する権利がある……。ひとつ外交問題として、とりあげてやろう」

といわれた。

「外交問題などになさっては困ります。第一、土地を売ってくれた中国人地主が漢奸〔売国奴〕として処刑されるようなことが起こると問題ですから……」

私がこういうと、

「そんならどうして校舎を建てるかね」

と公使は問うた。即座に私は、

「神さまに祈ります」

と答えた。話は決まって、外交問題にはしないということになった。この話合いの中で、小幡公使から、こんな話を聞いた。

往年大谷光瑞《おおたにこうずい》〔1876-1948. 浄土真宗本願寺派の僧〕氏が、中国で仏寺を建立するため、広大な土地を買収したところ、中国政府は、欧米のキリスト教宣教師には土地の購入を許可しているが、欧米の仏教宣教師にはいまだかつてこれを許可したことがないという理由を主張し、大谷氏の事業を推進させなかったという話である。

さて、そうこうしているうちに学年の初めが近づいた。ある日歩軍統領の二号さんの娘が崇貞女学校の小学一年へ入学を願い出てきた。私は喜んで入学を許可した。

入学式の日の朝、中国式の楽隊が、プーカ・プーカ・ジャン・ジャンと、にぎやかな音をたてて、崇貞学園にやってきた。門前で、パン・パンと景気よく爆竹を鳴らし、楽隊はそこで止まった。

私が門前まで出て迎えると、崇貞女学校と大書したペンキ塗りの大看板をうやうやしく捧げ、私に贈呈するというのである。歩軍統領からちょうだいした看板であるから、私は誰にはばかることなく、これをかかげた。看板はこのような摂理によって掛けられたが、建築の許可は歩軍統領といえども、どうすることもできなかった。

私は田村商会と森村組からいただいた一万円を、ひとまず滙業《わいぎょう》銀行に預けることにした。滙業銀行は日中合弁の銀行で、小林和介《かずすけ》氏が日本側の代表重役となっていた。この小林氏の夫人が教会員であったというめぐりあわせで、一万円の金は、年利一割二分の高利であずかってもらったのである。

当時中国人の教員の給料は、月額二十円であったから、雇った二人の女教員と、私と私の妻と計四人の給料は、銀行の利息でどうにか間にあった。規模は小さかったが、これでも教育はできないことはない。私は校舎の建築は、道が開かれるまで気長に待つことにした。

このことを、次に帰朝した折に私は田村新吉氏に報告した。田村氏は、銀行の利子に話がおよぶと、

「それはすごい金利ですね。高利というものには、必ず危険がともなうものですが、大丈夫ですか」

とくり返し案じられた。

はたせるかな、後年、滙業銀行は取付けにあった。しかし、私は取付け以前に小林氏から、崇貞女学校の預金を全部引き出すようとの親切な示唆を受け、金を出しておいたので、いささかも損失をこうむることなくすんだのである。

（七二）小豆粒のヒスイ

ある日、北京駐在の大蔵省財務官公森《きみもり》太郎氏の訪問を受けた。

「倉敷の大原孫三郎〔1880-1943. 実業家〕さまが、支那漫遊の途次、近く北京に来られるというのです。僕自身ご案内申し上げるべきなのですが、あなたは何しろ北京案内の第一人者ですから、ぜひ僕に代わって案内役を引き受けていただきたいのです」

公森氏は、こういって大原氏の案内を私に依頼した。

公森太郎氏は、後年興業銀行の副総裁、それから中国銀行の頭取になった人物である。若い頃大原

家から奨学金を受けて、一高、東大に進んだというわけで、生涯大原孫三郎氏に恩義を感じておられた。公森氏の夫人、清子さんは北京日本人教会の女執事をつとめていたので、私は夫人を通して彼のことを知っていたのである。

大原氏は京漢《けいかん》鉄道で漢口から北京に向かうということであった。他の人々は、みんな京漢鉄道の北京駅で大原氏を迎える手順をととのえていたが、私はわざわざ一つ先の長辛店まで出迎えに出かけた。

一行は特等車を一車、借り切っていた。倉紡の重役が二、三人随行していたけれども、車内はがらあきだった。

私は公森氏の紹介の名刺に添えて、北京崇貞女学校経営者、北京日本人教会牧師の肩書きの名刺を差し出し、

「公森さんのご依頼で、北京の案内役をさせていただきます」

と申し出た。私の申し出は、すぐには受けいれられなかった。

「せっかくですが、案内ならば、三井洋行の北京支店から漢口まで出迎えに来ていますので、おことわり申し上げます」

大原氏のそばにいた重役から、まずあっけなく断られた。私はきびすを返した。次の列車へもどろうとすると、

「ああ、ちょっと、ちょっと」

と、大原氏が私を呼びとめた。私はそ知らぬふりをしていた。

「誰か、呼びもどしてこい」

大原氏の声を後ろに聞いて、次の列車へ移ったとき、さっき私の申し出を断った重役が、私をつれもどしに来た。大原氏の前に立った私に、大原氏はこうたずねた。

「もし、案内していただくとすれば、どういうところへつれていっていただけますか」

私は、滞在三日、五日、七日とに分類して、それぞれ見るべきところを書きならべた日程表をお見せした。そして、もし七日間の滞在ならば、天壇、万寿山、大和殿、孔子廟、喇嘛《ラマ》廟、北京大学はもちろんのこと、班子、茶室、下処の遊廓、戯館と称する中国風のキャバレー、芸娼妓が一度そこへ逃げこんだら最後、何人も彼女らを遊廓につれ戻すことができぬという致良所、アヘン、麻薬中毒患者の病院などを視察していただき、人物としては蔡元培（北京大総長）、陳独秀（思想革命家）、魯迅（小説家）、胡適《こてき》（文学革命家）、周作人（随筆家）、李大釗《りたいしょう》（マルキスト）などにお引き合わせいたしましょう、と申し上げた。

私がまだ全部説明を終わらないうちに、大原氏は私を案内人に決めた。

「キミ、北京の案内は清水さんにお頼みすることにしたよ。七日の滞在にしよう」

一行は、北京ホテルの二階を全室借り切って滞在した。名所、旧跡の案内が終わったとき、大原氏は、

「清水さん、ぜひもう一カ所見せてもらいたいところがあるんだがね……」

といった。大原氏の希望は崇貞女学校の視察だった。

「私の学校は小さな寺子屋です」

といって辞退すると、その寺子屋がみたいというのである。私は感激して大原氏を案内した。

滞在最終日の七日は、買い物に空けておいた。その日は日支の土産物商人が、大ぜい北京ホテルの二階へ集まってきた。大原氏は、そのとき小豆粒ほどの小さいヒスイを二、三粒買いあげた。いずれも当時の金で四千円という高価な宝石であった。

「僕にそのヒスイを一粒いただけば、米国へ留学しますのに……」

私がじょう談半分に一行の一人にささやいた言葉が、はからずも大原氏の耳に入った。

「清水さん、一粒さしあげましょう。米国へ行って勉強してきなさい」

大原氏は、すぐに四千円の小切手を書いた。私は言葉を尽して辞退したが、どうしても聞きいれてはいただけず、あつかましくも、ありがたくちょうだいすることにした。公森太郎氏からは、

「一週間に四千円の案内料とは、北京のレコードですね」

と冷やかされたものである。

長い生涯、私が会った多くの人物のうち、大原孫三郎氏こそは、最も進歩的頭脳と果断な実行力をもった人であった。同氏に知られたことは、私のためにも、崇貞女学校のためにも、まことに幸せであった。

（七三）　按手礼

私は外地で伝道していたのにもかかわらず、按手礼《あんしゅれい》（牧師になるためには、先輩の牧師達の按手を受けねばならぬ。すなわち、先輩牧師がいろんな試問を行なって後に、こぞって若い伝道師の頭に手

を重ねおいて祈るのである。そして、その式のことを按手礼と呼ぶのである。）を受けていなくても、少しも伝道に不便を感じなかった。むしろそれは、大いなる益となっていた。信者が受洗を申し出ると、奉天では日基〔日本基督教会の略称〕の山口重太郎牧師を新市街から迎え、また北京では、天津から清水久次郎牧師を招いて洗礼していただいた。そうすることによって、日基の牧師さんたちとも昵懇《じっこん》にしていただくことを得たのである。しかし、いよいよ渡米留学ということになって、私は、按手礼を受けておこうという気持ちになった。

大正十二年の十月、大阪教会で組合教会の総会が開かれたとき、私はまず按手礼の試問会に出頭した。その年には大塚節治《せつじ》、周再賜その他十三人が、ずらりといっしょに試問されたので、時間に限りがあったのであろう。私は宮川経輝、小崎弘道両先生から試問を受けただけであった。

試問会で私は、宮川先生からこう問われた。

「君は春風駘蕩《たいとう》たるところはあるが、寒風凛冽《りんれつ》たるところがない。大丈夫かね」

私はすかさず、

「北風吹き終らずんば、春風もまた吹き来るまじであります」

とお答えした。

「それで我輩も安心した」

宮川先生がこういわれると、座長席にいた西尾〔幸太郎〕先生が顔をしかめて、問いかけられた。

「なんだか禅問答のようじゃないか。われわれにも解るように解説してもらいましょうか」

私は、おもむろに口を開いた。

「宮川先生のおたずねは、「君には愛はわかろうが、義の観念が足らないのではないか」という意味であると考えましたので、「北風が吹き終らないと南風が吹かぬように、厳しい義が十分にわからない者が、果して暖かい愛がもてましょうか」とお答えしたのです。キリスト教の愛は、正義をその中に包んだものであると私は考えます」

こう答えると、西尾先生は「なあるほど」と叫ばれた。

小崎弘道先生は、

「あんたの信仰告白文は、まるで小説みたいだが、みな本当のことでしょうな」

とたずねられた。試問委員は、どっと笑い声をあげた。小崎先生はさらに言葉をつづけて、

「もう一つの支那伝道論は、支那基督教史がよく研究されていて、たいへん結構でした。他日、文章を推敲《すいこう》して、本にしたまえ」

といってくださった。

按手礼は、宮川経輝先生の祈禱で行われたが、頭を多くの牧師たちにおさえられ、実に苦しいものであった。長い祈禱の後、宮川先生は十三人の者に一人一人握手を求められた。そして、私の手をにぎるとき、十円紙幣三枚を掌の中に握らせてくださった。私はびっくりした。さっそく按手礼を受けた他の人たちに、

「宮川先生から、おかねをもらったでしょう」

と問うてみた。しかし、だれももらってはいなかった。

私はおそるおそる、宮川先生の耳元に口を寄せて、

「先生、もしや大塚節治さんと小生をお間違えになったのではありませんか」

と聞いてみた。三枚の十円札はお返しするつもりだった。因《ちな》みに大塚氏は先生の女婿である。

とまどったような私の姿を見て、宮川先生は大きく口を開いて笑われた。

「君！　我輩はまだ、君と大塚とを間違えるほど、もうろくはしとらんよ」

私はありがたく宮川先生のご厚志を受けた。そしてそれで、ワイフが欲しがっていた汁椀、刺身皿、小鉢、漆塗りのお膳のセットを、五人前買って、北京へ持ち帰った。中国人や欧米人に和食を供するとき、こういうものがあったらどんなにいいだろうと彼女がいっていたからである。


宮川先生は、私が、さだめし異国で苦労しているだろうと同情してくださったのであろう。大阪で総会が開かれるたびに、玉造の宮川邸を私の宿泊所に供し、何くれとなくいたわってくださった。しかしうちあけていえば、それは私にはまことにありがた迷惑だった。風呂なども、一番先に入るようにといわれたが、だれも入っていない湯ぶねの中に浸る勇気はなかったので、洗い場でお湯を頭から浴びるだけで風呂からあがったりした。また朝が早いのも閉口だった。東天が紅く染まると、もう先生は起床して、離れの書斎で聖書を音読されていた。この「読経」の声を聞くと私も急いで書斎にかけつけ、ともに聖書をひもといた。

先生のご精進は、まことにきびしいものであった。私は自らを千里の馬とは決して思いはしないが、しかし、私に伯楽〔馬を見分ける名人〕の一役を買って出てくだされた人は、実に宮川経輝先生その人だったといってよいだろう。

（七四）渡米留学

渡米留学は、私にとってこれで二度目の企てであった。第一回は同志社を卒業してすぐであったが、教授会はクラスメートの周再賜君の留学には賛成しながらも、清水安三の洋行には、すこぶる難色を示した。

「清水は学問するような柄ではない。また、益田のように首を吊ったりすると困る」

これがその理由であった。

私という男は、天性実に執念深い男であるから、いつかはこの会稽《かいけい》の恥をそそがねばならないと思っていたので、むしろ私よりも二級先輩の益田さんの首を吊るしたというオハイオ州のオベリン大学神学校に留学することに決めた。

私は崇貞学園の経営を北京三菱公司の矢野春隆氏に託した。矢野氏は私からキリストの教えを聴いた人で、中国語の名人である。矢野氏との話が決まったところで、私は家族とともに日本に帰り、まず三歳の長男と二歳の娘を近江の母にあずけて、家内とともに上京した。

東京へ来て、まず訪ねたのは外務省であった。北京で知り合った外交官のだれかに会い、パスポートをどうしたらてっとり早く手に入れることができるかを、教えてもらうためだった。

私は、よくよく「まがよく」生まれついているものとみえる。外務省の廊下で、人もあろうに前大使の小幡酉吉氏とばったりめぐり会ったのである。いともうやうやしく頭をさげた私に、小幡氏は、

「何しに来たんだ」

とたずねてくれた。

私は渡米留学を企てていることと、このためパスポートを早く手に入れる方法をうかがいにここをたずねたのだと説明した。

「そうか……。それじゃあ、わしの尻からついてきたまえ」

小幡氏はこういうと、私と家内を従えて、すたすたとアメリカ局へ入っていった。

二言三言、小幡氏が事務官に声をかけると、

「それでは、排日移民法案〔一九二四年に制定された移民制限法〕のできた最初の船ですから、上陸のときにどういう取扱いを受けるかくわしく報告してくれるという約束で、すぐパスポートを出しましょう」

と、さっそく事務をとってくれた。事務官が事務をとっている間、小幡氏は私と家内との間に腰かけて、手続きが終わるまでいっしょに待っていてくださった。まったくウルトラ・クラスの親切である。外務省きっての人格者であった小幡氏のこのような心づかいで、パスポートもビザもたちまちにして手に入れることができた。

私は横浜で、土産物屋を軒並みにたずね、大原孫三郎氏からいただいた留学資金をことごとくアメリカの硬貨に換えた。横浜を通過する船客は、横浜でのショッピングで、ダイム〔一〇セント〕の銀貨を十銭ぐらいの値で消費していくので、硬貨はとても割安で手に入ったのである。

五セントの白銅、ダイムの銀貨、クォーターの二十五セントのコイン、半ドル、一ドルの銀貨、二十ドルの金貨――これらをざくざく木綿の袋に入れて乗船した。

アメリカに上陸すると、私は家内をサンフランシスコの洋裁学校「ドレス・メイキング・アンド・テラーリング・スクール」に入学させ、一路オハイオ州オベリン大学へ向かった。オベリン大学ではディーン〔学部長〕のボズウォース〔Edward Increase Bosworth, 1861–1927〕教授に会った。

「あなたは、同志社の卒業証明書と成績書を持参しましたか」

ボズウォース教授はこうたずねた。

「そんなものは持参しておりませんが……」

こういってから、ふと思いついて、私はボストンバッグの中から日本組合教会のイヤー・ブックを取り出した。

「ごらんください。ここに大正四年卒業、大正十二年按手礼、とちゃんと印刷されてあります」

教授はイヤー・ブックをのぞきこんで、両手を左右に開き、

「私は日本文は読めない」

と肩をすくめた。ちょうど折よく、そこへ日本人の学生がやってきた。

「博士、それではこの一行を、その日本人学生に翻訳させてくれませんか……」

私はこういって、日本人学生にイヤー・ブックを手渡した。

今はすでに記憶も薄らいでしまったが、その日本人学生は湯浅永年君ではなかったかと思う。あるいは、二宮源兵氏であったかもしれない。こうして私は、オベリン大学の神学部に問題もなく入学を許された。

私はその時、その日本人学生に教えてもらって、町はずれの共同墓地をおとずれ、例の益田さんの

墓にもうでた。そして、ついでに同志社を新島襄先生と共に創立したデビス先生の墓にももうでた。

私はオベリン在学中、この共同墓地を幾たびたずねたことであろう。私の魂が動揺する度に、私はここを訪れて祈った。

（七五）オベリン

米国オハイオ州のオベリン大学は、一八三八年の創立である。校名はジョン・フレデリック・オベリンの名前からきている。

Oberlin（オベリンまたはオバラン）は一七四〇年に誕生、一八二六年まで生きた人で、アルザス州の農村ランドラブッシュにて学校、教会をたてた。また橋をかけ、農耕の指導までも行なった。彼は世界最初の幼稚園の創始者でもある。今日でも、オバランは、実に農村伝道者の祖であるとまでいわれている。

米国のオベリン大学はオベリンの直接創立した学校ではないが、彼の精神をもって建学の精神とし彼の名を校名とした。今でもオベリン大学が用いている校章《バッジ》には Learning & Labour と記されている。「学び且つ働く」という精神こそは、ジョン・フレデリック・オベリンの精神なのだ。

オベリン大学は、米国の数多くのカレッジ中、今日でもなおAクラスの大学である。また、今日まで、世界教育史上に、すでに三つの偉大な足跡を残した。その一つは、世界で最初に男女共学を実行したこと、次に、米国で最初にニグロ学生の入学を許可したこと、第三は、最初にオーナー・システムを断行したことである。

オーナー・システムというのは試験の際に、教員は問題を出して後五分以内に、試験場から立ち去るという規定のことである。それ故に、生徒は五分以内にミス・プリントがあれば試験官に質疑をしなければならない。私は一九二四年から六年まで、二年間の留学でＢＤ（神学士）の学号を獲得し、一九六八年に名誉学位神学博士の学位を受けた。

膳所中学時代と同志社大学時代の私を知っている人々は、私がさだめしオベリン大学で困ったことであろうと想像されたことであろう。講義も聴取しえず、また試験の答案も書きつづれなかったであろうとお考えのことであろうが、おあいにくさま！　私は一度だって落第点をとりはしなかった。

なぜ私が落第点をとらないですんだかというと、第一の理由として考えられるのは、学校卒業後も私が孜々《しし》として学問を続けていたということであろう。いくら優等卒業でも、卒業と同時にぷっつり学を中断してしまえば、十年もの後には、卒業後も勉学に励む者にとうていかなうわけがない。私は、オベリン神学校に入学する以前に、キング〔Henry Churchill King, 1858–1934〕博士やボズウォース教授の著書を、一冊残らず読破していたから、想像されたような困難は感じなかった。

また、私には天性、一種の機知《ウィット》というものがある。教室では、白人の女学生と女学生との間に席をとることを忘れなかった。どの国でも、総じて女性の筆跡は明瞭である。私は左側の女学生がとるノートを見ながら、ノートをとった。左側の女学生のペンの動きをじっと見ながら講義を聞き、その女学生のノートに納得できないところがあると、首をのばして右側の女学生のノートをのぞいた。なにしろ長年中国で過ごしたこととて、筆談はまったくお手のものである。私は左右の学生のノートを通じ、筆談的に講義をたくみにキャッチすることができた。

ある日のこと、プロフェッサー・ハナの教会史の時間に、米国へ渡来したピューリタンたちは、なにもかも、初めから自給自足でやってのけて、英本国から取り寄せたものはなにもなかったが、ラムだけは取り寄せたという講義があった。「イクセプト・ラム」というプロフェッサー・ハナの言葉を、左側の学生は except rum と筆記したのを見て、私はおやと思った。右側をのぞいてみるとやはり同じように書いている。私は手をあげて「クエスチョン」と叫んだ。私は清教徒のことであるから、ラムはlamb（小羊）であろうと想像した。しかしラムは、やはりラム酒のことであった。

ハナ教授は英国人であったが、私の質問に対して、アメリカン・インディアンは金貨も銀貨も欲しがらず、ただラム酒とならば、土地を喜んで分譲してくれたので、ラム酒を輸入してその用にあてたのであって、決して自分たちの飲用のためではなかったと、くわしく説明してくれた。

（七六）聖霊の助け

私は、英語でも中国語でも、他人に通訳を頼まなくても、自分の用は十分に事足りる。しかし、生まれつきの音痴が語学にも影響して、語学的にも音痴なのだ。広辞林をひもとくと、音痴を「正しい音や調子がわからないこと」と記している。このような私の英語や中国語が、どんなに物わかりのわるい人にも通じたのは、語り方が巧妙だったからだ。

前にも書いた通り、例えば中国語で「チ・チャ」といえば「お茶をお入れなさい」という意味になるが、その発音はなかなかむずかしい。お客の前で「ボーイ・チ・チャ」といっても、「ション・マ（何ですか）」と問い返されるのがおちである。お客の方は、「ははあ、チン・シュイ（清水）先生の中国語の発音はわるい発音だなあ」と、きっと思いこんでしまうだろう。そこで私は「チ・チャ」という前に、「ウォ・コーラ（私はのどがかわく）」「コーレン・イエ・コーラ・バ（お客もまた、のどがかわいているらしい）」と前置きを入れた。こうすると間違いなくボーイに意図を通じさせることができるのである。このコツが大事なのだ。英語でも発音のむずかしい語は、かならず別な同義語を用いて、同じことを繰り返して語る。その上に私は唖者の如く手真似を使った。

ハドソン河のほとりのグラント将軍の墓へ、もうでたときのことである。案内役は当時ユニオン神学校に留学していた魚木〔忠一 1892–1954〕君だった。すでに日は没し、たそがれどき、閉ざされた鉄門は、魚木君のたくみな英語でも開かなかった。午後五時限りという閉鎖時刻が十分ばかり過ぎていたため、門番は首をふるばかりで門を開けてくれないのである。私はまず、自分の時計の針をそっと五時五分前に逆転させ、でっかい声で、日本語でこう叫んだ。

「おじさん、開けてちょうだい」

それから左右の手で扉を開く真似をしながら、

「オープン・ジス・ドア・プリーズ（扉を開けてください）」

と呼びかけて、時計を見せた。門番の老人は、彼の時計を五時五分前にもどして、うなずきながらおもむろに門を開いたのである。

手真似は、エスペラント以上の世界語である。また外国語は、総じて大声で語るに限るものなのだ。

愚を知る者は愚かならず。自分は語学に弱いと知っている者は、かえって相手の外人を動かす語学力を持つものである。

私はオベリン在学中、トレイドウの教会から、日曜説教に招かれたことがある。私は無論英語で説教した。説教の後、私に握手を求めに来た米人の老レディから、私はこういわれたのである。

「私は、かつて日本語というものは学んだことがありません。しかし今朝は少々わかりました。多分、聖霊のお力によるものでありましょう」

以心伝心という古語もあるが、みたまの助けによって、たいていのことは相手に通じてしまうものだ。ただし、そういうものの、ときたま例外もある。これは中国での話だが、こんな失敗もあった。

なにしろ中国は広いので、揚子江を渡ると、もう北京語はよく通じない。衡山県に王船山《おうせんざん》〔1619–92。明末・清初の思想家〕の跡をたずねたとき、鶏卵が食べたいと考えて、店の親父に「卵はあるか」と聞いてみたが、幾度聞いても通じない。そこで、しゃがみこんで両手で羽ばたき、コケッコッコウと鳴いて、ウーン、ウーンとうなってみせた。

私の熱演を見つめていた親父は首をかしげると、地面に指先で字を書き始めた。

「我が国の雄鶏は卵を生まず。貴国の雄鶏は卵を生むや」

私は憤然として筆談でやりかえした。

「兎角、持来《もちきた》れ！」

親父はまた首をかしげた。

「我国の兎には角無し、貴国の兎には角有りや」

中国語では、筆談もまた容易なものではない。その点英語は大丈夫だ。こんなトンチンカンはない。私はレポートの番に当たったときには、かならず黒板いっぱいに、細かい字でレポートを書き記し、教授や級友たちにこれを見てもらいながら、報告を聞いてもらった。

オベリンに入学したばかりのときフィスク教授の時間にレポートに立たされた私は、メサイアをメシア、メシアと発音した。二、三人いた日本人の学生は、クッ、クッ笑って、メシヤ、一ぜんメシヤとささやいている。なおも私が、メシアと発音したら、小泉郁子という日本人学生が、

「メシアではなくて、メサイアですよ」

と注意してくれた。

私も負けてはいない。日本語で、

「ヘブル語ではメシアなんだ、黙っとれ！」

と一喝した。

さて、この小泉郁子こそ、後年私の妻になった女性なのである。

（七七）野蛮人

一九二六年五月、オベリン神学校を卒業する少し前に、ボズウォース教授が私を呼び出してこういった。

「ロサンゼルスの教会〔日本人合同教会〕が臨時の牧師を求めている。条件は三カ月働いてもらったら、あ

なた方夫婦の帰国の切符をさしあげるということだが、どうだ」

この話は、小川清澄《きよずみ》牧師〔1886–1954. オベリン大学卒。賀川豊彦の秘書などをつとめた。第一〇九回・一二八回などにも登場〕から書面でもたらされたもので、つまりは、小川牧師が辞任して帰国するにあたり、オベリン在学中の恩師であったボズウォース教授に、後任が決まるまでの臨時牧師推薦を申し込んできたというわけであった。私は喜んでお受けした。

実は私たちは、生活をきりつめて、どんなに困っても、帰国の旅費に要する金には、絶対に手をつけないでいた。しかし、臨時牧師の口があったので、この金は使ってもよいことになったのである。

私たちは夫婦そろってナイアガラの瀑布を見物し、カナダを回ってボストンに出た。そして古本屋町で、ほしいと考えていた書籍を買い求めた。バイブル・ディクショナリーやニュー・センチュリー・バイブル、インターナショナル・コメンタリー、カイムやヨハネス・ヴァイス〔Johannes Weiss. 1863–1914〕、ホルツマン〔Heinrich J. Holtzmann. 1832–1910〕のイエス伝など、手あたり次第購入した。それでもまだ金が余ったので、ソーン、エマーソン、ロングフェロー、ホーソン、ポオ、アーヴィングの文学書全集を買いこんだ。とくに、ロングフェローの詩集で、彼の講壇用の旧新約聖書と同大の本を手に入れたときには、思わず興奮せずにはいられなかった。

このように金を使いまくったので、ロサンゼルスの駅に到着したときは、ポケットに五ドルの紙幣さえ残っていなかった。駅には小川牧師が私たちを出迎えてくれた。

「初めてお目にかかります」

と私があいさつをするやいなや小川牧師は私の手をにぎり返し、

「実は困ったことになったんだ」

といった。

話はまったく予想もしない方向に向いていた。小川牧師の話では私を臨時牧師に迎える話は、結局だめになってしまったというのである。私は啞然としてしまった。

やむをえず、妻は保育園の使役として働かせ、私は小川牧師に金を借りてハワイへ渡った。そしてホノルルの『日布《にっぷ》時事』〔相賀安太郎をリーダーとするハワイの邦字新聞。のち、『布哇タイムス』と改称〕で働かせてもらうことになった。あてがわれた仕事は、私のために新しく設けられたコラム「シナ事情ＡＢＣ」〔一九二六年七月一三日から九月四日まで四〇回ほどの連載〕に、毎日十枚ばかりの原稿を書くことと、ＡＰ〔通信〕の翻訳であった。

今でも覚えているが、ブロードキャストのことを、私は「広播」と訳した。放送という新しい語を知らなかったのである。だが今日中国では「放送」とはいわず「広播」といっている。今から思えば、ハワイの新聞が「広播」で押し通せば、日本でも放送などといわずに「広播」ということになったかもしれない。

さて、私がなぜロサンゼルスの教会から招聘を断られたか、その理由はずっと後になってからわかった。理由は、かつて近江に伝道したことのある宣教師が、

「ヤスゾー・シミズは野蛮人だ」

といって、猛烈に反対したからだということであった。

私という男は……そっ歯で口角が突き出し、しかも鼻がきわめて低いので、一見ホッテントット・ブッシュマン族そっくりである。

これは私の二度目の渡米のとき、安部清蔵牧師にともなわれて加州〔カリフォルニア州〕サンディエゴの動物

園にいったときの体験だが、そこで私は、白人の少女に動物園で飼育されている動物と間違われてしまったのである。

そのとき私たち二人は、園内のベンチに腰かけて、何ごとかを相談していた。白人の少女は遠足かなんかでここへやってきたらしく、先生に引率されて、グループになっていた。私たちのそばを通り過ぎるとき、一人が引率の教師にこう質問しているのが耳に入った。

「あのベンチの二人づれも、この動物園で飼われているのか」

サンディエゴ動物園は自然動物園で、ライオンや虎、象が、谷間の草原に放し飼いにされていた。白人の少女は、私を放し飼いのゴリラ、安部先生をタヌキ猿とでも思ったのだろうか。えてして白人は、顔の形、脚の長さなどで日本人や中国人をうとんじたり、これに親しんだりするきらいがある。

かつて、私の著書〔『朝陽門外』〕がベストセラーになったとき、『中央公論』は「時の人」というコラムに、豚に背広を着せた漫画をのせ、「北京の聖者」として私を紹介した。その頃私が講演をしていると、カメラマンが私の横顔を撮ろうと私の左右をぐるぐる回ったものである。私も撮らせまいと、顔をそむけた。彼らは、口角が鼻より高く突き出している私の顔の特徴を、何とかして撮ろうとしたのであった。

「人の外貌《うわべ》を見る者はわざわいなる哉、その人は人を見ることを得ざればなり」

といったような句節は、聖書のどこにかないものだろうか!

第三章

崇貞学園の時代

（一九二六〜一九四六）

（一〇二回　北京の私塾）

（七八）ひや飯

一九二六年九月、私は米国から日本へ帰った。すぐ北京へ直行しようとしたのだが、日本組合教会から、もう今後は月々北京へ仕送ることができないと申し渡されたので、そのまま帰るわけにはいかなくなった。私は種々勘考したすえ、上京して綱島《つなしま》佳吉《かきち》〔1860–1936. 組合教会牧師〕牧師から紹介状をいただいて、国民新聞社に徳富蘇峰氏をおとずれた。

「先生の『支那漫遊記』を読んだことが動機になって、私は支那へ渡ることになったのです」

などといったところ、蘇峰氏は本棚にあった自分の著書を一冊取り出し、

「それでは、この本を読んでみたまえ。そうすると、今度はもう支那が嫌いになるよ」

と、くつくつ笑った。

ひと通り雑談が終わったところで私は「特派員にでもしてはいただけまいか」と訪問の本筋を切りだし、組合教会からの糧道を断たれたてんまつを、逐一説明した。

「それでは、月額百円送るから、同盟通信社の特派員から、時折りネタをもらって、電信を送ってくれたまえ」

こういって、同盟通信社の徳光衣城〔1884–1953. 東亜新報社社長もつとめた〕氏にあてた紹介状を書いてくれた。同盟通信社は、現今の共同通信社の前身である。百円もあれば粥《かゆ》ぐらいはすすれるだろうと考えて、組合教会本部に出頭して、この旨報告したところ、

「それじゃあ、私も月五十円だけ献金しましょう」

と、高木貞衛氏が大いに励ましてくれた。

北京へ帰ってみると、崇貞学園は留守中何の変りもなく、かえって少し発展していた。

徳光衣城氏も実に親切に指導してくれて、ときには「これは国民新聞社に割愛するから、打電したまえ」と、通信原稿を渡してくれるようなこともあった。

二カ月ばかりたった頃、堀書記官の官舎の玄関で、徳光氏とばったり出会った。私は、堀書記官が徳光氏にとって、もっとも大切な特ダネ源だとは、まったく知らなかった。堀夫人が日本人教会のメンバーであったので、私はただパストラル・ビジット（牧師訪問）をしただけのことであった。その日の夕方、私は同盟通信社に呼び出されて、絶縁を宣言された。

「君は特ダネ・ソースを持っているのだから、今後は独力自力でやってもらいましょう」

主イエスも黙して弁明されなかったが、私も一言の弁解もせず帰ってきた。

それからというものは、私の打った電報は他社からの同種の電報より遅着するので、ことごとくボツにされ、「北京・清水特派員」のニュースは、一行も紙面に現れなくなってしまった。

ちょうどその頃、蔣介石は北伐軍をひきつれて広州から漢口に出で、さらに下って行営を九江に移し、まさに南京を攻略しようとしていた。私はなんとかして蔣介石に会ってみようと考えて九江に出た。

大元洋行という日本人経営の旅館に泊っていると、ある日、殷汝耕《いんじょこう》〔1889–1947. 親日的政治家〕がしきりに張群《ちょうぐん》〔1889–1990. 蔣介石の側近〕に電話をかけているのに気づいた。私は電話を盗み聞いて、鈴木貞一〔1888–1989. 陸軍軍人〕氏が蔣介石に会見を申し込んでいるのを知った。会見はその日の午後三時、行営で行なうということであるらしい。

鈴木氏は当時少佐だったが、後に中将になり、企画院の総裁となって、東京裁判ではA級戦犯の宣告を受けた人である。

私は殷氏にも誰にも相談などしないで、行営へ三時かっきりに出向いて行った。

門番は名も問わず、奥に通し、第一客庁に私を待たせた。しばらくして導かれた第二客庁に、蔣介石、張群両氏が姿を現わした。

会見はおよそ二十分ぐらいのものだったろう、私が辞して第一客庁にもどると、そこにちりちり髪の鈴木少佐が、ぽつねんと座っていた。私は、

「お先に」

と、ひと言あいさつして行営を去った。察するに、鈴木氏が遅着したため、私を殷汝耕のアレンジした面会を要請する日本人であると誤認したらしい。

私は行営を出て電信局に直行し、会見記を国民新聞社へ打電した。その翌々日南京攻略〔第三次北伐による〕が開始されたので、私の電信はフロント・ページにでかでかと掲載された。

私は約半年、国民新聞社の冷飯を食ったが、まあまあ、これでようやくご恩返しができたと考えて、この機に特派員を辞退することとした。

本当にただ飯を食うくらいつらいことはないのである。いさぎよく辞任はしてみたが、しかし百円の金はふいになった。私は妻を崇貞学園に残して、一時日本にひきあげ、日本で働いて月々崇貞学園

へ送金しようと企てた。そうでもしないと、もう崇貞学園の継続は困難になってしまったのである。

（七九）支那刺しゅう

私は昭和元《ママ》年から四《ママ》年〔正しくは昭和三年から八年〕の三月までのまる三《ママ》年間(*)、西陣教会の牧師をかねて、同志社大学の講師として働かせていただいた。

実は私が米国留学を終えて帰朝したばかりのときに、海老名弾正氏から、「同志社へきて、支那事情の講座を設けてはくれぬか」という交渉を受けたことがあった。

海老名先生は、よほど支那に関心をもっておられたとみえて、私が支那から組合教会の年会に帰る都度、本郷の自邸、あるいは京阪神の宿に招いて、私の支那談を聞かれたものである。それも引き止め引き止め、私に一時間ぐらいは話させた。

海老名先生が同志社へ総長として赴任される際、支那事情の講座の設置を吉野作造博士に相談したところ、吉野博士は「清水君を採用されたらよいでしょう」と、私を推挙されたのだそうである。

今日だったら集中講義という変則的講座制があるので、私は北京にいたままで海老名先生の招聘に

（＊）清水は、一九二七年三月に記者として蔣介石に会い、その記事が「蔣介石の思想及び人物」（『北京週報』二七年四月一七日）に載っており、同年八月に日本に戻っている（『基督教世界』二七年八月一六日）。その後、一九二八年四月から一九三三年三月まで、同志社大学などの講師をつとめた。

応じられたのであったが、当時はそういうことはまだ行なわれていなかったので、私はお断りして北京へ帰任したのであった。

ふたたび日本へ帰って、同志社をたずねたところ、すでに中国語の教授が赴任していて、私の入る余地はなく、そこで無理に大学予科に支那史のコースを設けてもらって週八時間、また女専〔女子専門部〕の漢文を二時間、神学部の中国哲学史を二時間教え、さらに、大学に支那政治思想史の講座を設けてもらって二時間、夜間の英語師範の実践道徳を二時間、週に合計十六時間を受けもたせてもらった。月給は二百四十円、そのうえ西陣教会から六十円いただいた。

もし私が教授だったら、週六時間も教えれば三百円は優にもらえるはずであったが、時間講師というものは、まったくのところ、割の合わない重労働である。しかし、この時間講師をやらせてもらえたおかげで、北京へ毎月百円の仕送りをつづけることができた。

妻の美穂はこの頃、京都と北京の間を往復して、崇貞学園製作のエムブロイドリー（刺しゅう）やアプリケのリネンのティーセットやビュロウラナー（敷物）〔レースなどの細長い飾り布〕を日本でさばいていた。支那からいえば輸出、日本からいえば輸入というわけである。

私は毎週月曜日が一日オフ・デーになるように時間割を組んでもらって、京阪神のクリスチャン・ホームをたずね歩いて、崇貞学園のために手工品を行商して歩いた。夏休みには野尻、軽井沢へ行って、野尻では湖畔の白人脱衣場前で、軽井沢ではメイン・ストリートの教会前に露店を開き、

「オール・プロフィッツ・ゴー・ツウ・チャイニーズ・スクール（利益はすべて、中国の学校へささげます）」

と呼ばわって、あたかも野師《やし》のような商いをした。

そのころ中学時代の級友中村応君が、税関長をしていたので、崇貞学園の手芸品は輸入税を免除してくれた。美穂は、中村君が下関の税関にいるときには下関、神戸の税関にいるときには神戸、大阪の税関長に就任すると築港《ちっこう》へと、中村君を追って上陸した。

なにしろ資本金がとぼしいので私が売りさばいて送金する、送金すれば製作するという具合に、井戸のつるべ式にビジネスを運営しなければならず、まことにせわしいビジネスだった。しかしこの三年間ぐらいの間に、北京朝陽門外のリネン・ハンドワーク（手芸品）はぐんぐん伸びて、やがては北京朝陽門外の名物ともなり、年額四百万円もの製産を得るまでに発展した。

この開発の導火線になったのは野尻、軽井沢の露店である。在日宣教師や在日外人実業家が、土産物としたりクリスマス・プレゼントとして本国へ送品したことが糸口となって、シカゴの通信販売のデパートから百グロスのティーセットの注文が入ったりしたことから、単に崇貞学園のビジネスだけではすまなくなって、純粋のビジネスマンの仕事にまで発展していったのである。

工芸品の材料は、四川省産の支那麻布で、夏になれば、中国人がだれでも着ている夏布《シャープー》である。色糸はフランスのＤＭＣで、そしてエムブロイドリーは支那刺しゅうであった。アプリケの方は山西産の葛布で、張りつける色の布は、植物染料で染めたコレアン・クロース（韓国布）を用いて製作した。

美穂は同志社の女専家政科の出身で、編物や袋物、洋裁が実に巧みだった。しかもアメリカ帰りであったので米人の好みをよく知っていたことが、このビジネスを成功させた大きな原因だったと思う。

（八〇）　それ見たことか

私は同志社大学の時間講師に過ぎなかったが、学生たちに乞われて弁論部の部長と野球部の部長をひきうけた。弁論部も野球部も、部長になり手がなかったのである。弁論部は弁論大会を開くたびに、刑事や憲兵に呼び出される者が出るし、野球部には運動具店に借金があったからであった。

ある朝早く、私は河原町三条の図司運動具店の番頭に寝込みを襲われた。店の主人が発熱して、人事不省のまま入院したというのである。腸チブスらしいとのこと。番頭は、

「金庫のあけ方をおかみさんも知らないので、現金がなくて困っている。同志社の貸しを一割にまけるから、三千六百円現金でもらえまいか」

と、用向きを伝えた。調べてみると、借りはたしかに三万六千円である。私は同志社の本部へ会計が出勤するのを待ちかまえて、三千六百円ひき出そうとした。

まったく余計なことだったかも知れないが、私は窓口で、運動具店の店主が重態で現金をほしがっていること、こちらから負けてくれともいわぬのに、三万六千円を三千六百円に負けてくれたことなどをしゃべった。これが会計室の中央デスクに頑張っていた島本理事の耳に入ったのである。

「縁日の商人ではあるまいし、負けてもらう必要はありますまい。しかも、そんなに負けるというのは、どうもあやしい」

島本理事はこういって、支払いに「待った」をかけた。

結局、運動具店番頭は、立命館大学へ出向いて、貸しを九割負けて三千円ばかりを手に入れるということになった。ところが、これでことが終わればよかったのだが、図司運動具店主は、退院すると同時に同志社大学総長を相手どって、訴訟を起こしたのである。私は総長代理として被告席にすわらせられることになった。

同志社大学の野球部は、法律事務所を持っていた法律学の村路講師に、一万円包んで弁護を依頼した。法廷の村路氏の弁論は、ユーモアにあふれたものであった。

「この借りは、野球部が台湾へ遠征した折りに生じたものである。台湾へは原告の運動具店主も同行している。さて、請求書にはバットとあるが、果してこれが打球棒のバットであるかタバコのバットであるか、また、ボールとあるが、これがまりであるかビールであるか不明である」

こんな調子でやったところ、相手側の弁護士は、

「不知《ふち》」

と叫んで、台湾へ遠征したチームの主将とマネジャーを、証人に呼び出すことを要請した。

第二回の法廷には、ＯＢの主将とマネジャーが出席した。先方の弁護士は、ひと通り偽証罪なるものについて説明した後、

「ボールはビールであったか、バットはシガレットであったか」

と質問した。偽証罪の説明を聞いたためか、主将もマネジャーも正直にボールはまり、バットは打球棒であったと証言した。

同志社側はどうしようもない。弁護士の村路氏が示談を要請したので、裁判長は二人の仲裁者を選

定した。京大の野球部長浜岡博士と、東本願寺前の仏具店の主人であった。三回目の法廷で、その仏具店の店主はこういった。

「こら同志社の負けどすな。三万六千円の貸しを三千六百円に負けとくで、この窮境を救ってくれと頼んだというやおへんか。たとえタバコやろうがビールやろうが、手前らが飲んだんでっしゃろ」

かくて、同志社大学野球部は、三万六千円の支払いを命ぜられることになった。

私は「そら見たことか」と思わぬではなかったが、今をときめく島本会計理事の逆鱗に触れることを恐れ、まったく自己弁護はしなかった。

このことに関して、思い出したことが一つある。

ある部活動の部長会議の席で、竹中教授にさんざん罵倒されたことがあった。島本会計理事も出席していたが、竹中教授は、野球部は縁日の商人のように、運動具店主の窮境につけこんで、九割引きにせば金を払うなどと、すごいかけひきをしたそうなと、ボロクソに非難攻撃を浴びせたのであった。

「はなはだ不手際なことで……」

と、私は陳謝して、弁解がましいことは一言も話さなかった。

竹中教授は年来私と親しい仲であったのだが、島本理事に媚びて友情などはほごにしてしまったのであろうか。きっとにらみあげると、さしもの社会党の闘士も顔を赤らめて眼をそらせてしまった。

同教授は、会が終わってから
「わしがああいうたら、あんたが事の真相を述べはるやろと思ったんや、ことの真相を公けにする糸口を作ってあげたのに……」

と、くどくど弁護した。私は、
「ああ、そうやったんか」
といって謝意を表した。しかしこのことは、今もなお、よくおぼえている。多分死に至るまで忘れられないだろう。

（八二）寝汗かく夢

私は今でも寝汗をびっしょりかくような夢を見る。失職して、妻子とともに路頭に迷っている夢だ。同志社大学の講師に在勤中、私はずっと失職におびえていた。在学時代よい点を取らなかった者は決して母校で働くものではない。在学時代に優秀な成績を収めたものだけが母校で働くべきで、そうでない者は、よろしくどこか他の学校へ行って教えるべきである。私といえども、馬鹿ではないからひそかに転出運動をした。今だからうちあけるが、この転出運動に協力してくれたのは、京都で歯科医をしていた堀内徹氏だった。

堀内氏は江州彦根の出身で、妻の美穂には、特別な同情をもっていてくれた。京都教会の執事をつとめ、西尾幸太郎牧師にも、山口金作牧師にも、きわめて昵懇《じっこん》であったので、無牧になっているあちこちの教会をみつけては、私を名指しで頼みこんでくれたのである。

いかに鉄面皮な私でも、とうてい自薦運動をするだけの勇気はなかったが、堀内氏にだけは私も心中をさらけ出して、こういってみてください、ああいってくださるわけにはいきませんか、などとお願いした。しかし、どうにもはかばかしくなかった。

ある夜、堀内氏はわざわざ私の家を訪ねて、道が開かれなかったことを報告してくれた。

「今ごろの組合教会は、沈香《じんこう》もたかず屁もひらず、可も不可もない人物でなければ用いませんよ。あなたのような野人には、声がかかりませんわ」

堀内氏はジェントルマンできわめてもの静かな性質の人であったが、その夜の口ぶりはやや激しかった。人は同情を表現するためによく悲憤慷慨《こうがい》の口調で語るものだが、堀内氏のそれは、世の常の人の所作とはちょっとちがって、心底憤っているような感じだった。

同志社は私に出て行けがしに振舞うし、教会が私を用いてくれない限り、私は失業におびえざるを得なかった。

妻の美穂も心をつかって、ある日北京からもって帰った刺しゅうのティーセットを手土産に、総長の秘書をたずねてくれた。その秘書の夫人が彼女の級友であったということもあったが、彼自身、総長をバックにして羽振りがよく、全校の教職員を睥睨《へいげい》している人物だったからである。

「どうだい、手応えはあったか」

帰宅した美穂に私がたずねると、美穂は「もちろん」といって、久しぶりに明るい顔をみせた。

その翌々日、その秘書の夫人が美穂をたずねてきた。しかも美穂が贈った品物に倍する高価な品物を手土産として置いて帰った。美穂もがっくりこざるをえなかった。

「パパ……、たしかに手応えあったと思ったのに、がっかりね」

私は黙っていた。

「この上は、人に嘆願するのをよして、神さまに嘆願しましょう」

私たち二人は、秘書からいただいた茶器のセットを前にして、手を合わせて祈った。

昭和七年《ママ》〔正しくは八年〕三月二十二日、何曜日であったか、すっかり忘れてしまったが、総長大工原銀太郎〔1868-1934. 総長在任は一九二九〜三四年〕氏に呼び出された。「いよいよきたか！」と直感した私は、深呼吸して下腹に力をいれ、波立つ心を押さえて総長室に入った。

「君の講義は学生にうけているようだね。学生の二、三にきいてみたんだが、みんな大そう面白いといっていたよ」

私は黙っていた。

「しかし、君は商人として人生を生きる方がいいようだね。教育者ではないというのがみんなの意見です……」

総長の言葉の終わるのを待たずに、私は口を開いた。

「つまり、同志社の講師を辞退せよということなんですね」

「ずばりです。その通り」

今はこれまでとは思ったが、

「総長……、教育家にも商才がなければならないと思いますがね」

と、一言いった。言いたいこともあったがそれだけいって、あいさつをのべ、総長室を出た。

校門を出るとき、私は黒い鉄の門の柵の桟《さん》を両手で握りしめた。

「同志社よ同志社！　汝はわれを育て、われを棄てたり。汝必ず後日われを同志社より出だせしことを、世に誇るとき来るべし！　さらば同志社よ、あばよ」

私は尿意をもよおしたので、片足を少しあげ、犬ころのように鉄門にひっかけ、同志社を去った。

私はそれから御苑を通りぬけ、寺町通りを下って京極へ行った。そして活動写真を見て、十時過ぎ、ようやく金閣寺のそばのわが家へ帰った。このとき見た映画が、どんな映画であったか、記憶にはまったく残っていない。

（八二）プロビデンス

総長から引導を渡された夜は、さすがに家に入りにくかった。十時頃着いたには着いたのだが、そのまま戸を開けるわけにもいかず、家の横丁を歩き回って、二階の子どもたちの部屋の電灯が消えるのを待った。敷居をまたいだのは十一時過ぎだった。美穂はいつもとちがって、玄関に私を出迎えた。

「どこをさ迷い歩いてきたの。私はもう、一部始終を聞いたのよ」

「誰が話したんだ」

「予科の先生が、かわるがわる四人もいらっしゃって、みんな聞かせてくださったの。あんたがまだ帰宅していないものだから、皆さんとっても心配していました」

私は「そうか」とうなずいて、風呂がわいているかどうかをたずねた。

「ちょうど入り加減だと思うの。今日は子どもたちにも遠慮させたから、一番風呂よ……」

私は、ありがとうと礼をいって湯に入った。すぐに寝床に入ったが、なかなか寝つかれなかった。

うとうとするとすぐ目が覚める。とうとう夜半に美穂を起こした。

「おまえはぐうぐう眠っていたが、どうも今夜は眠れない。いろいろ考えたが、ともかく明日は東京へ行ってみるよ」

こう話してから、私はつとめて眠ろうと努力した。

美穂は翌朝、東京へ行くという私のために早く起きて朝食の仕たくをしてくれた。食欲はなかったが食卓についた。熱い飯にいきなり茶をそそいだ私に、美穂は、

「あんたって人は、茶漬けにしなければ、ご飯が喉を通らないの」

と、案じるような目を向けた。

「子どもが中学の入試に熱中しているというのに、失業などしてほんとうに申しわけない。どうか勘弁してくれ」

私は、そんなことをいいながら朝食をすませ、すぐ東京へ出発することにした。

玄関を出るとき、美穂は、

「就職口があったら、あたしに相談などせずと、即座に承諾して」

と注意してくれた。

東京に行く気になったのは、前の年に、東京外語のある教授が、長年北京で過ごした人を支那語の講師に推薦してくれと、私に依頼してきたことがあったからである。私は恥をしのんで自薦を試みようと考えたのだった。もし東京に住めるなら、崇貞学園製作の刺しゅうの販売にも、何かと便利があろうとも考えた。

七条駅に着いてみると、わずか五分ばかりの差で急行は出てしまっていた。私はしかたなく鈍行に乗ることにした。急行は近江八幡駅を素通りするのだが、鈍行は三分間も停車する。私はにわかな思いつきで近江八幡で途中下車した。ネクタイを手につかんだまま、プラットホームで東京行きの列車を見送った私は、その足で近江兄弟社をたずねた。メンソレータム部に行ってみると、吉田悦蔵君が私の顔を見てとび出してきた。

「ようきてくれやはった。実はバックファロウのメンソレータム本舗から、あんたに中国におけるメンソレータム販売権をやるといってきたんや。いよいよ北京へ帰れることになったぞ。喜びな。けんど、同志社はあんたを離しよるやろか……」

吉田君は、こういうと、私の答えもろくろく聞かず、同志社の大工原総長に電話をかけ始めた。私は気が気ではなかった。電話を終わると、

「総長は、どうか清水氏をよろしくお頼みしますと、いってやはるがな……」

といって、にやっと笑った。

近江兄弟社は、メンソレータムの中国輸出を考え、許可を申請していたのだが、幾度か嘆願してみても承諾の返事はなく、それではと、私に販売権を付与するよう願い出たのだそうである。ヴォーリズ先生の生徒の一人で、中国人の貧しい子女の教育に従事しているシミズ牧師、という私の経歴を信用して、さっそくOKの返事がきたというわけであった。

私は出立のときの美穂の言葉を思い出して、即座に、

「そいじゃ、北京へ派遣してもらいましょう」

と、はっきりいってのけた。

こうなってしまったら、もう東京などへ行く用件はないのだが、東京までの往復切符を持っていたので、やっぱり東京へ行くことにした。東京へ着いても、もう外語の教授をたずねる必要などないわけである。私は、その頃東京へ来ていたハーゲンベックのサーカスを三田で見物して、その日の夜行で京都へ引き返すことにした。

東京に向かう汽車の中で、私は東京に着いたらどこへ行こうかと思案していた。窓を流れる景色の中で、サーカスの広告や旗やのぼりがひどく目だった。サーカスを見物したのは、それだけの理由だった。ライオンに大きく口を開かせ、その中に頭を突っこむ少女の芸当を、私は今でも記憶している。

（八三）聖者捏造

昭和十二年七月七日、盧溝橋事件が勃発し、日中関係はにわかに重大な局面を迎えることになった。

私は〔昭和十三年の〕ある日、劇作者の上泉《かみいずみ》秀信〔作家。1897-1951〕氏の訪問を受けた。当時外務省情報部では、私の半生を本にして著わし、さらにこれを英訳して全世界に配布しようという計画をたてていた。上泉氏はこの折衝の役目を引き受けて、私を訪ねたということであった。

私は面くらってしまった。言下に固くお断りした。上泉氏は、二、三時間も説得を試みたが、私も最後までねばり通した。

翌日、大使館から電話で呼び出しがあった。出頭した私に、芳沢〔謙吉。一九二三〜二九年中国公使。三二年、犬養内閣外相、その後貴族院議員〕〔元〕大使が自ら会って、

「国のためなら、どんなことでも引き受けるべきではないかね」

というようなことをいった。こんどは大使の説得である。私は観念して、上泉氏に協力することにした。

上泉氏の誘導尋問に、私は何一つかくさず答えた。こうした経過で世に出たのが、『愛の建設者』〔上泉秀信著、羽田書店、一九三九年四月〕である。海外にばらまかれた英訳〔北星堂書店、一九四〇年七月、英文の校訂者はM・ヴォーリズ〕は「ア・ジャパニーズ・パスター〔牧師〕・イン・ペキン」という題であった。

昭和十三年十月、私は組合教会総会に出席のため帰朝した。

当時、崇貞学園は、東京の鷺ノ宮に崇貞寮という姑娘《クーニャン》の留学生の寮をもっていた。借家の寮ではあったが、ここから女高師、薬専、歯科医専、女子医専、青山女専、大妻女専、東京女子大、石原保母伝習所などに通っていた姑娘が十四人いた。〔昭和十三（一九三八）年四月の第一回留学生は五名。のちに増加。〕

私は、ここに逗留した。ある日の午後、ぶらりと出かけた銭湯で、湯からあがって脱衣場に備え付けの新聞を読んだところ、社会面に大きく印刷された「北京の聖者」という見出しがまず目に入った。数行読んで、思わずおやっと思った。「北京の聖者」とは私のことなのである。驚いたことに、この報道は、東京中の新聞が一せいに書きたてていた。寮にもどってみると、寮監の鈴木浪子女史が、外出先から一束の新聞をかかえて帰ってきた。

「先生のことを、いろんな新聞が報じていましたから、駅で一部ずつ買ってきたんです」

と鈴木女史はいった。〔一九三九年二月二二日付『東京朝日新聞』『読売新聞』に「北京の聖者」の記事がある〕

いうまでもなく、ニュースの出どころは、外務省の情報部だったろう。しかし、とんでもないことになったものである。外務省は日本人だって、中国人のために無我愛の奉仕をしている者がいるのだということを、全世界の人々、とくに、英米国民にPRしたかったのであろう。

私は、顔はホッテントット・ブッシュマン、品性は生まれつきの野人、遠くから眺めても近くから見ても、聖者にはおよそ程遠いしろものである。自分のことをこのように書きたてられて、文字通り穴があったら入りたいような気持ちだった。

新聞に書かれてから二、三日たった夕方、私は日比谷の山水楼で招かれて食事をしていた。そこへ朝日新聞の記者がやってきた。

「私が東京へ来ていることがどうしてわかったのです……。山水楼で飯を食っているということが、どうしてわかったのですか」

記者は、東大出の真下長一という若いお方だった。

「万が一と考えて崇貞寮に電話してみたんですよ。そしたら、来ておられるというでしょう。食事に招かれたということだったので、支那料理だなと考えて、まず日比谷の陶陶亭に電話してみて、それから山水楼にかけたのです。二回目の電話で居どころがわかるなんて、幸福でした」

翌日の朝日〔『東京朝日新聞』一九三九年四月一三日付〕には、真下氏のインタビューがでかでかと出た。このうえ東京にいては、雑誌や新聞記者に追い回されるにちがいないと、私は予定を早めて帰途につくことにした。

私は日本に来たときには、いつも近江のふる里に老母をたずねる。そのときも帰途立ち寄ることにして、大津駅に下車した。ところが、駅の出口には大阪朝日事務次長の大塚氏が、私を待っていた。大塚氏は、膳中時代の後輩ということであった。

「僕が大津で下車するなんてことが、よくわかりましたね」

私が驚くと、

「そんなことが勘づけないでは、新聞で飯は食えませんよ」

と笑った。大塚氏の用件は、自叙伝を書いてくれということであった。七万冊は売ってあげる、十万円は少なくとも差し上げられようと大塚氏はいった。

「十万円もあれば校舎が二棟は建ちます。ようございます。承知いたしました」

私は一言で引き受けてしまった。これが当時ベスト・セラーになった拙著『朝陽門外』〔朝日新聞社、一九三九年四月〕である。

知られずば知らるべきをと　知らるれば知られざるをと　思うわれかな

これは、その頃詠んだ偽らざる述懐の一首である。

（八四）空の空なるもの

昭和十四年の二月から三月にかけて、私は台湾へ講演旅行をしたが、台北の大講演で舌禍事件を起こし、憲兵隊の呼出しを受けた。台北の地理に暗い私を憲兵隊まで案内してくれた台北教会の原忠雄牧師は、私の尋問が終わるまで待っていてくれるつもりだったが、

「いつ放免するやら不明だから、待つには及ばない」

と申し渡され、講演会の日程を気にしながら立ち去った。しかし私はすぐに放免されて、間もなく原牧師に追いつき、いっしょに教会へ帰ることができた。

憲兵隊が問題にしたのは、中国人が日本の文化史の中で、いかに重要な地位を占めてきたかということがらである。

「日本文化史の曲り角には、かならず中国人が立っている。古くは鑑真《がんじん》和尚、近くは朱舜水《しゅしゅんすい》〔1600-82. 明代の儒学者。江戸時代初期に来日〕等々、しかるに日本人の中で中国の文化に貢献した者は、いまだかつて、一人も無いではありませんか」

講演の中で、私はこんなことを述べた。台湾のようなところで、こんなことはいうべきことがらではない、というのが憲兵隊のいい分であった。

いたけ高《だか》に私にくってかかる憲兵の声を聞いていたとき、私はふと台湾のために貢献した二人の日本人を思い出した。

「まことに申し訳ありません。二人の日本人が台湾の文化のために生涯をささげていることを、すっかりど忘れしていました。一人は赤松、もう一人は小竹という先生です……」

赤松、小竹両氏は、ともに早大の前身東京専門学校の学生だったが、領台〔台湾の領有〕後いち早く献身して渡台し、赤松氏は生蕃《せいばん》〔台湾の先住民〕のために、小竹氏は熟蕃〔漢民族に同化した人々〕のために生涯教育に従事した。赤松氏は晩年ついに生蕃のために首を刎《はね》られ、小竹氏は厦門《あもい》に学校を設立して在留台湾居留民の子女の教育に当たったが、瘴癘《しょうれい》〔マラリアの一種〕に冒されて没した。

この二人について説明すると、憲兵は手をうって、

「その話をどうか台湾のあちこちで話してください」

と、即刻放免してくれたのであった。

赤松、小竹両氏のことを、私が知っていたのは、小竹氏が私の姉の夫であったからだ。彼は名を徳吉といい、前橋の共愛女学校の校長周再賜氏や台湾切っての学者と言われる杜聡明《とそうめい》〔1893–1986. 医学者〕博士の恩師なのである。

台湾の都市をことごとく講演して歩いたが、特に台中の長老派の神学校における講演はもっとも盛会で、さしもの大会堂も超満員となり、窓にぶらさがって聞いている聴衆さえあった。

台湾から大陸へもどらず、船で大阪に上陸し、こんどは朝日会館の講演会に臨むことになった。ちょうどインドから帰朝されたばかりの賀川豊彦先生とともに講演することになっていたが、賀川先生が前座、私が後で登壇するという企画だったので、そんなことならお断りすると辞退した。頑として承知しなかった私も、それなら賀川先生の前に話してくれということで、ついに講演をひきうけることになった。

その夜、賀川先生の宿は宝塚ホテル、私は有馬の温泉旅館に泊められた。

翌日、朝日新聞社の車で、大阪は渡辺橋の朝日会館に着いてみると、賀川先生はすでに壇上にのぼって講演の真っ最中だった。

「今日は有馬街道は馬鹿に車がこんでいたので、おくれてすみませんでした」

というのが運転手の弁明であった。

私はまんまとしてやられたわけだが、気づいた時には、もうどうにもならないようなはめに立たされていた。

立錐の余地もない会館の後ろの方に、私は母校膳所《ぜぜ》中学時代の同級生がずらりと並んでいるのに目を止めた。後方から二列目に、数えると四十二人も並んでいる。私は思わず息を呑んで、なつかしさとうれしさで涙声になった。これが、はからずも聴衆に大きな感動を与えることになった。

講演の後、女性のあんまに、ぜひ肩をもませろと申し出られたり、女学生たちのサイン攻めに会ったりした。

私は、もう一泊有馬の温泉旅館で過ごすことになったが、私は湯を浴びながら、

「安三よ安三、お前は決して有頂天になってはならぬぞ、世に名声くらい、空《くう》の空なるもの〔「空の空なるかな」は『旧約聖書』「コヘレトの言葉」一章二参照〕とては無いのであるから……」

と、自分の魂にいいきかせたものである。

京都では同志社女学校の栄光館で講演させられた。さしもの大講堂も超満員、補助椅子が通路にまで並べられ、壇上にまで学生が座りこんで、私はじっと立って、両足を動かすこともできないまま講演しなければならなかった。

「おまえは教育者に非ず、商売人になれ」

と引導を授けて首を切り、私を追い出した同志社が、十年もたたないうちに「ホザナ、ホザナ」〔祝意を示す叫びの語。ヘブライ語。「マルコによる福音書」一一章九〕の大歓迎をしてくれたのである。

横浜ではＹＭＣＡで講演させてもらった。会場に入りきれない聴衆は、地下室のビリアードの下に

まで座って聴いてくれた。屋外に集まっていた聴衆のために、スピーカーがつけられたほどであった。東京では津田塾、東京女子大、明治学院、聖学院、立教女学校、恵泉、フレンド、目白女子大の各校で話させてもらった。青山学院の新講堂では、夜の講演会に、内山完造氏とともに話したことを覚えている。

私の生涯にも、こうした黄金時代があったのだが、もしも、私にいささかでもとりえがあるとするならば、それは図に乗らなかったことであろう。

私は、中国の貧民街の一寺子屋の村夫子《そんぷうし》として生きるよりは、一つ、講演者、またはエバンジェリスト〔伝道者〕になってこまそうなどという野心などは露ほども抱かなかった。

〔八五〕囹圄《れいご》〔牢屋〕の身

私は横浜からハワイへと講演の旅を進めた。ハワイでは、邦字新聞の『日布時事』が後援してくれた。ある町で講演したとき、一人の二世の青年紳士が、立ちあがって私に質問した。

「南京事件は本当でしたか、うそでしたか。どうぞ、イエス、ノーで答えてください」

南京事件というのは、松井〔石根《いわね》〕大将のひきいる日本軍が南京を占領したとき、多数の中国の婦女に暴行したという事件〔一九三七年一二月〕である。北京と南京の間の距離でも説明して、知らぬ存ぜぬで押し通せばよかったのに、私は馬鹿正直に「イエス」と答えてしまった。但し「中国ではここは戦場になると想えば、凡ての婦女子は予《あらかじ》め遠方の知己《ちき》友人親戚の許《もと》へ身を寄せ、避難するのが常であるが、南京では外人宣教師が彼等婦女をば学校の校舎や教会堂の中に保護していたのが反《かえ》ってよくなかったのです」という解説を付け加えたのが反ってよくなかったようだ。この私の回答が、『日布時事』のライバルであった『布哇《ハワイ》報知』にとりあげられ、問題になった。

私は工藤総領事から呼出しを受け、日本送還を命ぜられることになるかも知れないという話を聞いた。ぐずぐずしてはいられなかった。島での講演をうち切り、ホノルルへ帰って、その夜、米船に乗りこんで、ロサンゼルスに向かった。

北米大陸に上陸してから、私は南カリフォルニア、北カリフォルニア、ポートランド、ワシントン州、コロラド州、シカゴ、そしてカナダにまで足をのばし、講演をつづけた。

私は、あちこちの講演で、献金をいただいた。それが一千ドルになると、巡回先の米国の銀行から北京にある花旗銀行（在支アメリカン・バンク）へ送金していた。その当時、米金一ドルは中国票（紙幣）二十元という兌換相場であった。私は一万元に達するまでは何とか頑張ろうと決め、フィラデルフィアの講演でちょうど目標額に達したので旅を打ち切り、ニューヨークからパナマ経由で帰国した。ちょっと現金な態度ではあったが、ハワイでの事件もあることだし、急がねばならなかった。

横浜港に着くと、驚いたことに、家内の郁子の出迎えを受けた。北京からわざわざ出向いてきた様子だった。

「どうしたの、はるばると……」

「ちょっと打合せておかなくちゃいけないことがあったもんですから……」

私は郁子の表情を見て、不吉な予感を覚えた。ようやく人々から逃れて、

「仔細《しさい》を話してごらん」

と郁子にいった。郁子はぽつぽつ話し始めた。

「あなたが米国に行っているとき、ドル買いは決してしないようにと書き添えて、北京新聞の切抜きを送ったんです」

「そんな手紙、受け取ったかなあ」

私が不審そうな顔をすると、

「受け取るはずなんかないわ。北京の憲兵隊に押収されてしまったんですもの……」

「憲兵隊だって」

「わたしは、一晩だけだったけれど、ゼール（ぶた箱）にぶちこまれたんです」

郁子の説明はこういうことだった。——××商事の北京支店の一社員が、北京の中国票一千元を、正金銀行の北京支店を通じて、××商事東京本店の一社員へ為替送金し、東京の社員は日本金一千円を入取した。東京の社員はその千円を××商事ニューヨーク支店在勤の一社員に為替送金し、これが米金五百ドルに兌換された。ニューヨークの社員が米貨五百ドルを米国の銀行を経て北京の花旗銀行へ為替送金する。北京の社員は中国票で一万元、すなわち十倍のお金を受け取った。北京ではそれをふたたび東京へ送金し、東京からニューヨークへ、ニューヨークから北京へとたらい回しにして十万元にした〔論理的には一〇回くり返した〕。こんなことができたのは、当時日本が、中国票一元を日本金一円と同価格に認めていたからだったが、これが北京新聞に書きたてられ、心配した郁子がその記事の切り抜きを私あてにおくったところ、それが憲兵隊に押収されて、今は、米国からの送金が、私と郁子の為替のたらい回しによるものではないかと容疑がかけられているというのである。

とんでもない手紙を書いてくれたとぼやいてみたが、どうすることもできない。

私は北京に帰ると、すぐに憲兵隊へ出頭した。憲兵隊は馬神廟の北京大学校舎を占拠していた。

取り調べの係りは須山という憲兵軍曹であったが、私はハワイや米国で与えられたドルについて、どこでいくら、ここでいくらと、ノートを見せながら詳細に説明した。

須山軍曹は、私を先生づけで呼んで、何も手荒い態度はとらなかったが、調査が終わると、

「ご足労ですが、明日も午前八時に出頭してください」

といんぎんに申し渡した。

私は、翌朝午前八時かっきり、一分も遅刻せずに馬神廟の憲兵隊本部に出頭した。ただし、その日は取調べもなく、衛兵隊の最前列の腰掛けにすわらされただけのことであった。

（八六）トンビにさらわる

衛兵というのは門番の哨兵《しょうへい》のことである。門を入ると、憲兵隊本部の玄関に、よりかかりのない長い腰掛けが、四、五脚並んでいて、それに十数人の非番の哨兵が腰かけていた。私は最前列のベンチに座らせられたまま昼食ぬきで午後四時まで待たされた。四時になると、例の須山軍曹がひょっこと現われて、

「今日は取調べる時間がありませんから、明日《あす》取調べることにします。明日も午前八時に出頭して

ください」

といった。いい終るとあっけにとられている私を尻目に、またひょこひょこと中へ入ってしまった。まるで鼬《いたち》のようであった。

私は、翌日も午前八時にきちんと出頭したが、やはり前日同様、昼食もとらせてもらえないまま、ベンチで夕方まで待たされた。午後四時になると、昨日のように須山軍曹がひょこひょこ現われて、

「今日も取調べてさしあげる時間がなかった。どうか明日もご出頭ください」

といった。

「やっぱり午前八時でしょうか」

「そう、八時に来てもらいましょう」

その翌日も、その翌々日も私は午前八時に出頭したが、須山軍曹とのやりとりは、毎日同じことの繰返しだった。

その間、近江の故郷の姉から、「母の病篤し」という手紙がきた。その手紙をもって、帰郷を許してくれるよう嘆願してみた。須山軍曹は、奥へちょっと入って上司と協議していたが、出てくると、

「帰郷は駄目です」

と切口上でいった。

数日後、「ハハキトク、カエルカ」という電報がきた。ふたたびその電報をたずさえて、涙ながらに嘆願してみたが、駄目だった。

「お気の毒だが、許可できない」

というのである。

私は、金を送り「カネオクッタ　チチウエノトキト　オナジ　セイダイナ　ソウギダサレタシ」と打電した。それ以上のことは、何一つできないのである。

私の父は、私が六歳のときに死んだが、十八カ寺の僧侶が会葬したというほど大きな葬儀をあげたということであった。姉に、この父のような立派な葬儀を出してくれるように頼んだのだが、その電報を、まだ息のあった母は額の上にのっけて、

「わしは、安を産んだことで、この世に生まれた甲斐があったわいのう」

と喜んだそうである。（本当に、とんでもない電報を見せたものである。）

母は死ぬ前々日に、

「わしは、天国とやらへ行って、安が来るのを何年でも待っとりたいよって、ヤソになる」

と言い出したそうである。あまりに求めるので、近江八幡から武田猪平牧師を招いて、仰臥したままで洗礼をさずけていただいたところ、二日後に容態が改まり、天に召されたということであった。

さて、私が憲兵隊の衛兵駐屯所前で、毎日さらし者にされて、ちょうどひと月を迎える日の前夜、歯科医の伊東豊作氏の訪問を受けた。伊東氏は、北支では誰知らぬ者のない名医で、しかもクリスチャンであった。伊東氏は四方山の話の後、声を落として、

「先生、米国でお集めになったドルを、この際、軍に献金してしまわれてはどうです」

と忠告してくれた。私は、その口ぶりから、伊東氏の忠告はてっきり憲兵の示唆によるものであろうと察知することができた。

翌日憲兵隊に出頭した私は、須山軍曹にこういった。

「もし私が、米国から在米正金銀行支店を経て、北京の正金銀行支店へ為替送金をしたら、四万円だけしか北京で受けとってはいなかったでしょう。しかし、アメリカン・バンクを経て北京の花旗銀行に為替送金したものですから、二十万円もの大金を受けとることになったわけです。こういうわけですから十六万円は無かったものと思って、恤兵金《じゅっぺい》として軍へ献納しようと決心したのですが……」

須山軍曹は私の話を聞くと、いかにもわざとらしく手を拍って、

「それは名案、名案、よく決心しました」

といった。そして、現金なことに、明日から出頭しなくてもよいということになった。

須山軍曹は、今日本のどこに住んでいらっしゃるのであろうか。俗に「好事魔多し」というが、あんまりぼろい計画というものは、本当に画餅に帰するものである。

千尋《ひろ》なる　海底《うなそこ》深く　沈みいく　鉛着けたる　思いするかな

そのとき詠んだ腰折《こしおれ》〔自作の和歌〕である。

（八七）何が幸せになるか

憲兵にいじめられている間に、私には幾人もの軍人の友人ができた。周囲の者が、なんとかして私を桎梏《しっこく》の苦しみから救おうともくろんで、手づるをたぐって、軍人の尽力を乞い歩いてくれたからである。

私の膳中時代の同級生には六人の陸軍中将と二人の少将がいる。彼らとは互いに働く畑がちがっていたため、年賀状のやりとりもなく、いつしか音信不通になっていた。しかし、私が憲兵隊にいびられているのを知ると、憲兵隊長と士官学校の同期生だったというよしみもあって、手紙を書いてくれたり、陰で、いろいろな労をとっていてくれたらしい。私が憲兵軍曹に先生呼ばわりされたり、拘置もされず毎日家へ帰されたりしたのは、ことによったら、彼らの奔走があったからかも知れない。

膳中時代、三年上級に喜多誠一というサウスポーの野球選手がいた。士官学校に入ったとは聞いていたが、そのころは少将に任ぜられ、北京特務機関長〔喜多は一九三七年九月〜三九年三月、北支那方面軍特務部長〕の要職についていたのである。私は、喜多氏が北京へ来任したとき、駅に出迎えにいくでもなく、年賀すらおこたっていたのだが、その彼が私を公館（官舎）に呼び出して、力を貸してくれたのであった。

「君は膳中の変種じゃ。今、憲兵隊に調べられているというが、何かあったのか」

公館に呼ばれて、喜多氏からこう聞かれたとき、私は、

「僕のことなんかほっといてください。これはかしも悪いこと、しとらんのどすさかい」

というような答え方をした。しかし、喜多さんは別に腹をたてるようなこともせず、最後まで私の話を聞いてくれた。私は喜多さんと話し合っているうちに、事業を軍に接収され、困って私に泣きついてきた中国人の友人のことを思いだした。

「実は、私の知り合いに汪雪生という中国人がおりますのや。北支第一という製粉会社をもっておりましたんどすが、これが軍管理にされてしもうて、弱っとるのどす。汪が私のところへ来て、なんとかならんやろか、運動に奔走してくれ、いうのどすが、僕のことなんかどうなったかてよろしよっ

て、ひとつ喜多さん、ご尽力願えまへんやろか」

私は、汪の妻君の父親から世話になったことがあった。中国へ来て初めて家を借りたとき、彼は私の舗保《プウパオ》になってくれたのである。中国では、個人でなく店舗が保証人になるので、これを舗保といったのである。彼は〔北京の〕燈市口《とうしこう》の本屋でクリスチャンだった。

私の話をひと通り聞き終わると、喜多さんはいとも心易く引き受けてくれた。

「中国人で経営できるんやったら、中国人にやらせるのが立前《たてまえ》や。よっしゃ、話してやる」

一週間もたたぬうち、製粉会社は汪雪生の手に還付された。

ある夜、汪氏が私を訪ねてきた。特務機関長にお礼に行きたいから同行してくれというのである。ついて行くと、汪氏はひと通りお礼を述べ、新聞にくるんでひもでしばったごつい包みを差し出し、

「これは僅少ですが」

と喜多さんの前に置いた。喜多さんはひもを解いて、中をちょっと見るようなかっこうをした。

「こらカネやないか」

そういうと、包みを額に押しあてて、

「おおきにありがとう。清水、おまえもろとけ」

と、それを私の方へ押しやった。汪氏は、もうひと包みを風呂敷からとり出した。

「チンスイセンション（清水先生）には、別に用意しています」

喜多さんは、それも横取りするようなかっこうで手元に寄せ、中をちらっと見ておしいただき、

「これもカネや。清水、これももろとけ。こんだけあったら、校舎が一棟建つやろ」

と、笑顔をみせた。
汪氏からの金は、後で数えたところ、合計二万円あった。私はその金で図書館を建てた。規模は小さかったが、柱も床も大理石で、入口に一対の獅子像を置いた。牝獅子には乳房に、牡獅子には耳たぶに仔獅子がたわむれているという、見事な大理石のつくりだった。
喜多さんは、その後中将に昇進して宇都宮の師団長に任ぜられ、さらに大将になって関東軍の司令官に就任した。終戦を迎え、勅令にもかかわらず、ソ連軍と一戦を交えた後、かねて用意してあった白無垢の衣服をまとって、割腹自刃されたということである。〔喜多はシベリアに抑留され、その地の収容所で一九四七年に病没〕
誰かの著書に、『余の尊敬する人物』『忘れ得ぬ人々』というような本があった。もし私がそれを書くとすれば、喜多誠一大将のことは、かならず書き綴るべきである。

（八八）暗雲払いのけらる

日支事変が起こってからというものは、一面識もない青年男女から「中国に一身を捧げたい。ついては崇貞学園で働かせてはもらえまいか」という手紙を、毎日のようにもらった。中には血書すらあった。そうした人々の中に、日体出身の長尾貞子という女性がいた。長尾女史は後年、野島進氏と結婚せられた。野島貞子さんは今もなおご健在で、夫君は明治学院の理事である。私は、かねてから体育の先生が欲しいと考えていたところだったので、彼女をさっそく迎えることにした。いかに歓迎したかは、自ら塘沽《タンクー》まで出迎えに行ったことによってもわかるであろう。

私は着任早々、この体育の先生から、実に意外なことを聞かされたのである。長尾さんは、中国に向かう船の中で、北京市政府の教育顧問花山氏（仮名）とたまたま同船することになったが、彼から、崇貞学園はもう閉鎖させることになっているということを聞かされたというのである。

「まあ、軍がよくも今日まで、清水安三氏を生かしておいたものですね……」

花山氏はこんなことをいって、これは絶対に口外してくれては困ると、繰り返し念を押したということであった。崇貞学園に高級中学校を設置しようとして、北京市政府教育局に、足の裏をすりへらして嘆願したにもかかわらず、「花山答応不答応很有関係」（花山氏の諾否が問題ですとの意）との答えしか得られなかったのも、道理であった。私は花山夫人が大阪の梅花〔女学校〕出身であると聞いていたので味方とばかり思っていたのだが、案外なことであった。

このほかにも、意外なところに私の敵側に回った者がいた。

興亜院の文化部へ助成金の下付を願い出たとき、援助の可否を議する会議の席で、興亜院の高官Ａ氏が、

「清水氏の支那論には賛成できかねる。プロチャイナ〔プロは肯定の意〕も程々にしてもらいたいものだ」

といったということを聞いた。Ａ氏は膳中の三年後輩にあたる人物である。同窓ということで味方してくれる人もいたが、彼のように、かえって私を窮地におとしいれるような者もあった。

こうした折柄、昭和十六年十二月十七日、ＮＨＫは北京朝陽門外の崇貞学園に、御下賜金が下されるというニュースを放送した。これを聞いて、花山氏は、

「しまったことをした。もう一週間早く閉鎖させればよかった」

と嘆ぜられたそうである。

このころ、北支のミッション・スクールは、ことごとく閉鎖されたのだが、そのとき同時に崇貞学園をも同じクリスチャン・スクールであるとの理由で、閉鎖させる段取りが決められていたということであった。

崇貞学園を閉鎖させようと考えていた人々にとって、御下賜金下付の知らせは、正に霹靂《へきれき》の一声であった。一朝にして崇貞学園は、もはや何人も手を着けることの許されぬタブーと化してしまったのである。

私は仕度金まで頂戴して新調したモーニングをまとい、中日の高位高官が綺羅《きら》星のごとく並んだ興亜院の大講堂で、わざわざ東京から遣わされ来《きた》った事務官から、御下賜金を頂戴した。まるで小学生が優等賞をもらうような気持ちだった。

その日は、家内の郁子も紋服に丸帯をしめて、私に従った。それぞれ三輪車に乗り、朝陽門をぬけ東四牌楼《はいろう》大街を走ったが、熱い涙が、ぬぐえどぬぐえど両頬を伝わった。ただ一夜とはいえ、郁子は囹圄《れいご》（監獄）に置かれ、私は一カ月もの間、憲兵屯所《とんしょ》の門前にさらし者にされた身体である。そうした苦い思い出は、この御下賜金によってことごとく水に流され、今や大手を振って北京日本人村を闊歩できることになったのである。

山室軍平先生の葬儀に、祭祀料が下賜されたとき、羽仁もと子女史は「今の時代では、暗雲を払いのけて下さる御方は、実に上御一人《かみごいちにん》しかない」といわれたが、ほんとうに、崇貞学園の上におおいかぶさっていた暗雲を払いのけてくださる御方は、天皇陛下の他には実に一人もなかったのである。

私は、御下賜金をそっくり正金銀行に預金して、「崇貞学園恩賜奨学金」という口座を、新たに開いてもらった。そして、さらに広く募金し、その預金額を十倍にして、中国人への奨学金に使うことにした。

この後しばらくたって、滋賀県へ高松宮殿下がおいでになった。殿下は近江兄弟社をご見学になり、その折りに、

「今でも北京の清水安三を援けておるか」

とおたずねになったそうである、近江兄弟社は、このご質問に恐縮して、さっそく崇貞学園へ金を送ってきた。私は、それも恩賜奨学金の口座へ入れることにした。この金も、やはり貴いお声がかりで与えられたものであったからである。

(八九) 密室の瞑想

昭和二十年八月十四日、北京居留民会から、明日はかならず放送を聴くようにとのお布令があった。私は崇貞学園に学ぶ日本人の生徒たちを自宅の応接間に集めた。当時は、中国人の子女が五百有余人、日本の女生徒が約二百人在学していたが、二百人のうち九十パーセントは朝鮮人であった。一同は床に座って、ご放送を聞くことにした。

「朕《ちん》は忍び難きを忍び」

私は、この最初の一句を承って、もうそれとわかり、思わず声をあげて泣いた。朝鮮の娘たちもも

らい泣きして、「アイゴ、アイゴ」と号泣した。

しばらくして、私は、朝鮮の生徒はこちらに、日本の生徒はあちらにと、生徒たちを二つにわけて座らせた。かつて差別などしたことのなかった私のこのいいつけを、怪訝《けげん》に感じた者もあったようであったが、私は黙って生徒たちの動きを見つめていた。生徒たちが静まるのを待って、私はおもむろに口を開いた。

「朝鮮は今日限り独立国となりました……」

ここまでいうと、彼女たちは、あっと叫んで泣きくずれた。

「日本人が、もしもあなた方朝鮮人たちに、悪いことをなしたことがありましたならば、どうかお許しください。こんごは、日朝両国民は互いに助け合って、それぞれの国の建設に努力しましょう」

私はこう語って、

「朝鮮国、万歳、万々歳」

と叫んだ。すると朝鮮人生徒も声をあげて、

「イルボンサラミ、マンセー、マンセー」〔日本人、万歳、万歳〕

と叫んだ。私は涙を流しつつ、一人一人の朝鮮人生徒と握手を交わした。聞くところによると、終戦時、各地の朝鮮の学校では女生徒でさえも日本人の校長をグランドに連れ出して、石を投げて傷つけたそうであるが、この学園では互いに別離を惜しんで、泣き泣き、たもとを分ったのであった。

生徒たちが立ち去った後、私は一斤のパンと一びんの水をたずさえて賀川屋子（ホウ・チュアン・ウーズ）に入り、ドアに面会謝絶の張り紙をして、中から鍵をかけてしまった。賀川屋子というのは、

前年のクリスマスに賀川豊彦氏が来遊されたおり、宿舎に使っていただいた部屋である。賀川先生が使われた寝まきもシーツもスリッパもそのままにして、椅子もベッドも動かさず、私たちは長く記念しておくために、ここに賀川氏の名前をつけてそう呼んでいた。

少々ほこりっぽかったが、ここにこもって、二、三日思索と瞑想にふけることにした。私はひざまずいて祈り、ベッドに仰臥《ぎょうが》して考え、おみくじでもひくようにバイブルの頁を開いて、神のみむねを聴こうとした。二日、二晩の密室の思索で、私は次のような結論に至った。

一、在支日本人はことごとく引き揚げ、帰国を要請される。

二、在支日本人の事業、財産はことごとく没収される。

三、在支日本人中いささかでも侵略政策に関与したものは、ことごとく処刑される。……そして私自身、例外たり得ぬであろう。「文化侵略」という言葉があるからである。

こうした見通しをたてた以上、一日も早く帰国すべきであると私は考えた。一日遅ければ、それだけ身に危険が近づくというわけである。しかし、日本に帰って余生をいかに生くべきか、これも切実に考えねばならなかった。第三日目は、この問題を真剣に思索した。

その日私は部屋の中をぐるぐると歩き回っていたが、たまたま開いたビューローのひき出しの中に、一冊の本を見つけた。ビスケットでも入っていないだろうかとひき出しを開けたのだが、本が入っていたのでいささかがっかりした。

「なんだ……」

独語しながら手に取ってみると、それは栗原陽太郎著の農民福音学校の読本だった。たぶん賀川先生の忘れ物であったろう。

読み進んでいくうちに、私は、

「これだっ！」

と思わず手を打った。その本には、グルントヴィ〔1783-1872. デンマークの牧師・哲学者・政治家〕とオベリンのことが相当くわしく書いてあった。

敗戦のデンマークを救ったグルントヴィ、戦災で焼け野原になったアルザスを復興させたオベリンのごとくに、俺は焼け野原になっている祖国へ帰り、日本復興にひと役買って出るのだ。……腹がきまったので、私は室を飛び出た。

「僕は日本に帰る、急いで帰ろうと思う」

家内の郁子にいうと、彼女は冷静に私を見つめ、

「そう……。ではあんたはお帰りなさい。私はこの朝陽門外から天国へ行きますから……」

と答えて、ただ、にやにやするだけであった。

（九〇）美穂の召天

話は昭和八年にさかのぼる――。私は妻美穂と三人の子どもを京都に残し置いて、メンソレータムの日本本舗近江兄弟社に遣わされて単身、北京へ赴任した。そして自ら崇貞学園の経営に当たった。ところが留守中、美穂は腹膜炎を病むに至った。しかも、結核性であるとのことだった。多分、北京

にいたとき、肺結核を患う呉爺《ウーイエ》の太々《タイタイ》（夫人）の看病をしたそうであるから、感染していたのであろう。

この年の十二月十八日《ママ》(*)朝、病床にあった美穂は、三人の子どもたちを枕辺に集めるようにいった。もう死期が迫っていたのである。子どもたちの顔をひとわたり見回すと、娘の星子の手をとり、

「ママに代って、パパをよろしく頼みますよ」

といった。

「パパ、もう私は神さまのみもとに行くわ」

美穂の言葉を私は必死になってさえぎった。

「だめだ、三人の子どものためにも、是が非でも生きてくれなくちゃあ……」

「私もそうしたいと思いますわ。三人の子どものために、せめてもう十年命を永らえさせてくださいと祈ってみたのです。でもね、神さまが、子どものことは面倒をみてくださるとおっしゃるの……。よく戦った、早く私のところへ来て、ゆっくり休んだ方がいいとおっしゃるのですよ」

気息えんえんとして、美穂の声はささやくようであった。

しばらくして、吉田悦蔵氏が佐藤安太郎氏をともなって、近江八幡から見舞いに来た。南石福二郎先生夫人、堀内徹氏夫人も訪ねてくれた。見舞い客のいる中へ、病院の院長が回診に来た。診察が終ると、院長は私を廊下へ呼んだ。

「どうやら、ご臨終が近いようです……」

私が病室へもどると、美穂は待ちかねたように私をみつめて、

「お医者さまは、なんといわれたの」

と聞いた。

「腹に溜っている水と、おまえの心臓との競争だっていわれたよ。頑張らなくちゃあね……」

美穂は、呼吸ができないからといって、私をベッドの上にあがらせ、

「うしろから抱いて、座らせてちょうだい」

といった。

「おねまきも、着替えたいの……」

私は、いう通りにして、アイロンのかかったゆかたに着替えさせてやった。彼女が着替えている間、見舞い客は廊下に出たが、彼らがもどってくると、

「皆さま、さんびか五〇六番〔一九五四年版では四九四番〕」

と、美穂は叫ぶようにいった。

わが行く道　いついかに　なるべきかは　つゆ知らねど　主はみ心　なし給わん
備え給う　主の道を　踏みて行かん　ひと筋に……

一節を唱和し終わると、

「今度は、パパが一人で第二節をうたってちょうだい」

といった。私は涙を抑えることができなかった。マナのことがうたわれている第二節〔五四年版では第三節〕

を、とぎれとぎれに歌うのを、美穂はじっと聴きいっていた。歌い終わると、体を支えている私の手をしっかりにぎって、

「パパ、あなたがわれを忘れて成した事業ですから、決してつぶれはしませんよ。しっかりおやりになって……。私の骨は、北京の崇貞学園のキャンパスに埋めてください……」

といった。そしていい終わったときが美穂の召天のときであった。ぐったりと頭を下げ、美穂の魂は天に昇って行ったのである。昭和八年十二月十八《ママ》日、午前十一時四十分。三十八歳であった(*)。

お通夜は病院でさせてもらい、葬儀は、私が一年余り牧会した西陣教会でしていただいた。

厄年《やくどし》という迷信がある。もちろん、そんなことを信じる私ではないが、四十二歳の年には、本当にいろいろな災難が重なった。その年の春、同志社で免職の憂き目に会い、その年の冬には、美穂を失ったのである。もっとも美穂は、私の首が同志社の講師在任中、常にぶらぶらだったので、そうとう心痛していたのであろう。北京で感染した結核菌に打ちかつのは、ただでさえ容易でないことだろうに、夫が来る日も来る日も行く末を案じさせねば置かないような男では、病いが急速に進行するのも無理ないことであった。この思い出をつづりながら、本当にかわいそうなことをしたと、憐愍《れんびん》の情に耐えぬものがある。

葬儀を終えると、私は家屋を同志社の森川助教授に貸し与え、三人の子どもをつれて北京へ向かうことにした。私の首には、白布で吊った美穂の骨箱がさげられていた。

神戸から乗った船の中で、同船した人々は、けげんな表情で骨箱を見た。

「中国から骨を持ち帰るとは聞いたことはあるが、日本で死んだ日本人の骨を中国へもって行くな

んて、あまり聞いたことがない」

というのである。しかし、中国の土になりたいと遺言して天に召された故人のことをつぶさに語って聞かせると、みんなひとしく感動してくれたようであった。

（＊）美穂の死について、『基督教世界』（一九三四年一月一日）は、美穂夫人が一二月一九日に京都府立病院で死去したと伝えている。また、清水安三の『朝陽門外』でも、これを一九日のこととしている。

（九一）　小泉郁子の手紙

いずれの国にも、巷間に幽霊なるものの存在が語り草になっているが、故清水美穂の幽霊は、実に空間、時間を超越して、しばしば出没した。彼女が息をひきとったその時刻に、北京朝陽門外の崇貞学園の教員室に彼女は現われた。

学園の教頭で羅《ら》俊英《しゅんえい》という女性の先生が、その日、すなわち十二月十八《ママ》日の朝、学校へ行ったところ、まだ他の教職員の誰もが来ていなかった。彼女が教員室に入ると、美穂太太《メイスイタイタイ》（夫人）のデスクに、白いワンピースを着た女性を見出したので、

「太太回来了《タイタイホイライラ》！（奥さんが帰ってきた）」と呼びかけたとたん、その姿が消え失せたというのである。

もしそれが、ほんとうの話であったとすれば、亡妻美穂の魂は彼女の肉体を離れるやいなや、倉皇《そうこう》として北京朝陽門外に天翔けりいたったわけである。してみると、霊の世界には距離の拘束というも

のが、全然皆無であるもののようである。
後日、私は美穂の遺骨をたずさえて北京に着いた。三日後に、崇貞学園は校葬を執りおこなった。京都の西陣教会での葬儀を仮葬儀と見なしたものとみえる。そして彼女の遺言によって、お骨は校庭のライブラリーの横に咲いているキバナハマナスのしげみの中に埋められて、その盛り土の上には、大理石の小さい墓碑が立てられた。その墓碑には、崇貞学園の卒業生の馬淑秀女史が石工に次の文章を彫らした。日本語に翻訳すると、
清水美穂は、一生自己のしあわせを求めなかった。自身の三分の一は学園のため、三分の一は夫のため、残りの三分の一は子どものために提供した。一生美服をまとわず、友だちからもらった古着を用いて、不幸にもわか死にした。死に臨んで、「私のお骨は中国に埋めてほしい。この骨灰こそは、中国への最後のささげものである」〔と遺言した。〕
という意である。
これからは、私みずからが、三分の一を子どものために、三分の一を崇貞学園のために、残る三分の一をメンソレータムのビジネスのために用いなければならぬこととあいなった。
母なき子ども三人を男手で育てるだけでも大へんである。教育とひと口にいうが、他国民を教育するのである。全力をそそいでもなお不十分である。メンソレータムのビジネスだって、慣れぬしろうと商法である。どんなに頑張っても、うまくゆくかどうかはわからない。三役を一人でやろうというのであるから、誰が弱って弱らざらんやであった。
かつて山室軍平先生は、バベルの塔になりたくないから、再婚すると宣言して、内村鑑三氏らの賛

成を得て敢然再婚せられた。オレも再婚すべい、とようやく腹をきめていると、そこへ一通の手紙が舞い込んだ。

差出人は小泉郁子という青山学院の女子神学部の先生からである。あけてみると、

「私事、この度汎太平洋婦人会議に日本代表の一人として、ハワイに行くことになりました。そこで外務省へ行って「中国で中国人のためにつくしている日本人を誰かご存じないでしょうか。実はハワイの会議で、みなさんに吹聴したいのですが」と聞いたところ、清水という人が小さい学校を経営している、と教えてくれました。外務省ではあなたのことをよく知っていました」

と、くわしく書き綴っていて、最後に、あなたの学校のくわしい報告や資料を送ってくださいと書き添えてあった。そこで私は災童収容所や、崇貞学園の写真などを添えて、長文の手紙を小泉女史に送った。

その手紙の中で、私は「ときに私は妻を亡くして困っています。やはり再婚しようと思います。あなたの教えている女子神学部の卒業生の中に適当な方はいませんか。もしいたら、一人ご紹介くださいませんか」と、書きそえておいたのである。

この手紙に対しての返書はついに来なかった。というのは、その長文の手紙と報告と写真を、彼女は読むひまもなく（おそらく彼女は船中ででも読もうと思ったのであろう）封も切らずにカバンに押しこんだまま、ハワイに出発してしまったからである。

（九二） 郁子 北京行を決意

一九三四年八月、ハワイのホノルルにおいて、〔第三回〕汎太平洋婦人会議なるものが開催された。その時わが小泉郁子女史は、日本女子教員の代表として出席した。その会議において、次期汎太平洋婦人会議会長の候補は、わが国からの主席代表だったガントレット恒子〔1873-1953. 社会運動家〕女史であった。ところが中国代表の三人が頑としてそれに反対したので、日本の代表はもちろん、アメリカの婦人代表もホトホト困ってしまったのである。

その時、小泉女史がその中国の代表婦人を説得する役をみずから買って出ることになった。彼女は幸いその中国代表と同じホテルに泊っていたので、文字通り膝をまじえて懇談した。その談判のおり、ふと小泉女史が、

「日本にも貴中国を心から愛している者が幾らでもありますよ」

と口にしたようだ。すると中国の婦人代表は、

「日本人で中国を愛している人なんか、一人だっておりませんよ」

と、吐き出すようにいったので、小泉女史はすぐ自室へ行って、北京朝陽門外の崇貞学園の写真数枚を持ち出して、

「これは私の友人ですがね、ごらんなさい。この人はみずからの生涯を中国のスラムに身を埋没せしめて働いております」

と、報告したという。その写真こそは、彼女が東京を出発する直前に私から受けとった手紙に同封されていたものであった。つまり、彼女は私のごつい手紙を、船中でゆっくり読もうと、トランクの中へねじこんでいたものである。

もちろん、そのためばかりではなかっただろうが、そのことが先方にチェインジ・マインドさせる機縁となって、話は円満にまとまり、ガントレット恒子女史が、次期会長に推戴されることになったということである。

このエピソードを、小泉女史がハワイの日系婦人たちの会合で話したところ、その席にいた『日布時事』の社長夫人の相賀誠子さんが、

「清水さんなら私たちがよく知っている人です。ことに私は清水さんのお姉さんと女学校のクラスメートでした」

と言われたので、小泉女史は世界は広いようで、案外狭いものだと考えざるを得なかった。さらにハワイ滞在中に相賀夫人から、

「あんたが清水さんのところへ（後妻に）行ってあげてはどう？」

とまですすめられたそうだが、もとよりハワイでは、いまさら結婚など思いもよらぬことであったにちがいない。しかし、そのことばは、彼女にとって大きな衝動的な示唆となった由である。

ハワイから帰朝してから、ある日、自分の勤務している青山学院の創立六十周年記念会に出席したところ、学生の演出によって、青山学院の創立当時の歩みを語るページェントが上演せられた。そして、一人のアメリカの婦人宣教師が、築地で手芸の塾を開いて若い日本婦人を働かせかつ教えている

場面が、きわめて素朴に実演されるひとこまがあった。

小泉郁子女史は、その舞台に引かれるように、身体を乗り出して見入っていたそうである。やがてその劇が終わるや、つと立ち上がって会場を出て、校門を出て郵便局に急いだ。そして朝陽門外の私のもとへ、

「フッツカナルモノナレドモ　カミユケトメイジタマウガユエニ　キカ〔貴下〕ヲタスケ　トオトキゴシメイ〔使命〕ヲ　トモニハタシモオサン　イクコ」と打電した。そして再び青山学院にもどって、まだ封を切っていなかった、その月の給料袋をそのまま会計の窓口にさし出して、六十周年記念献金としてささげたとのことである。

彼女は一度このことを決心すると、誰がなんといっても、その決心をひるがえさなかった。母校の東京女子大学長安井哲子〔1870–1945．教育者〕女史は、

「私はあなたを私の後継者にするつもりですから、北京へ行くのはおよしなさい」

とまで、意中を披瀝《ひれき》して忠告せられたそうである。また、桜蔭会〔東京女子高等師範学校同窓会〕の会長山崎光子女史（地理学者直方氏未亡人）は、理事の斯波《しば》安子さんと同道で、

「鐘を鳴らすならば山上で打つべきで、谷底で鳴らせてもダメ。北京などでどう叫んでも天下にひびきませんよ」

といって思いとどまらせようとしたが、彼女の決心を変えることはできなかった。

（九三）　英雄と英雌

小泉郁子から、直接「後ぞいにゆく」と打電してきたのには、さすがの私も驚いた。そこで私は考えて、つぎのような手紙を書いた。

「……では、とにかく一度北京へ来遊せられて、私の事業を親しく見て、しかるのち、最後的決心をお願いいたしましょうか。私が天津の南開大学と、北京の燕京大学と、それから南京の金陵女子大学の三校に、あなたの講演会を開くよう交渉します。もしもこれらの三大学が講演依頼状を送ったら、あなたはこれを持って外務省の対支文化事業部にいって、旅費の補助を頼めば、事業部では喜んで旅費をたんまりくれるはずです。ただし、講演はすべて英語でしなければなりませんよ」

すると、折り返して返書があり、ぜひ三大学に交渉してほしいとのこと。そこでさっそくかけ合ったところ、まだ排日の声のやかましい折りにもかかわらず、右記三大学のどれもがみなＯＫであった。私がそれらの大学の招聘状を送ったところ外務省では旅費をたくさん出したので、彼女はさっそく北京へやってきた。彼女があらかじめ知らせてきた演題は「中国家族制度の批判」であったが、私は勝手に「東洋的家族制度の批判」と幾分おだやかな演題に変えておいた。

それほど気をつかっておいたのに、彼女はまっこうから、中国の家族制度を批判した。そして思想革命は家庭生活の革命なくしてあり得ない、と演説した。

日本から来る学者の多くが、当りさわりのないその場限りの話をするのが常であったが、彼女は実に率直に痛いところをついた。しかしちっとも反感を持たれるどころか、かえって拍手かっさいを博したのである。

燕京大学での講義のあとで、

「ではこれから、あなたの学校を拝見させていただきましょうか」

「燕京大学が三越なら、ボクの学校は、銀座通りの露店ですからね、驚かないでくださいよ」

すると、彼女はハンドバッグから『京城日報』の切りぬきを私に手渡した。みると東京の女子教育家の松平某女史の中国見学の帰朝談、否《いな》、帰途談であった。

「こんど、小泉郁子さんが結婚する清水安三氏の経営する北京崇貞学園を見てきたが、生徒は六、七十名、教室は三つしかなく、ブランコもスベリ台もなんにもない寺子屋だった」

と書いてあった。

洋車（人力車）二台に乗って、長い時間揺られて学園に到着。私はさっそく生徒を一堂に集めて、彼女を壇上に立たせた。そして彼女がどんな話をするかと思っていたら、なんとスサノヲノミコトが出雲の国の斐《ひ》の川で八岐《やまた》の大蛇《おろち》に酒を飲ませて櫛名田姫《くしなだひめ》を救い出したという、古い彼女のふるさとの神話を話した。

彼女はこの物語の教訓の一つは、酒を飲むとこうなるということ。もう一つは女性を助ける男は英雄であるということであったが、

「女でも男を助けるならば、やっぱり英雄といわれるでしょう」

とつけ加えて壇をおりた。通訳は私がしたのであるが、

「女の英雄はおかしい。英雌《えいし》という言葉はないから、烈女でしょうね」

というと、彼女は再び立って、

「皆さま、私はこれから南京、上海を訪問してから、いったん日本へ帰りますが、近いうちに、再び北京へまいります。そして死ぬまでここにとどまります。私は困っていらっしゃる清水先生をお助けする決心をしたのです」

と、真剣に語った。

私はてれくさいので、それを通訳しなかったが、そのかわりに、

「この小泉女史は、困っている男を助けて英雄もしくは烈女になりたいそうであります」

と中国語で叫んだら、彼女の語った日本語を聴取することもできる生徒が多数いたこととて、われんばかりの拍手かっさいがおこった。

(九四) 結婚式費用五十円

小泉郁子は昭和十一《ママ》年三月限りで、青山学院女子専門部を辞し、千歳船橋の家をたたみ、家財道具を五十個に梱包《こんぽう》して、神戸から乗船した。その荷物の中には、鉄砲風呂まであった。
五月二十九日天津に上陸、六月《ママ》一日《ママ》に天津明石街にあった日本基督教会の地下の小集会室で牧師清水久次郎氏の司式により、北京朝陽門外の崇貞学園経営者の清水安三とささやかな結婚式をあげた。(*)
そして四十三年にわたる老嬢の生活を、まったく弊履《へいり》のごとく、かなぐりすてたのである。

彼女の注文通り、私は平服の背広。彼女は新調の絹紬《けんちゅう》のダブルのスーツに白のブラウス、それに水晶のネックレスをかけ、うすい緑の枝に白い小さい花を配した造花を左の胸に挿していた。そしてベールも何もかぶらなかった。

式に参列した知友は八人。私は天津フランス租界のキッスリングの洋菓子の小箱をお贈りしただけであった。そして牧師に五円の謝礼、教会に五円を献金させていただいた。翌日、北京で知友十人を承華園という中華料理店に招いて小宴を開いたが、その飲食費が三十円だったから、私の第二の結婚式の費用は、しめて五十円というわけであった。

私たちが承華園からの帰途、

「五十円もあれば、中国の姑娘《クーニャン》が一年間勉強できるんだ。もったいないこっちゃ」

「あらそう、五十円あれば食費も出るの?」

「出るとも、月四円あれば寮にはいれるんだもの」

「だって、わたしたちだって結婚式をあげんわけにもいかないでしょう。それに、まさかこれ以上倹約することはできないでしょう」

「ボクには二度目の結婚式だからよいけれども、あんたは初めてなんだから、もっとたくさん知友を招いて、北京の大飯店で盛宴を張ってあげるべきだと思わぬわけでもなかったんだけれどもね」

「わたしは、東京をたつときすでに丸の内の日本橋白木屋ホールで、実に盛大な送別会をしてもらって来たのですから、もう盛大な宴会はたくさんです」

郁子は、アメリカで九年間《ママ》も学んだ人間である。だから西洋料理はお手のものだった。彼女は私のところへ来て、腕をふるってくれた。朝食にはベーコンやハム、卵、果物をつける。夕食はスープに始まり、二皿、三皿のビッグディナーである。私は一カ月ほどは、彼女の作るものは、なんでもおいしい、おいしいといって、一つも残さず食べた。

「あんたという人は、はしもフォークも持たないうちから、おいしい、おいしいというが、おかしいですよ」

と、たしなめられたので、

「ボクはあんたが来る前から、食わされる物は、みなおいしいおいしいと言うことにきめておいたんだから、平にごかんべん願います」

と、大いに笑ったことだった。

結婚してから一カ月ほどたったとき、私は襟を正して彼女に宣言した。

「ボクは牧師ですよ。人様の喜捨のおカネで食っている人間ですから、ご馳走を毎日いただくことはできません。今日から、一汁一菜でいきましょう。いや、一汁または一菜でもたくさんなんですよ」

「ＯＫ、承知しました」

というわけで、それから彼女は死ぬ時まで、食物は健康を維持すれば足れりという考えを、積極的にもちつづけ、決して美食を欲することはしなかった。

彼女の最初の仕事は、中国語の研究、練習であったが、彼女は耳がとても良かったせいか、その発音はまことに正確であった。数カ月もたたないうちに、

「清水《チンスイ》先生の中国語よりも、チンスイ太太《タイタイ》の中国語の方が清楚《はっきり》だ」
といわれるほどになった。そこで、私は彼女に、崇貞学園の園長のタイトルをゆずった。これからのち、私はいつも平教員の地位に甘んじて、いつも彼女をして、もっぱら長たらしめることにつとめた。

（＊）清水安三・郁子の結婚式報告状が残っており、それによれば、二人は昭和十（一九三五）年七月七日、天津教会で結婚式を挙げたとある。『小泉郁子教育論集』第一巻月報に、この報告状が掲載されている。

（九五）こころ妻

話はぐんと逆上って、私達は昭和十一《ママ》年七月に天津で結婚式を挙げたのであったが、その年の八月、郁子は崇貞学園製作のエムブロイドリイやアプリケのティーセットや、テーブルクロースの手工品を携えて、東京に向かった。彼女は結婚してまだ一カ月余りではあったが、彼女が先年リーダーとなって組織した、日本の全国中等学校女教員大会に出席するためであった。彼女は中国へ来たために、早く会長のポストを誰かにゆずる必要もあり、東京へ出発したのである。

しかし、彼女はその日本行きが崇貞学園のためにもなるように、手工品をどっさり持っていき、軽井沢、野尻へ行って宣教師たちに行商する決心をしたのであった。

おかげで女教員大会も無事終了、手工品もほとんど売切れとなったとき、会う友だちが「もう、おめでたなの」とひやかす。なるほどそういわれると、おなかが少し出ている。念のために吉岡弥生〔1871-1959. 東京女子医大の創設者〕女史の東京至誠病院へ行って診察してもらったところ、危険な子宮筋腫という診断である。郁子はさっそく、

「家庭生活にさしつかえはないとのこと。手術してよろしいか」

と私に電報で相談してきた。

「バンジ　イシノイケンニシタガワレタシ　ジブンニソウダンヲヨウセズ」と返電して、電報為替を送付してやった。

彼女は手術したあととは思えぬほど、からだもふとり、元気になって帰ってきた。ところが手術をした医者としては、すでに四十幾歳の女性であり、もう性生活はどうでもよいと思ったのか、あるいは、筋腫を手術する必要上からか、子宮そのものも切除されてしまったのである。

彼女は何も知らずに北京へ帰ってきた。

「あなたが、家庭生活にさしつかえないと電報してきたでしょう」

「医者はたしかにそういいましたよ。しかし、家庭生活なんて言葉は、こういう場合、本当にあいまいな言葉ね」

「そういえば、たしかに家庭生活にはなんらさしつかえないからね」

といって、私はカラカラと笑った。

私たちは、二十八《ママ》年の家庭生活をいとなんで、彼女は昭和三九年の六月に召天したが、その長い間に、私たちは、彼女の肉体手術については二度と口にしなかった。

私は彼女に軽い口づけをすることをもって満足したものだ。ただし私は西洋人ではないから、人前でまたは子どもたちの前では一回もそんなことはしなかった。けれどもただ二度だけ、人々の前をはばからず口づけをしたことがある。

それは彼女が最後の息を引きとったときに、臨終に立ち会った人たちの前で、それから町内の火葬場でいよいよお棺を、かまどに入れる直前に、大理石のように冷たくなっているくちびるに、最後の口づけを会葬者の前で、あえておこなった。この二回だけである。

桜美林学園をたててから、私は彼女を慰労する意味で、週に一回は必ずいっしょにレストランで食事をすることにしていた。渋谷駅前のグリル、横浜駅前の崎陽軒、新宿の中村屋、日本橋のセイトウなどであった。

お前百までわしゃ九十九まで　ハゲとシラガの二人づれ

と、私が書いた短冊を、彼女は死ぬまで、自分の書斎の柱にかけていた。彼女は脳溢血で倒れたのであるが、そのとき、私は、

手なえなば食わせもせむ　足なえなば背負いもせむ　死すなかれ　妹《いも》

と色紙に書いて示した。

「北京の聖者」というニックネームは、私がかつての日、世人から受けた称であった。

中江藤樹の伝記には「人々が近江聖人と称してその名を呼ばず」とあるが、私ごとき男が聖者と称せられたのは、いったいどういうわけであろうか。私はおよそ世の人々の持つ聖者のイメージからほど遠い顔風采《ふうさい》の持ち主である。

私にもし聖者的性質があったとすれば、一つには、私が求めて清貧に甘んずる男であったこと。もう一つには、妻がわずか結婚一カ月にして肉体的に家庭生活を営めなくなっても、そのために離婚しようかなどと、一言もいったこともなく、かえってそのために世にもうるわしい家庭生活を営みおおせたことである。

私の清貧生活については、周囲の人もあるいは知っている人もあったろうが、私たちの夫婦生活については、誰も知らなかったであろう。ここにはじめて公開したしだいである。

(九六) 嵐の中で

昭和十二年七月八日の朝十時ごろ、いつものように崇貞学園で教鞭をとっているところへ、一人の日本人の生徒が息をはずませてやってきて、

「先生、朝陽門が閉まりました。ゆうべ盧溝橋で日支軍が衝突したそうです」

といった。城内に行こうと思って、朝陽門まで行ってきたところだという。私はさっそく大使館に電話をかけてみた。

「通州に逃れてはどうか」

という返事である。困ったことになったわいと思っていると、一人の中国人の生徒がわざわざやってきて、

「東直門がまだ開いているそうです」

と報告してくれた。

東直門というのは、朝陽門と並んで、北京城の東方に面する城門である。その頃は郁子がきたばかりであったから、私たちは城内に借家して住んでいた。東直門から遠回りして帰宅してみると、尋常〔小学校〕五年生になった息子の畏三が、しきりに自転車の手入れをしていた。

「パパ、戦争だってよ……」

いよいよとなれば、自転車で大使館に逃げようという魂胆だという。その夕方、居留民大会が大和倶楽部の大ホールで開かれた。いつ、どんなことになるかわからないから、居留民の保護に軍を動かしてもらおうというのである。私は、よせばいいのに、またもや立ちあがって反対意見をのべた。

「われわれは政治の中心地に住んでいる日本人です。北京の日本人の見識は高いと、かねてからいわれています。私たち居留民の保護ということだけで、いたずらに陛下の軍を動かしていただくべきではありますまい。私たちの身命を保護するために、日本の対支政策を誤らせてはなりません」

むろん反対者は私一人だけである。軍の保護を求めることは、満場一致で可決され、東京政府へその旨電報がうたれた。またその大会で米を二千俵買い入れておくこと、夜は花火をあげ、昼は大旗を掲げるから、それを合図に大使館へ集合するようにとの報告があった。

私は支那事情に慣れない郁子を、子どもとともに旅順へ避難させることにした。郁子は、ここにとどまるといってきかなかったが、私は必死になって説得した。

「あんたがいると僕が危いんだ。僕一人だと、いよいよという時にはごみ箱の中に身をかくしていることもできるが、あんたを救おうと思ったりして動くと、ばっさりやられてしまう……」

郁子は畏三を伴って北京を脱出した。砲声の響く中を走る車中は、殺気が満ちあふれていたという。ひとり身ともなれば、もう出没自在の身の上である。北京の北海公園の池の中へ、日本の飛行機が爆弾を落とした日、私は特務機関長の松井太久郎大佐を訪れた。折悪しく大佐は不在で、秘書の武田熙氏が私の話を聞いた。私はなんとかして北京を戦火から守ろうと考えていた。

「昔維新の際、彰義隊が日光に蟠踞《ばんきょ》していたところ、官軍は一僧侶を遣わして、日光を戦禍から救うため、退去して地に利のある場所に拠点を移せ、その代わり用意が十分できあがるまで追撃しない、と通告したということです。またナポレオンがモスクワを攻めた時にも、クレムリン宮殿を戦禍から守るために、露軍に協力を呼びかけたという話が伝えられています。……もしも宋哲元〔1885-1940〕が軍を率いて北京城を立ち去りましたならば、日本軍は宋哲元がどこか戦術上、地の利を得たところに散兵壕を掘り、根拠を構え終るまで追撃しないでおくことができましょうか。日本軍がそうするだけの腹がありますならば、僕は及ばずながら奔走してみましょう」

私の話を聞き終わった後、武田氏はあまり気乗りしない様子でこういった。

「清水先生、日本の軍人たちは、むしろ北京城のようなものは、灰燼《かいじん》に付してしまった方がよいと思っているのではないのですか。こんな紫禁城みたいなものがあるから、中国国民は自大主義から蟬《せん》脱《だっ》（ぬけ出す）することができないのですからね……」

そうと聞けば、また何をかいわんやである。私はそのまま特務機関室を辞した。その日の夕方、武田秘書官が私を訪ねてきた。

「実は機関長にあなたのいらっしゃったことを報告して、あなたのご意向をお伝えしたところ、大変興味を示されましてね……」

機関長は、日本軍がそうすることを承諾した場合、宋哲元に軍を移動させることを私がどうやって説得させるつもりなのか、これを聞いてくるようにといったというのである。(*)

(*)本書では、北京の街を戦火から守ることを清水が発案・模索したように書かれているが、清水の自伝『朝陽門外』では、松井大佐のほうから提案があったと述べられている。事実としては、北京の日本軍の中に、この時は北京での戦闘を回避しようとする勢力があった。

(九七) 紫禁城を守る

特務機関長の命令で訪ねてきた武田〔熙〕秘書官に、私は中、日、英三カ国語で、宋哲元、河辺正《かわべまさ》三《かず》両将軍に次のような嘆願書を書くようにとすすめた。

北京紫禁城は、ただに中国の文化財であるばかりでなく、世界の文化財である。今後といえども、北京には大学や官公署や、百貨店や大飯店の大きいビルは建つであろうが、王宮の如きものは、決して建築されることはあるまい。よってこの王宮を戦禍からぜひとも免れさせたいのである。それがために宋将軍は中国軍を率いて北京城を去り、戦術上もっとも有利な地点を北京城からほど遠いところにもとめ、そこに根拠地を置かれるように……。また河辺閣下の率いる日本軍は、中国軍が十分な戦備を完了するまで、追撃せぬことを誓われたい……。

「……そして、これを北平大学、北京大学、師範大学、輔仁大学、燕京大学の、特に排日思想家として知られている学者たちに見せ、署名をもらうのです。牧師や宣教師たちにもサインしてもらいましょう。もちろん私も署名いたします。そして一通を宋哲元のところへもっていくのです。もう一通、これは特務機関室へ持参いたしますから、河辺少将に渡してください」

私がこういうと、武田氏は心得ましたと快諾して帰っていった。私はさっそく中、日、英の三文章を書き綴って教授や牧師を歴訪したが、だれ一人として署名をこばむ人はなかった。訪ね回った人びとの中で、もっとも力を貸してくれたのは、日本の婦人と結婚していた北平大学の鄧教授であった。

署名が集まったので、私はメソジスト派の牧師、馬先生に同道願って、宋哲元氏を訪問した。馬牧師は宋氏が軍曹であった時に洗礼を授けた牧師であったので、万事好都合だった。（ちなみに、昭和十四年、大阪朝日新聞社から出版した拙著『朝陽門外』には、馬牧師のことを劉牧師と書いている。当時馬牧師は存命中であったから、禍が師に及んではと思い、わざと仮名を用いたのであった。）

七月二十七日、在留居留民はことごとく交民巷の大使館へ集結することになった。それでもその折り、大使館へ移り住まなかった在留邦人が三人いた。一人は中江兆民の子息丑吉《うしきち》〔1889–1942. 中国学者〕君、一人は北京新聞の風間記者、もう一人はこの私自身であった。あの時大使館へ避難しなかったことが、私の計画に好結果をもたらしたのである。

その日、米人宣教師ペタス氏から私に電話があった。「あんたは宋哲元氏に洗礼を授けた馬牧師の署名をもらったか」というのである。

「実は馬先生には、宋将軍のところへ連れていっていただいたのです」

「ではもう一度馬牧師にお願いして、日本軍は誓って追撃しないといってるから、安心して出城するように宋氏に電話してもらってはどうでしょうか」

ペタス氏の示唆で、私はふたたび馬牧師をたずね、宋氏に日本軍の意を伝えてもらった。もし、私があの時大使館に集結してしまっていたら、こうした奔走はできなかったであろうし、計画は別な方向をたどったかもしれないのである。ペタス宣教師は仙台の宣教師デフォレスト氏の女婿で、神戸女学院長の姉婿にあたる人である。

七月二十八日、今夜が危いというので、北京には流言飛語がいりみだれた。西隣りの郭宅の主人は私の家との境界にある土塀に、二尺四方の穴を穿った。万一の場合、私が郭宅に身を隠し得るようにとの親切からである。裏隣りの中国人の宅の主人は、土塀の下に踏台にできるように大きい木箱を置いて、犬をしばっておくから、いつでも逃げてくるようにといってきてくれた。その日は一日中、砲声が北京の南郊に響いた。

夜九時頃、門の扉をとんとんとたたく者があった。扉の穴からのぞくと中国の兵隊であった。私の心臓は早鐘をうつようであった。

「麻袋をあるだけ出せ」

というのである。その夜は、私の家だけでなく戸ごとに麻袋の供出を要請したということである。

夜半十二時をちょっと過ぎたころ、ザッザッという靴音が響いた。向かい側の兵舎の兵隊が隊伍を組んで出ていく様子であった。この兵舎は宋哲元の近衛隊の駐屯所になっていたのである。これは後にわかったのであるが、その刻限、北京中の中国軍が、北京城を立ち去ったのであった。

明くれば七月二十九日、その日は一天コバルト色の日本晴れであった。朝起きて驚いたことに、北京の街には、中国の兵隊は一兵といえども見当たらず、警察の巡警さえいなかった。かくて北京城は、一枚のいらかも破れることなく、戦禍を免れたのであった。

(九八)　一百好人党

終戦直後の八月二十日は崇貞学園の入学式だった。式は二十余年間もの長い間、私とともに働いた羅俊英先生が司会で、讃美歌、聖書朗読、祈禱をもって始められ、新入生の点呼と、その代表の誓約が行なわれ、例年通り進行した。ただひとつ異なっていたことは、いつも壇上の中央に腰掛けていた私が、この日ばかりは生徒席の後方にすわっていたことであった。司会者が、

「チンスイ　センション　ジァンホワ(清水先生講話)」

と呼んだけれども、私は首を左右にふって容易に席を立たず、再三登壇をうながされて、ようやく講壇の上にあがった。私は、次のようなことを、教員、生徒および新入生の父母に語った。これが私の崇貞学園における最後の講演となってしまったのである。

「これはもうずっと前のことですが、北京大学で英国の哲人バートランド・ラッセルが講演した時に〔ラッセルの中国滞在は一九二〇年から一年間〕、一人の北京大学の学生が立って、「中国はいかにすれば亡びないか」という質問をしたのです。ラッセル博士は、「中国にもし百人のグッド・メンがいたならば亡びることはないでしょう」と、考え考え答えました。それが動機となって、胡適博士は「一百好人党」を組織し、『努力週報』という雑誌を発刊〔一九二二年創刊〕しました。私はこの八月十五日以来、毎日祈って考えました。

そして、日本へ帰る決心をいたしました。

皆さん！　皆さんはいかにすれば日本は亡国から免れることができると考えますか。私は、日本に百人の正しい人がいるならば、神は日本を亡ぼしたまわぬと思うのです。日本へ帰って、こんどは日本に学校を建て、百人の正しい人を養成することをもって、私の事業とする決心です。私が去っても、私の体臭はこの学園の壁に浸みこんでいますから、必ずや、私の精神はこの学園に永遠に残るでありましょう」

これだけ語って壇を降りた。

それからというもの、私は日本人でありさえすれば誰彼を問わず会えばかならず、一日も早く日本へ帰って祖国再建のために働こうと、言い回った。家内の郁子は、

「あなたが引き揚げても、私は断じて帰りません。私はこの朝陽門外から天国へまいります」

といってきかなかった。私たちは、郁子が残留するためには、米塩をたくわえることが何よりも大切であるというので、一年半食いつなぐだけの米を納屋に貯え、四十トンの石炭を庭に小山のように積んで、何がどうなってもよいように心用意した。

十一月九日の午前九時ごろ、北京市政府の教育局から四人の役員が突然やって来て、崇貞学園の門の扉に「北京市政府接収保管」という畳一枚ほどもある紙をかかげ、学園の事務室、教室、図書館のドアというドアに大きい判子をおした封鎖の紙片をはりつけて帰ってしまった。私たちばかりでなく、中国人の教職員といえども、一歩たりとも校地にさえ入ることが許されない状態になった。

翌十日、やはり午前九時ごろ、彼らはふたたびやってきて、私たちに、午後四時までに私物をたず

さえ、朝陽門外から撤去するようにと命じて帰っていった。

「こら大へんだ」と、てんやわんやの大騒ぎが始まった。まず、冬をどうにか越せるだけの衣服と夜具をもって行くことにした。米を一叺《かます》、北支の冬は石炭無しには過ごせないのでこれも一叺、醬油一びん、砂糖一袋、塩少々というふうに荷造りを終わると、近所から馬のひく荷車を借りてきて、それに荷物をつみこんだ。それから家の内も外も大掃除して、紙くずはことごとく焼却した。

「さあ、午後四時だ。行こう」

住みなれたわが家の門の扉を閉め、馬に鞭を当てようとすると、さっきから、私たちを看視していた巡捕《おまわり》が、

「等一等（お待ちなさい）」

と私たちを制止した。

「その荷物が私物であるかどうか、警察署長が調べるから」

私たちは、そのまま待つことにしたが、五時になっても六時になっても署長がくるようすがない。もう朝陽門が閉まるから早く調べてくれるように嘆願すると、明朝調べるという返事だった。

荷物を家に入れようと思っても家に入ることは許されない。仕方がないので車と荷物に縄を幾筋もかけて、馬も車ももろともに、崇貞学園西隣りの東効警察署の門前に置き去りにすることにした。

「ここに置いとけば、盗まれまい」私は自分にいい聞かせるようにいって、急いで城内へ引き揚げた。

（九九）せんかた尽くれど

翌十一日、私たちは城門が開くや否や、まだ明けやらぬ午前六時、急いで東郊警察署の門前にかけもどった。馬はきのうの夕暮れ、おかれたところに立ち、また車も少しも動かないで元のところにあったが、縄は寸断され、積んでおいた荷物は一物も残さず盗まれていた。衣類を入れたトランクも、ふとん袋にねじこんだ夜具も、米の叺《かます》も、石炭の叺も、醬油のびんも何もかも、一品も残さず盗まれていた。車の下にはわずかばかりの白米と石炭とがこぼれているだけだった。私たちは、こぼれている米を、砂とともにかき集めて、風呂敷にくるんでもち帰ることにした。東郊警察署の門には、終夜交替で歩哨が立っているから、盗まれはすまいと思ったのは、甘い考えであった。かくて私たちは、公私の財産持てるもの一切を失い、着のみ着のままの身の上となったのである。

学校のそばまできたのだから、ちょっと学園内に入らせてくれるように嘆願してみた。裏門から二十メートルほど入ったところにある美穂（最初の妻）の墓に、最後の別れを告げたいと思ったのだが「垣根の間から潜りこませて……」とたのんでも、許されなかった。郁子は踏みいれかけた足を後ろにもどして額を壁にあて、右の掌で煉瓦をなぜながら泣きくずれた。

「エホバ与え、エホバ取り給う。エホバの聖名は讃《ほ》むべきかな……」〔「ヨブ記」一章二一〕

聖句をひいて、泣かないでおこうよと郁子をたしなめながら、私も両頰の涙を押さえることができなかった。

北京朝陽門外の崇貞学園と天橋愛隣館（ソーシャル・セツルメント）は、私が心血を注いで経営したものである。大小二十二棟の建物で、そのうち四棟は煉瓦張りの鉄筋コンクリート造りであった。昔、鑑真和尚が建立した唐招提寺は、木造であるにもかかわらず、今もなお古都奈良に完全に保存されている。このように私が北京に遺した校舎や講堂、体育館、図書館も、千年も二千年もの後まで残され、後世に伝えられると信じている。

北京に残し帰った校地は一万四千坪。建物と土地の価は、北京で接収された邦人の財産では北京飯店に次ぐものだといわれ、米貨二十三万ドルと称されていた。

私としては、それらの校産もさることながら、私個人の蔵書四千八百冊を図書館の倉庫にことごとく置いてきたことがなんといっても心残りである。その中には、『四部叢刊』〔主要な中国古典の写真印刷版。一九一九年から刊行された〕の全揃いもあったし、明本宋版の稀本に類するものも少なくなかった。ただし、慰められることは、その書籍の一冊一冊に、私の名が記入され、判子《はんこ》がおされていることである。俗に名を残すというが、私は文字通り名を中国に残し得たわけだ。

さて、着のみ着のままになった私たちがとぼとぼと帰途についていると、私の名を呼びながら、追いかけてくる人がいた。崇貞学園のチャプレンのチャイ牧師であった。

「先生にこれを贈呈するから、持っていってください」

息を切らして、彼が差し出したのは、中国語の新約聖書だった。その扉に、「遇顛沛不失望」と墨痕鮮やかに記されている。彼の字だった。「造次《ぞうじ》にも」「顛沛《てんぱい》にも」という熟語があるが、その顛沛〔とっさの場合、の意〕にあっても失望するなという意味である。

チャイ牧師は、

「せん方尽くれども望みを失わず〔「コリントの信徒への手紙二」四章八。文語訳聖書の訳文〕、ですよ」

といい終わると、ふたたびあたふたと走り去った。

「再見《ツァイチエン》、再見《ツァイチエン》」

私が叫ぶと、彼はふり返って右の手を左右に振った。

崇貞学園は朝陽門を入って、数百メートルのところに、朝鮮人の女生徒のための豆芽菜《もやし》寮という寄宿舎を所有していた。私たちは、その寮舎で引き揚げの順番を待つことになった。

住む場所はそれで十分であったが、米も、石炭も、夜具もすべてなくしてしまったので、たちまちその日の生活に困ってしまった。

終戦の日まで崇貞学園で教えてくれていた山田基男氏の夫人喜美子先生は、私たちと行動をともにしていたが、豆芽菜寮で幾日も過ぎないうちに、ブリキの米びつの底をバリバリと音をさせながらかきまぜてみせて、

「先生この通りです。お昼はこれでがまんするとしても、今晩はどうしましょう」

とため息まじりに相談をもちかけた。そのときこの寮には、私たちの他に崇貞学園の日本人教員が二人、日本人女生徒が三人いた。この人たちを食べさせねばならないのである。

「それじゃあ、祈りましょう」

私は、みんなを院子《イワンズ》（内庭）に導いて、神さまに祈ることにした。祈ったからとて、果して米が与えられるかどうか、私とて確信をもっていたわけではなかった。

（一〇〇）飼い主わが主

みんなを集めて開いた院子（内庭）での立禱会（立ったままでの祈禱会）で、私は「詩篇」の二十三篇を朗読した。

エホバはわが牧者なり
われ乏しきことあらじ
エホバは我をみどりの
野に伏させ
いこひの水浜《みぎわ》に
ともなひたまふ……

読み終わってから、私は、昔、石井十次〔1865–1914. 社会事業家。岡山孤児院などを営む〕が岡山の門田《かどた》屋敷の三友《さんゆう》禅寺の庭で、「神さま、米をください。醬油、味噌、塩を下さい」と祈ったように、「どうか、米と醬油と味噌と塩をください」と、心をこめて祈った。

祈っている時、突然、

「清水先生、山路〔秀男〕閣下から遣わされてまいりました」

と呼ばわる声が聞こえた。

ふと目をあげると、三、四人の日本兵を搭乗《とうじょう》させた中型トラックが、目の前にとまっていた。米二叺《かます》、塩一叺、醤油一樽、それから石炭を山ほど積んでいるトラックだった。

山路閣下というのは、私の中学時代の級友である。彼の母は俳諧の名人内藤鳴雪《めいせつ》の娘で、女子学院の卒業生である。少女時代、女子学院に在学中、信仰に入ったのであろう、大津教会の女性執事だった。

私は神学校に入学してキリストのソルジャーになり、彼は士官学校に入って陛下の軍人となった。終戦の少し前は、虎部隊長として戦車隊を率い、河南省で花々しく戦っていた人であった。私は山路君が、終戦に際して衛戍《えいじゅ》司令官として北京にきているとは、少しも知らなかった。これは後日聞いたことだが、彼は崇貞学園が接収されたことを、詳細に探知していたそうである。ほんとうに持つべきものは友だと、あの時ばかりはしみじみと感じた。

中尉殿とその部下の兵卒が、ふたたびトラックに乗って帰ると、さっそく感謝会を開いた。その集会で、一人の茶目な女生徒がこんなことをいった。

「もう一日遅くトラックが来たらよかったのに。そうしたら、先生は、僕が祈ったから、神さまが米や塩や味噌や醤油や石炭までくださったのだといって、祈れば与えられるという証しをなさったでしょうに……」

からからと笑う彼女を手で制して、私は、そんなことをいうものではないよ、といった。

「この場合は、「何を食い、何を飲み、何を着んとて思い煩うな。……汝らの天の父は、凡てこれらの物の汝らに必要なるを知り給うなり」ということの聖句〔「マタイによる福音書」六章三一－三二〕を、むしろ証ししなくてはいけないんだ」

それからまた、こんなことも話した。

「羊飼いは、今日はいずれの谷間、明日はいずれの窪地に、羊の群れをつれていこうか、いずれの緑の野辺に伏させようかと、先へ先へと心配する。だから羊たちは、羊飼いに導かれるままに、後をついてゆけばそれでよい。……「詩篇」の二十三篇が、はたしてダビデの作であるかどうかは別として、少なくとも篤信の羊飼いがうたったものであることはたしかだろう」

話が終わったところで、私たちは、讃美歌五〇六番（今の讃美歌の四九四番）の第三節をいっしょにうたって、院子の「立禱会」の集いを閉じた。

あら海をもうちひらき
砂漠《すなはら》にもマナをふらせ
主はみこころなしたまわん
そなえたまう主の道を
ふみて行かん一筋に

（一〇二） 略奪を許される

終戦以前の北京には、高等女学校が二校もあった。にもかかわらず、在支朝鮮人の娘たちは、よほどの優秀生でなければ入学できなかった。そこで私は、崇貞学園に日本の学制による高女を設置し、入試で同点の成績であった場合は内地人の娘をおことわりして、むしろ朝鮮人の娘を入学させることにしていた。そういう朝鮮人の女生徒ばかり、六十人収容していたのが、豆芽菜《もやし》寮だったのである。

崇貞学園が接収されてしまうと、朝鮮人の寮生たちはことごとく父母のもとへ帰ってしまった。シナ家屋八棟からなるこの寮舎には、当時、日本人教員四人、日本人生徒四人、計八人がひっそりと住んでいたのである。

ある日、奥地からの引揚者だと称する朝鮮人紳士が数人やってきて、「この寮舎を集結所として、当分用いる」と、命令するような口調でいった。終戦後、朝鮮人たちは第三国民だというので、物すごい威勢を示した。私も、彼らの威勢に若干おされていたことは事実である。突然やってきた朝鮮人紳士たちに強い口調で迫られると、

「僕は、インターナショナルなことを実行するのは大好きです。ようござんす。どうかお使いください……」

唯々諾々と許してしまった。

私の承諾が出るやいなや、白衣の老若男女がなんと百人近くもぞろぞろとやってきて、イソップの

テントに入れたらくだ同様、私たちを片隅の一小室に住まわせ、他の部屋という部屋をことごとく占領してしまった。

「安三先生のインターナショナリズムも、ほどほどにしてもらいたいものだね。やかましいの、やかましゅうないの、朝鮮語というものはまったく騒々しいものだね」

日本人教師と生徒たちは、こんなことをいって、かんかんに怒っていた。そうこうしているうちに、北京にものすごい略奪が起こった。その略奪は北京神社の襲撃から始まったのである。

かつて北京神社の建立が北京居留民会で議せられた時、私はこの建立に極力反対の意見をのべた。

「中国には社稷《しゃしょく》という語があるくらいであるから、国都に他国の神社が建てられたならば、この国の民はかならず社稷は亡んだと考えるでしょう。社稷が亡ぶというのと、祖国が亡んだというのとはまったく同義語であるから、北京に天照皇大神の神社など建立せぬ方がよいと考えます」

こういう意見をのべたところ、平素、学者であると自他ともに許していた一人の日本警察署の巡査が、

「それでは、神社なくして、いったい誰が在留邦人を守護するのですか」

と憤然として反問してきた。

「そら、在留邦人を守護するのは、あなた方お巡りさんでしょう」

私がこう答えると、会衆は思わずくすっと苦笑して、互いに顔を見合わせていた。とにかく、神社建設に反対した者は、はばかりながら私ただ一人だけであった。もっとも、そのとき以来、私の額には非国民という烙印《らくいん》がおされてしまったのである。

さて終戦後、北支の各地で略奪が行われたが、それがいずれも神社から始まったのは、実に不思議であった。中には虐殺された神官もあったということである。北京では北京神社をアタックして、それより北へ北へと進み、ついには興亜院までも略奪された。興亜院といえば、かつての日には、日本が北支を支配する政治機関だったのである。

椅子、机、カーペット、窓、戸はもちろんのこと、トイレの瀬戸物や水道のパイプまでもはずし、略奪品をになった者たちの行列が蜿蜒《えんえん》と幾丁も長くつづいた。金庫は御輿《みこし》のように大勢でかついでいた。

「明日は、豆芽菜寮の番だ」

というので、私たちは指輪は水甕《がめ》の中に沈め、トランクは屋根と天井との間に隠し、戦々恐々、来襲を待った。

ある日、突然あたりがざわざわとざわめき始めたので、いよいよやってきたなと思ったら、なんのことはない。例の朝鮮の老若男女がことごとく手に荷物をたずさえて、急遽《きゅうきょ》立ち去ってしまったのであった。たぶん彼らは略奪の飛沫《とばっちり》を受けるのを恐れたためであろう。

かくて略奪はついに豆芽菜寮をオミットして、越えて東直門内の日本人住宅を襲ったのである。人々は、清水先生だけは略奪を許されたといったが、恐らくそれは私の徳ゆえではなくして、第三国人の寮舎であると思われたからであったろう。もしそうだったとするならば、私が朝鮮人を寮舎に入れたことは、まことに先見ある行動だったということができる。

（一〇二）北京の私塾

「一難去ってまた一難」という言葉がある。

略奪を逃れてほっとしている私たちのところへ、ある日の夕暮れ、「朝陽門内一帯を、明日入城する雑軍《ざつ》〔統制のとれていない寄せ集めの軍隊〕の宿舎にあてるから、この地域に住む日本人はみんな、二十四時間以内にどこかへ立ち退くように……」との命令がくだった。

「困ったね。「さして行く笠置の山を出《い》でしより天《あめ》の下には隠れ家もなし」〔後醍醐天皇の歌。『太平記』にみえる〕だね」

「今晩は、徹夜祈禱会をもちましょうよ。わたしが夜食の用意をしますから……」

こんな会話を交わし、一同は困惑と不安の中に一夜を過ごした。翌朝早々、張家口の伊藤栄一牧師が私たちのところへやってきた。夜行で来たとのことであった。伊藤牧師は元日本人教会の副牧師で、われわれのコウォーカーである。

「実は私たちは、今日の夕方までにこの寮舎を出なければならないのです。誰か、私たちに家を貸してくださる方はいないでしょうか」

伊藤牧師が、そう早急に家をさがすことができるなどとは思ってもいなかったが、私の脳裏には家のこと以外、なんにもなかったので、そういってみたのである。ところが、伊藤牧師はものの一時間もたたないうちに引き返してきて、

「先生、安心なさい」

と良い返事をきかせてくれた。

「大同炭鉱の駐京公館があいていました。さっそく転宅しようじゃありませんか」

当時、大同炭鉱長荒木氏は入獄中であった。戦時中に炭鉱長のポストにあった人たちは、門戸溝や唐山、開灤《かいらん》などの諸炭鉱、ことごとく銃殺に処せられたということである。山西省の大同炭鉱長であった荒木工学士も、もちろんその例外ではあり得なかったのである。

私は一度お招きを受けて、同炭鉱の中国人従業員のために講話させていただいたことがあった。それで荒木炭鉱長のことは、よく知っていたのである。きわめてまじめな感じの人で、いかにも技師タイプといった紳士だった。どうしてあのような人物を殺さねばならなかったか、今でも惜しまれてならないのである。

私たちが借りた大同炭鉱の駐京公館は、北京の北隅、花枝胡同にあったが、二階建ての堂々たる邸宅であった。階上はたたみ敷きの座敷が十二畳、八畳、六畳、三畳と四室あって、階下は客間、食堂、キッチン、玄関からなっていた。客間にはマントルピースが備わり、絨氈が敷きつめられ、大きなソファ・セットが置かれていた。

北京の日本人の紳士たちは、総じて体面を重んずる風潮があり、いずれも身分に過ぎた豪華な邸宅に住んでいた。低い天井、たたき土の土間の支那家屋に住んでいたのは、恐らく私一人くらいのものであったろう。妻の郁子は、さぞ肩身のせまい思いであろうと、常に気の毒に思っていたが、郁子は不平をいうでもなく、私自身も郁子に彼女の思いをただすような話はしかけなかった。そんな私だったから、北支最後の短い期間ではあったが、最高に豪華な邸宅に住むことができたことを、郁子のために喜んだのであった。

人間は誰しも明日の日記は決して書き得るものではない。明日のことが予見できるくらいなら、誰も心を痛めたり、苦悩したりすることはないだろう。もしこうした立派な邸宅に住むということがわかっていたなら、ああまで、心を労せずともよかったのである。

はからずも大邸宅が与えられたので、私は在留邦人の中学生や、高女生を狩り集めて、ハイスクールの塾を始めた。北京中学も高女も、何ぶん校舎が接収されてしまったので、授業は閉ざされていたのであった。在留同胞の子女は、引揚げの順番がくるまで、することもなく過ごさねばならない状態にあったので、塾が開かれたと聞くと、みんな喜んで通ってきた。日本へ帰って、いずれかの学校へ編入学しなければならないわけだから、学課の遅れることを心配していた親たちにも喜ばれた。

「清水という男は、中国人のことばかり考えて、日本人のことはいささかも思わぬ男だ」

といわれていたことは、私自身よく知っていた。しかし、中国人のために尽そうとしても、もう尽しようのない時がきたのである。私はこの時とばかり、日本人の子弟のために奉仕したのであった。

この塾は、私が北京を引き揚げて天津の集結所に移る日まで続けられた。もてるものをことごとく奪われ、文字通り着のみ着のまま無一物で朝陽門外を去ったのであったが、いよいよ引き揚げて大陸を去るとき、私はでっかいリュックに入りきれないほどの衣類をかついでいた。その衣類こそ、ハイスクール塾で教えた生徒たちの父兄が、くれた物だったのである。

（一〇三）異国の空の下で

私が中学生や女高生のために臨時学習塾を開いて奉仕しはじめると、家内の郁子も、頼まれるままにさまざまな活動を通じて、在留邦人のための奉仕活動を始めた。

終戦後在留邦人は、つらい経験をしなければならなかったが、その一つに牛乳を売ってもらえなくなったことがある。敗戦のショックと日々の生活の不安が重なったため、母乳が出なくなった産婦にとって、牛乳の配給が禁止になったということは、大へんな事件だった。牛乳配給禁止令が出ると、郁子は、当時交民巷のイタリア大使館に司令部を置いていた進駐軍のジョンズ少将をたずね、さっそく、乳児を持つ日本人女性に牛乳が配給されるよう嘆願した。

郁子の嘆願は、すぐに聞きいれられた。しかし、そうこうしていると、今度は、天津の引揚者集結所に運ばれてくる在留邦人たちは無蓋の貨車につめこまれて運搬されるので、ほとんどの赤ん坊が母親に抱かれたまま、凍死してしまうというニュースが伝えられた。

郁子はまた、ジョンズ少将を訪ねた。

「また来たね。日本人のベビィは牛乳が飲めるようになったかね」

ジョンズ少将は親しげに郁子を迎えてくれた。郁子は、さっそく用件をきり出した。

「どうか日本の女性を無蓋車で輸送することは止めてください。赤ん坊が凍死するそうですから」

訴えを聞き終わると、少将はすぐに電話をとりあげ、

「日本人女性、特に嬰児を抱いている者は、ことごとく客車で輸送するように」と、中国側の司令官に命令した。強い語調だった。その後郁子は、信じられないような話をジョンズ少将から聞かされたのである。

「まあ、このソファにおかけなさい。そして私のいうことをお聞きなさい」

少将は郁子に椅子をすすめて、話し出した。

「日本の兵隊は、中国人の赤ん坊を、母親の目の前で殺したのですよ。……赤ん坊の右足を左手に、左足を右手に持って、頭を煉瓦の墻壁《しょうへき》にぶっつけて虐殺しているんです」

「なんてひどいことを！　私は信じることはできません」

郁子が叫ぶようにいうと、

「あなたは、私が今、日本人の女性を客車で輸送するようにと命じたのを嘘だというのですか」

と、たたみかけてきた。

「それは事実です。疑いはしませんわ」

「どうして事実なんです」

「それは、私がこの眼で見ましたし、この耳で聞いたのですから」

「それならいいますが、日本人の兵隊が中国人の母親の前で、赤ん坊を虐殺するところを、実は私がこの目で見ているのです……」

郁子は、それ以上何もいえず、うなだれて司令官の客庁を辞去するよりほかはなかった。

「因果はめぐる小車《おぐるま》の……」という言葉があるが、終戦後の在留邦人くらい、みじめなものはなかった。日本人の紳士級の人びとには、清道夫《チンダオフ》という仕事が課せられてきたのである。毎朝未明、交代で長い柄の箒《ほうき》をもち、道路を掃除する仕事だった。かつては中国の下層民が、日本人の前で小さくなってやっていた仕事だった。

ほとんど毎日のように、街路で日本人の男たちが、なぐられたり足蹴《あしげ》にされているのを見た。しかし、この時ばかりは、すべての日本人が山上の垂訓〔「マタイによる福音書」五章三―一〇〕を地で行って、右の頰を打たれると左の頰をさし出し〔同、五章三九〕、全くの無抵抗主義を押し通しているので、感心してしまったものである。

ある日の午後、私も南小街の禄米倉東入ルの胡同（小路）で、五人の青年にぐるりととり囲まれてしまった。

「蟇口《がまぐち》を出せ」

一人が私の左胸にピストルを当てがって、体をこづきながらこう叫んだ。私は、ポケットから財布を出した。

「時計もよこせ」

チョッキから、時計を取りはずすと、ひったくるようにとりあげ、財布の中身を調べて、

「これっぱかししか、持っとらんのか」

と大声でわめきたてた。

「私はキリスト教の牧師ですよ。そうです。朝陽門外の牧師です。どこの国の牧師でも、牧師は貧乏人と相場は決まっているのです」

私が中国語で答えると、

「あなたが朝陽門外の清水牧師ですか。それは、それは……」

ボスらしい青年が自ら蟇口を返し、

「時計も返してやれ」

と一味にいいつけ、無礼をわびた。すでに鎖をバンドにしばり、ポケットの中に納められていた時計も、こうして私のチョッキに無事もどってきたのであった。

昔、近江聖人中江藤樹が出会った体験とまったく同じような体験を、私は異国の空の下で体験したのである。

（一〇四）涙の送別会

昭和二十一年一月二日の午後、天津から元憲兵中尉という男が私をたずねてきた。

「このたび、劉志璋という中将が天津の集結所の所長になったのですが、この方は、あなたと大そう親しい方だとうけたまわっておりますので、ぜひ天津へ来て、集結している同胞のために、種々便宜をはかっていただきたい」

こういう用件であった。

私は、中尉の依頼で、あわただしく北京を去ることにした。

いよいよ別れだというので、崇貞学園の中国人の教職員たちが、果物や点心（菓子）、瓜子児（西瓜の種子）をもちよって、送別会を開いてくれた。

私と二十年余りともに働いた羅俊英女史は、司会を引きうけていたが、讃美歌の番号を読みあげただけで声が出ず、絶句してしまった。つづいて私の子飼いの呉秀敏女史が開会の祈りをささげたが、「我們的天父」と神に呼びかけただけで後が続かず、後はただ嗚咽《おえつ》ばかりで座ってしまった。送別の辞を述べることになっていた趙佩珍《ちょうはいちん》女史は、私が東京女高師に留学させ、卒業させた女性だったが、これも立ちあがったきり一言半句も語ることができず、ただ泣きじゃくっているだけであった。

私は、その間、黙々と瓜子児をついばんでいた。やがて「清水先生的答辞」という紙片が司会者から回されてきた。席を立ったが、さて語ろうとすると、私も胸がこみあげてきて、声を出そうにも出すことができなかった。ただ一言、私は「謝々《シェシェ》」といったきりで座ってしまった。

天津に移って、私がした最初の仕事は集結所の給水事業だった。集結所は天津郊外の白河河畔の原っぱに設けられてあった。アンペラでつくったかまぼこ型の長いコンセントハウスで、地面の上には麦わらが敷かれ、両端から匍匐《ほふく》して出入りしなければならないような低い急造の小屋であった。

すでに幾千家族もが集結していたが、井戸が一カ所しかなかったため、バケツをさげた邦人女性が水を汲むために、二百メートルにもおよぶ長蛇の列をつくって、順番を待たねばならなかった。

私は所長の劉中将にお願いして、かつて日本軍が使用していた給水ポンプを接収解除してもらった。ポンプは自動車にとりつけられていてエンジンをかけると、泥水からでも、飲用の浄水を得ることのできる機械であったから、白河の水を浄化して、無限に飲用水を得ることができたのである。因みに、名は白河でも、流れている水は黄土に汚れた濁水である。

次の仕事は、手荷物検閲所を粛正していただいたことである。引揚者は自力で持ち運べるだけしか手荷物を持つことが許されなかったので、邦人は一人の例外もなく大きなリュックサックを背に負い、左右の手にはトランクやボストンバッグをさげて引揚げ船に乗船した。乗船前に手荷物検閲所の関門を通過しなければならない。

検閲所には長いテーブルが置いてあって、その一端に毛布または敷布をひろげ、その上へトランクやリュックサックの荷物をぶちまけると、中国兵がその敷布、あるいは毛布の耳をつまんでテーブルの上をすべらせ、両側に立った中国兵の検査を受ける。彼らはその荷物をまぜかえし、目ぼしい物があるとテーブルの下へ落として、それを没収してしまうということが、暗黙のうちに行なわれていた。

私が劉中将にお願いすると、中将は背広姿で検閲所に現われ、日本人の中にまじって検閲の様子を見守り、兵士が没収した物品を大きな麻袋で運び去ろうとするのをとらえ、いっせいに検挙してくれた。それ以後、ここの検閲は大へんゆるやかになったのである。

錦県の港、胡蘆島《ころとう》の集結所などは、所長が毎夜、日本娘の人身御供《ひとみごくう》を要求したという話を聞いたが、天津の集結所は実に清潔で、すべてがフェアに行なわれた。

ある日のこと、集結所の日本人側委員がやってきて、

「アンペラ小屋の中には、健康者が結核患者と同宿させられているのですが、病人は接収された日本病院に収容して、先に引揚げの順番を待つように、天津の衛生局長に嘆願してみてはくれませんか」

と私にたのんだ。

「いくら私が中国人と親しくしているからといって、そうそう何もかも、棚ぼた式にはいきません

よ」

私はそういいはしたものの、ものはためしと思って、おずおずと衛生局へ出頭した。

ところが、これらもまた、思いがけぬところで、まったくうまく解決してしまったのである。私が衛生局へ出頭する少し前、昆明病院の院長から転じて、天津衛生局長に来任したばかりの陸医学博士が、まだ独身で奉天に住んでいた頃の私の許に食客居《い》候《そうろう》していた、南満医学堂の学士あがりだったのである。話はとんとん拍子にまとまり、結核患者は病院に収容され、客船で日本へ送還されることになったのであった。〔第四九回に陸のことが出ている〕

第四章

桜美林学園時代

（一九四六〜一九六八）

（最終回　ちょうちん行列）

（一〇五）　水がめを持てる人

昭和二十一年三月十五日、私は天津の碼頭埠頭で、米国上陸用船艇――ＬＳＴに乗りこんだ。ＬＳＴは一千トン足らずで、鉄板ばかりでできた船であった。船室はトラック、自動車の棚になっていて、スイッチ一つ押せば、河馬の口のように船尾が開き、トラックを吐き出せる仕組みになっていた。

その日埠頭には、Ｍ８６の番号を胸につけた約一千人の兵卒と、Ｃ８６の番号を同じように胸につけた約一千人の私たち引揚者がいた。Ｍはミリタリー、Ｃはシビリアンのしるしである。Ｍ８６の兵卒を乗せた船と、Ｃ８６をつけた引揚邦人を乗せた船は互いに相並んで航海することになっていた。

私は、郁子と頴原《えばら》節子、増田年子の二人の女学生をともなって乗船したが、毛布半枚のスペースしか与えられなかったので、昼は二人交互に横になり、残り二人は座って、夜は鮪《まぐろ》のように頭と足をたがいちがいにして眠った。足が他人の鼻先にいくのだが、どうすることもできなかった。

毛布の下は鉄板になっていて、人の吐く息で露ばみ、毛布はじとじとに濡れてしまった。それでもほっとしたのであろう。夜はもちろん、人びとは皆、昼でもよく眠っていた。いびきが雷のように船いっぱいに響いていた。一人の例外もなく、いっさいの物をことごとく失った裸一貫の人びとであったが、人間というものは、皆一様に同じ運命に陥った場合、案外平気に、不幸な運命に耐えることができるものであるようだ。

ただし、私ばかりは船に乗ってからも、日本に帰ったら何をすべきか、何をして口を糊すべきかを考えて、そぞろ憂鬱《ゆううつ》にならざるを得なかった。

同志社から追われ、教会に推薦してくれる人もなく困惑した経験も持っている私であったが、その時とちがって、今はすでに六十歳に近い老人になっている。船が朝鮮沖を行く頃、私は真夜中にデッキに出て、いっそのこと、このまますべり落ちて、身を黄海に投じてしまおうかとさえ考えた。幸いLSTにはてすりが一本もなかったから、わざとすべり落ちたとしても、決して自殺したなどと思われて人びとをつまずかせはしないだろうと思ったのである。

「こんな時に、聖書を読みたいなあ……」

私が思わず独語すると、眠っていると思った郁子が眼をあけて、

「バイブルならありますよ」

と、小型の新約聖書を私に手渡した。

終戦の頃、天津教会の牧師だった海老沢亮《あきら》〔1883–1959〕牧師が主唱して、クリスチャンは聖書と讃美歌を引揚荷物の中に入れておくことができるようにと、米軍や中国側の司令官に嘆願運動を起こしたことがある。私は、聖書や讃美歌なんか、日本へ帰ったらいくらでも手に入るのにと考えて、実をいうとこの嘆願運動にはむしろ嘲笑的態度をとっていた。しかし、郁子から聖書を渡された時、クリスチャンは、片時もこれを身辺から手離してはならないものだとしみじみ感じ、海老沢牧師の働きに冷淡であったわが身を恥じた。

私は、郁子から渡された聖書を、まるでものを占うような気持ちでぱっと開いた。目に入った個所は、「マルコ伝」の十四章十二節であった。

除酵祭の第一日、弟子たちが過越《すぎこし》の食事の用意をどこで開くべきかと問うたところ、エルサレム市内に入ったならば、水がめをもっている男に出会うから、それについていけと、イエスが仰せられたという個所である。

「なんだ、こんなところが……」

私は独語しつつ、もう一カ所と思って聖書を開いた。開かれたのは「使徒行伝」〔「使徒言行録」〕の九章であった。

光に打たれて盲目となったパウロの耳もとに聞こえたという、「さあ、立って、町にはいって行きなさい」という聖句〔九章三―六〕が、私の目に天からの光のようにとびこんできたのである。

私は郁子に、

「日本には、僕の帰るのを待っていてくれる人があるらしいよ」

といった。

「さあ、どうですかね」

郁子は笑っていたが、私自身はなんとなく、そういう示しを上より受けたような気持ちだった。

この私の自叙伝がもう少し進展すると、私が神田の小川町で賀川豊彦氏と出会い、賀川氏の斡旋で桜美林学園の基礎ともなった校舎を手に入れる物語を紹介することになるが、思うに賀川先生こそは、私にとっては水がめを持てる人、もしくはアナニア〔「使徒言行録」九章一〇以下〕であったのである。

（一〇六）焦土の東京で祈る

昭和二十一年三月十九日の午後、私たちの乗ったＬＳＴは、山口県仙崎港に到着した。日本海海岸は総じて風景が美しいのであるが、仙崎港はまた格別である。「国破れて山河あり」という古い言葉があるが、思わずその語句が私の口を突いて出た。

桟橋に上陸すると、白衣の日本人看護婦たちが、背の高い米人看護婦にひきいられて、どやどやとやってきた。

「皆さん、ネクタイとバンドをゆるめてください」

と、叫ぶではないか。びっくり仰天したが、なんのことはない、ＤＤＴ〔殺虫剤の一種〕の噴霧器を、胸やら背中やら、お尻やらにさし込んで散布するのであった。

「日本に待ちかまえていた者は、ＤＤＴさんでしたね、ホホ」

「何がホホだい。ＤＤＴとはドクター・オブ・ディヴァイン・セオロジーで神学博士だろう。きっと神学博士が僕の帰るのを待っとるというしるしだよ」

私たちはＤＤＴに襲われた後に厚生省の出張員から、玄米飯の大きなおにぎりを二個ずつと、一人あたり金一千円を頂戴した。そしてその夜は正明市《いち》の魚屋に泊めてもらうべく指導を受けた。民宿とでもいうところだ。

魚屋さんには泊めてもらったお礼に砂糖を茶飲み茶碗に一杯さしあげたが、畳の上にこぼれた砂糖を、魚屋さんのおじさんときたら、指に唾液をつけて砂糖を押さえてとり、甘味に飢えていたと見え、舌でペロペロとなめるのだった。

翌朝早く、正明寺駅を出発、下関に向かった。下関から大阪行に乗ったことは乗ったが、柳井付近で徒歩連絡で、その河名を忘れたが、ある河を渡ることになった。鉄橋の上の線路を歩くときは、膝がガクガクとふるえたことを、今もなおおぼえている。

広島駅についたのは夜の九時ごろだったが、駅前には数軒のおでん屋の屋台車がならんでいた。おかげで私たちも舌つづみを打つことができた。そのころは東京でさえも一軒のおでん屋もなかったのに、どうして広島だけにあったのか、ふしぎでならない。

私は夜の広島を歩いて見たが、文字通りの灰都で、鬼気のおのずから迫るのを感ぜざるを得なかった。夜半に広島を出発して、翌日の午後、大阪駅に着いた。大阪駅でふたたび乗り換えるので、汽車を待つ間、駅員がプラットホームに木箱をこわして火を燃してくれたが、プラットホームでのたき火とは、まるで中国みたいだと思った。

三月二十二日の午前五時五十分ごろ私たちはようやく、とにかく無事になつかしの東京駅に到着した。なんと下関から四十五時間かかったわけである。駅から丸の内、大手町をへて神田橋へと歩いたが、まだ鉄屑や瓦やガラスの破片が、車道にも歩道にもたくさん散らばっていた。私たちは、とある焼け野原に残っていたコンクリートの柱にもたれて、

「神よ、中国ですりへらした残滓《ざんさい》の如き身ではありますが、もしも神が用いたもうならば、祖国再興のために身を粉にして働きます」

と、祈り誓った。それより美土代町《みとしろちょう》の東京ＹＭＣＡホテルへ向かった。ここは以前から私の常宿であったが、米軍の女性軍属の宿舎に接収されていて、ロビーに入ることすら許されなかった。そこで私たちは、一軒一軒、神田かいわいの下宿屋や旅館をたずねた。

「引き揚げの方はねえ」

と言って、首をかしげて、どこでもお泊めしようとは言わなかった。七軒ことわられ、八軒目の神田昇龍館の玄関に立った。中央大学の裏門の八幡神社の前にある、相当大きな旅館であった。庭を掃除していた老番頭が、

「日活のロケの一行が大勢できますからね」

というと、玄関を雑きんがけしていた女中が、

「番頭さん、日活は明日からでしょう。今晩だけならお泊めしてもいいんではないの？」

と口添えしてくれた。これは後でわかったことだが、その女中の兄貴が、まだ満州から引き揚げてこぬとのことで、道理でバカに引揚者に対して同情的だった。

二階の一室に通してから女中は、

「お米をお持ちですか、お持ちでしたらご飯をさし上げますが」

という。私たちは、もう一着洋服を持ち帰ろうか、それとも米を一升持ち帰ろうかと迷ったのであったが、やっぱり米を持って帰ってよかったと思った。また、別の女中が十能《じゅうのう》に炭火を盛って廊下を通るので、郁子が、

「おねえさん、私たちの部屋にも火を少しいただけませんか」

といいうと、

「木炭をお持ちでしょうか、お持ちでしたら火を入れますが」

とのことだった。

（一〇七）砂糖壺の蟻

昭和二十一年三月二十二日の東京は、春雨のしとしと降る日だった。私たちは朝食をすました後、神田昇龍館を出て、貸し家（または貸し間）さがしに、別々に歩きまわることにした。

北京ではめったに傘を使うことはなかったので、私たちは傘を持っていなかった。小雨の中を歩いているうちに、コートが重くなった。私は御茶ノ水駅から高田馬場駅まで出かけて、目白の姉の家をさがした。たしかにここだと思って聞いたら、「東京の大空襲のある少し前に、この家屋を売りはらって、郷里へ疎開されました」とのことであった。


それから中央線で三鷹へ行って太田宇之助氏の家をさがした。いつか日本に来たとき泊めてもらったへやが庭の林の中の離れだったのであれを、と考えたからである。近くのお巡りさんに、

「このへんにエアデル犬を飼っていた邸宅はありませんか」

と聞いたら、

「今時分、犬など飼っている家はありませんよ」

という。いくらさがしても見つからないので、あきらめて昇龍館に引きあげることにした。あとで

わかったことだが、太田氏の家は三鷹ではなくて、井の頭線の久我山だったのである。引揚者には、アドレス・ブックの手帳さえ持って帰ることが許可されなかったため、余計な苦労をするのであった。靴ずれでマメができたらしい。私は足を引きずりながら空腹をかかえて、たそがれに昇龍館へ帰ってきた。なにしろ当時は東京にはトコロテン以外には何一つ食べものは売っていなかった。

旅館に帰って仰臥して、天井とにらめっこしていると、そこへ郁子がもどってきた。

「あった？　貸し間がよう」

「山崎光子という桜蔭会の同窓会長の邸宅に、四畳のスモーキング・ルームがあいていました。板のフロアーですがね、そして、私一人が住むように。あんたがきて住むことはおことわりなのよ」

これには、さすがの私もムッとしたが、いささかも色に出さず、

「僕の荷物をあずかってもらうだけでも大助かりだよ」

「荷物はあずかるとして、あんたはどこに行くの？」

「……」

まあ、そういう次第で寝ることになった。彼女はつかれていたのだろう。横になったかと思うと、すぐにいびきをかき出した。私はひざまずいて、「わがゆく道いついかに、なるべきかはつゆ知らねど主はみこころなしたまわん」〔讃美歌の一節〕を口ずさんで神に祈った。

「神さま、しもべに三畳のへやでよろしいから与えてください。神もし与え給わば、しもべはこの地にて旗を挙げます」

翌朝、私たちはリュックを背負って、郁子といっしょに、大塚窪町〔現在は大塚三丁目〕の山崎邸にいくこと

にした。せめて荷物だけでもあずかってもらおうと考えたのである。駿河台下から都電に乗ったが、乗ったと思ったら郁子が、

「この古本屋が林美子《みこ》のおうちよ」

といったので、あわてて電車から飛びおりて、神保町一ノ一の林彰文堂を訪れた。林美子は彰文堂の長女であって、東京からはるばる北京へ、しかも崇貞学園へ留学して中国の姑娘たちと机を並べて勉学したという実に珍しい少女であった。私は、開店前なのでとざされていた彰文堂の扉をノックする前に、郁子に、

「もしも林夫妻が、僕を食客においてあげようといってもだネ、あんたは決してそれを辞退してはいけないよ」

とかたくいましめて、ガラス戸をたたいた。

「あらまあ、清水先生ではありませんか。美子、チンスイ・センションよ」

と呼ばわると、美子さんも奥から顔を出した。なつかしいよもやまばなしのあとで、

「では太太《タイタイ》のお宿ができたのはよいとして、先生はどちらへ……、よかったら、うちに当分ご逗留あそばしては。私どもは江の島にしもた屋を一軒持っていますのよ。一室に古本をつめて置いていますが、他のへやは皆あいていますから、美子を炊事軍曹にお使いあそばして、気楽にお住まいくださいませ」

すると、家内がそれではあまりにもあつかましいなどといいはじめたから、私はおっとどっこいといって、人さし指を唇の上にあてて眼で「黙れ！」の信号をして、

「ではご厄介になります。古本がぎっしりつまれている家とあれば、僕はまさしく砂糖壺の中へおっこちた蟻《あり》みたいだ。あんたは当分、板の間のスモーキング・ルームで我慢しなさい。ハハ」

といってうそぶいたものだ。

（一〇八）神の演出

昭和二十一年の三月二十三日は、私にとって生涯忘れ得ぬ幸運の日である。

私は彰文堂の令息に、家内を大塚窪町の山崎邸まで送り届けていただいて、私自身は彰文堂のお店にリュックと貴重品をあずけて、神田美土代町電停前の錦湯へ朝風呂を浴びに行った。実に一カ月ぶりの風呂であったから、それこそゆっくり全身あたたまり、ゆでだこのようになって、タオルを右手にぶらさげて、ブラリブラリと小川町交差点の方へ歩いていた。すると明治書院の前で、ばったり賀川豊彦先生に会った。

「よう、帰ってきたか。命持って帰れてよかったネ。君、これから何をするつもりだ？」

「あのう……、実は農村に学校と教会と病院と孤児院を建てようと考えているのですがネ」

と、例の私一流の大風呂敷をひろげたところ、

「では、君に学校になるような大きい建て物を借りてやろう」

といって、私を教団ビルの国際平和協会のオフィスにつれて行った。そこには小川清澄君も来ていた。賀川先生と小川君と私の三人はそこで祈り会を開いた。祈禱のあとで、賀川先生は、

「君は今後、決して人の悪口を言うな。それを条件に、僕は大きい建て物をタダで借りてやる」といって、片倉組の社長片倉直人〔1885-1958〕氏への紹介状をくれた。そのとき賀川先生から聞いた話はこうである。

「昨晩、僕は駿河台の片倉邸に招かれて、米人弁護士のスミスといっしょに牛鍋のごちそうになった」

「へーェ、牛肉てなものが東京のどこに売っているのですか」

「まあ聞きたまえ。そんなことはどうでもよい。実はGHQの命令で、片倉直人氏は今月中にその邸宅を、スミス弁護士の住居として提供することになっていた。実は僕の弟が片倉化学工業株式会社の重役をしとるのだ。そこで、その弟の提案で僕とスミスとを招いて一夕の宴を催したわけさ。僕がスミスに「君は家族をつれてきているのか、それとも単身やってきたのか」ときいたところ、「家族は皆ニューヨークに置いてきた」という。「それでは、こんな大きな家屋は不必要であろう。ミスター片倉を同居させてやってくれませんか、君の好きなルームを幾室でも占領して、残りの部屋を片倉氏に住むことを許してやってくれませんか。同居すればメイドもバトラーも君は雇う必要はないし、片倉邸のサーバントが多勢いるから」と言ったら、スミスは即答でもって「OK、OK」と大喜び。そこで片倉氏がたいへん喜んでスミスが先に帰ったあと、僕が玄関で靴をはいていると、僕の肩を軽くたたいて、「賀川さん、片倉組が東京都と神奈川県の県境に、学校に使えるような大きい建て物を持っているのです。終戦前は陸軍の兵器廠《しょう》が工員の宿舎に用いていたものです。あなたが学校でも建てるならば、ロハで貸しますよ」と言ってくれたんだ」

「賀川さん。それは一体、きのうの何時ごろのことです?」

「そんなことはどうでもよいではないかネ」

「いや、実はたいせつなことなんです。昨夜の十一時ごろだったのとちがいますか」

「そうだ。僕が玄関で靴をはいたのは、十一時少し前だった」

「そうでしょう。私は昨夜十一時ごろ、神さまに祈りましたよ」

「何を神さんに祈ったんだね」

「家を与えて下さい。三畳でもよいから部屋を与えてください、と神にねだったのです」

「ところがその貸してやろうという建て物には、二十畳の室が百六十もあるそうだよ」

「そうですか。僕が三畳の部屋を与えたまえと、ジャスト一千回祈ったものだから、神さまは三千二百畳くださったのでしょうよ」

と私は説明申しあげた。

駿河台には主婦之友社がある。そこから、御茶ノ水駅に向かって右に二百メートル入ると、私が泊っていた昇龍館があって、左に二百メートル入ると片倉邸がある。さすれば、私が昇龍館で祈っていたその時刻に、片倉邸では、賀川先生に学校に使えるような建て物があるが用いませんか、と片倉直人氏がすすめていたのであった。

しかも、その翌朝、私と賀川先生と路上で出会う。ああ、読者の皆さま！　こうしたコインシデント〔偶然の一致〕なるものは、神ご自身が演出されるにあらざれば、とうていかなわぬことではございますまいか。

（一〇九） 開校にこぎつける

昭和二十一年三月二十三日《ママ》〔二十四日か？〕は、私どもが、現在桜美林学園の立つこの地〔町田市の一角〕に足跡を印した最初の日であった。この日私は江の島の林別宅から、郁子は大塚窪町の山崎邸からやって来た。そして賀川先生の秘書の小川君、片倉社長の秘書酒井氏もいっしょだった。ちょうど、吉野桜の花ふぶきの最中で、白い花びらが雪のように庭一面にしきつめていた。

ひとわたり建て物を検分したが、建て物は木造のバラックであって、二階建てが五棟、食堂と浴場が一棟ずつあった。終戦直後に付近の住民の略奪にあったのだろう、ガラス窓は枠《わく》ぐるみ、みんな盗まれていた。また、米軍が一時駐屯したとかで、畳は全部焼かれてしまっていた。

それればかりか、あちこちの柱もきりとられていた。いくら燃料不足のときとはいえ、ひどいことをしたものである。

「清水君、こんなあばら屋で学校の創立など思いもよらんだろうね」

と、小川清澄君がいったので、

「大丈夫、百六十室もあるんだから、あちこちに残っている窓ガラスを寄せ集めたら、少なくとも一棟は完全に整備できるよ。一棟だけあれば最初の年はたくさんだ。それに、この建て物は工員の宿舎だったから、和風の天井を取り除いて、二階の床板に直接板をはれば天井は高くなるしね。部屋も壁を除去すれば二室が一室になってよい。食堂を講堂に使えばよい。それに何よりもいいことは、五千坪ものグラウンドがあることだ。ここから丹沢の山塊の間から富士の麗峰が見えるし、その上各棟の中庭に桜の木が繁っている。ここで僕は、きっとよい学園を打ち建てて見せるよ。ありがとう！」

と、私は答えた。

さっそく翌日、日本基督教団から、ひとしめのザラ半紙をもらってきて、それに青や赤インキで、自分でポスターをかいて、生徒募集の広告をした。原町田の駅前から、バス停、町や村の辻に、のりバケツをもって貼り歩いた。以来今日までポスター貼りは、私の年中行事の一つとなっている。

ポスターによって集まった生徒は二百十四人もあって、実は驚いた。かつて河井道子女史の恵泉女学園を設立されたときは九人、羽仁もと子女史が雑司ヶ谷《ぞうしがや》に自由学園を建てられたときには二十四人しか集まらなかったのに、私たちはかくも多くの生徒が与えられたのだ。多分、多くの学校が戦火のために焼失していたからであろう。

さて、生徒は集まったが、机、椅子、黒板は簡単に手に入らなかった。生徒募集は私の任務で、机、椅子、黒板の収集は郁子の分担であったから、

「五月五日に開校式をおこなうが、教材や教具はそろったかね」

「私は家具統制会の課長、局長に会い、副知事にまで嘆願しましたが、なんしろ校舎を焼失した学校の校長が、鵜の目、鷹の目でさがし求めているので、われわれのような、よそ者にはとても手に入りませんよ」

と、家内は弁解したので、私はすかさず、

「神さまに与えられるよう祈ったかね。人に頼んでもだめだよ」

それから家内をつれて前山にあるくぬぎ林に入って、ともにひざまずいて祈った。

翌五月三日、私は一貫目ほどのさつまいもをもって東京に出かけて、荒川小学校の地下室にあった家具統制会へ出かけた。入口の階段に戦闘帽をかぶった若い守衛がいたので、私は彼にジュンジュンと学園設立の趣旨を訴えたところ、その若者は戦時中、天津の駐屯軍に勤務したことがあって、北京の崇貞学園にも行ったことがあるというではないか。

「この次にこの倉庫へ、机や椅子などが入ったら、イの一番に僕に通知してくれたまえ」

と頼んで、さつまいもと電報用紙を置いて帰った。帰途もあちこちさがし回って、夜中の一時頃帰宅したところ、なんと、「アス　ハイル　キカイ　ニガスナ」という電報が私を待っていたのにはびっくりした。

翌日の朝六時ごろ、荒川小学校へ行ったところ、二台の米軍の大型トラックに、机、椅子、黒板、ベッドを満載して来ていた。私はさっそく三台のトラックを雇って、ことごとくちょうだいして学園へ運んだ。ちょうど三百人分の机と椅子と、六枚の黒板、十六台の木製のベッドが与えられた。

こうして、五月五日には、賀川豊彦先生を迎えて開校式をおこなうことができた。その日来校した父兄たちは、目をまるくしてそれらの備品を見、いまさらのように驚いたものだ。

（一一〇）学校認可で万歳

これで学校はようやく緒についたと、ほっとしていると、生徒の父兄たちが「ヤミの学校では困ります」といい出した。しかも、もし認可がおりなかったら、他校へ転校させたいから、早急に設立申請書を当局に提出してほしいというには弱った。

私は「寄付行為」とか、必要書類を作ってみると罫紙五十枚もの大部のものとなった。しかも一字一句ちがわぬ同じものを四部提出せよという。当時の東京では、どこの文房具店にもそんなに多くの用紙を置いていない。ようやく神田の問屋街で、数軒の文房具卸店で、紙質も行数もまちまちだったが、なんとか手に入った。複写用のカーボン紙もないので、結局自分で手記することになった。こうして、どうにか四部の書類を作成することができた。

都庁の教育局から文部省に回送されたころを見はからって、私はある日、文部省を訪れた。その前夜、片瀬の龍口寺《りゅうこうじ》の裏山で徹夜で神に祈った。

明くれば、昭和二十一年五月二十九日、私は朝食はもちろん、顔も洗わず龍口寺の裏山から東京へ急行した。約束通り、虎ノ門の地下鉄の出口で待っていた郁子に、

「今日は、僕一人で局長に会うが、ことによると尻をまくるやも知れんし、泣訴するかも知れんでのう。もしパスだったら、手をあげながら文部省の石段を下りてくる。そのときは、ビッグ・ディナーをおごるよ。反対に、手を下げておりてきたら、もう何もいわずに単独で大塚へ帰ってくれ」

といって、郁子を残して文部省の石段をのぼって行った。

その日、会ってくれたのは、年のころなら三十歳を少し出たばかりの事務官であった。たばこをすいながら、書類をめくり、

「仄聞《そくぶん》するに、建て物はものすごいボロだというではありませんか」

私はすかさず、

「東京の公私立の学校で、校舎を焼失して、寺を借りたり、夜間だけ他校の校舎を借りたりしている学校もあるそうです。私の建てた北京の崇貞学園の校舎は、私の手から離れましたが、れんが一個失わずに存在しています。こんどの建て物も灰燼よりましと思います」

といった。そのとき、品の良い老婦人が局長室から出てきたのを指さした事務官は、

「あの老女流教育家は二十年間も裁縫学校を経営していましたが、こんどやっと高等女学校として認可をお受けになったのです」

という。

「私も北京に三十年間学校を経営していたのですから……」

「ちょっと待ってください。ここは中国ではありません。中国でどんな業績を積まれたとしても、それはダメです」

「実は私は、昨晩お寺の裏山にこもって、終夜神に祈ってきたのですが……」

「それじゃ、神さまに認可をお受けになればようございましょう」

というしまつ。しかたがないので、ひきさがって、ドアのついたての陰にかくれ、ひざまずいて黙禱をささげはじめた。すると奥の方から、

「シミズ・センセーイ」

という声がきこえたので、もう一度部屋の中へ進むと、

「僕は支那事変中、アナタの学校を視察に行ったことがあります。そのとき、アナタに面会を求め

たら、中国人の小使いが「もう五分もすると鐘が鳴るから待ってください。清水先生はどんなエライお客が来られても、授業中は面会されませんから」といわれましてね。同行の人びとがたいへん急ぐので、校舎をひと通り見せてもらって辞去しました」

というので、私は恐縮して無礼を詫びたところ、

「いや、それがかえって僕を感動させたのです。実は僕はこんど愛知高商の校長に転出することになり、今日が最後の登庁です。僕のさいごの文部省におけるビジネスとして、あなたの学校を認可しましょう。どうかしっかりおやりください」

そのあと、どんなことをいわれたか全然記憶にないが、私が両手でバンザイをしながら、文部省の石段をころげるようにかけおりたことだけはおぼえている。日本には敗戦後とはいえ、えらい役人もいたものだ。

（一一）かつぎ屋

学園の創立当時は、まだインフレがそう深刻でなく、小田急も新原町田駅〔現・町田駅〕から新宿まで何十銭という銭単位で切符が買えた。教員たちの給与は月額五百円也の均一であった。学校の経営は、だいたい、授業料の総額の八十パーセントを教職員の給料にあて、二十パーセントを修繕費とか事務費とか、雑費に使うのがふつうであったが、私は授業料の総収入の全部を、教職員の給料にあてることにした。そして雑費その他は、自分で稼《かせ》いで、まかなうことにした。

そのころ、日基教団の社会部では、進駐軍から小麦粉と、キューバ糖をもらって、ビスケットを製造して、とくに牧師さんたちに販売していた。そして、そのビスケットは、毎週木曜日に一教会あたり四貫目ずつの配給があった。私も毎木曜日、神田美土代町の教団本部へ行って、その配給を受けた。私は中国から持ってかえったリュックサックを持参して、四貫目の配給を受けて、それを同じく教団ビルにあった賀川豊彦先生のオフィスへ運びこんでそこで大きなダンボールの箱にぶちあけると、再びビスケットの配給を受けるのを常とした。時には五回、六回と欲深く配給を受けたものだ。

しかし、配給係の山口牧師は別にとがめもせず、実に寛容な態度で売ってくださった。私は毎日出かけては、そのビスケットを四貫目ずつ、学校へ持って帰るのが日課であった。背中に四貫目の荷物を背負うと、前向きになっては御茶ノ水駅の聖橋《ひじりばし》の階段を降りられないほど、足がガタガタした。

その頃の小田急電車には、いわゆるカツギ屋が大勢のりこんでいた。私はそれらのカツギ屋と同じように見られるのがいやで、電車の中ではかならず英字新聞や雑誌を読むのを常としていた。

私はそのビスケットを生徒たちに手渡して、それを近所の子どもたちに売りさばいてくれるように委託した。私は教団の社会部へ支払った値段の約二倍で生徒たちに卸し、生徒たちは近所の子どもたちに小売りして、二割の手数料をもうけるようした。生徒はお茶や海苔のアキかんを持ってきて、それにビスケットをいっぱいつめて持ち帰った。

またその頃の日本人は、たんぱく質の栄養物を得ることにこまっていた。そこで、英語のしゃべれる郁子は、厚木や座間、勢谷《せや》や淵野辺《ふちのべ》の米軍キャンプから残飯の払いさげを受けて、それを念入りに調理して、みぐるしくないものにつくり直して、教職員や近所の人々に安く配給してあげた。

これがなかなかの好評で、たとえば、肉を削りとった丸焼きローストチキンには、肉がまだ相当にくっついていた。郁子はパン屑や野菜の切れはしの中から、コーヒーのだしがらをじょうずに集めて、二番せんじではあるが、けっこういただけるコーヒーを再製したものだ。

創立当時、学園の教職員はいずれも満州国、中国、台湾、朝鮮からの引揚者か戦災者であった。配給の蒲団《ふとん》の綿は萱の穂が八十パーセントであったから、冬の夜は肩や背中が寒くてなかなか寝つかれない。一人の先生から、新聞紙をシーツと蒲団の間に挿入すると、とっても暖かいことを教えられ、実行したところ保温はすこぶる上々だが、寝返るたびにガサガサ音がするのが欠点であった。

私たちはその夏は蚊帳《かや》なしでひと夏をすごしたが、十月の末頃になって蚊帳の配給があった。

「蚊帳を今時分に配給するとは愚かな役人たちだ」

と言って笑ったが、冬にその蚊帳をつるしたところ、すきま風を防いでまことに暖かであった。蚊帳にそんな効用があることは大きな発見であった。

学園の創立三周年記念事業というのが、風呂場の設置というからご愛嬌である。何がつらいといっても、もらい風呂くらいイヤなことはなかったからである。

（一二）奇跡の連続

桜美林学園の迎えた第二年は、六三三制が新たに制定された年だった。公立中学校が、村々、町々に設立されたので、今年は私立の中学校へは、生徒が一人も来ないだろうと考えていたところが、どうした風の吹きまわしか、中学校一年級へ二百人もの入学願書が殺到した。しかも、この地域の小学校の優秀な生徒がやってきた。

私たちはみな、元来、先見の明のない人間ばかりであったからして、机も椅子も黒板も用意せずにこの年を迎えたのであった。

「明日は入学試験だというのに、まことに困ったこっちゃ」

と言っていると、一人の教員が、

「今年も一つ、安三先生に祈ってもらおうではありませんか」

と、じょうだん半分に提案したものだ。そこで私は、

「よろしい。僕が祈ってあげよう……」

と、いともまじめに叫んで、すぐに教員たちをうながして、

「皆さん、例の前山の丘の、くぬぎ林に入って、神に祈りをささげましょう」

と、いって彼らとともに外へ出た。ところがそのとき、糸のような春雨が降ってきたので、

「皆さん、雨が降ってきたので講堂で祈りましょう」

と、再び呼ばわって講堂に入った。すると、見も知らぬ少年がピアノをひいているではないか。私は憤然として、

「ピアノをひいているのはだれだ！」

と、どなったところ、私のそばにいたチャプレンの川村牧師が、声を低めて、

「この少年は小山田の産婆さんの息子で、立川高校の生徒です。立川高校が配給品の当番校なので、

いつも、鉛筆やザラ紙やゴム靴などを、学校の帰りにかついできてくれるのです。今日はノートをうんとこさ背負ってきてくれたのです」

と説明してくれたので、私は、

「そうですか、じゃ君はいつでもきたとき、ピアノをひいてもいいよ」

「……」

「しかし、今日は、これから祈禱会を開くから、その間はピアノをひかないでちょうだい」

「はい、では、ここにすわっていてもいいですか」

「いいとも。ただし帽子をぬいでいてくれたまえ」

ところが、祈禱会のさいちゅうに、その少年が、

「先生、机、椅子がほしいのですか。いま、ＹＥＤ（元兵器廠）で毎日燃やしていますから、それをもらったらどうですか」

というではないか。実に耳よりな話である。よく聞くと、ＹＥＤにいた進駐軍がこんど朝霞《あさか》へ移駐したので、その後始末をするために、椅子でも、なんでもかんでも構わず、ガソリンをぶっかけて燃やしているというのである。

「どうして君はそんなことを知っているのかね」

「僕の父がニコヨンで雇われて毎日その仕事をしているからです。アメリカ人というものは、もったいないことをするものだ、とけさもいっていました」

因みに、ニコヨンと言うのは日雇人夫のことである。たぶん当時、日給が二百四十円だったのであ

ろう。

私たちはさっそく、知り合いの横田基地のチャプレンのカリール牧師に電話して、いそいでご来校くださいとたのんだ。カリール牧師が来られると、応接室にも通さず、すぐに同牧師のジープに便乗して、YEDに乗りこみ、すでに燃えている机や椅子はしかたないとして、これから火をつけようとする机、腰掛けを、監督の士官と下士官にお願いしてロハで払いさげてもらうことに成功したところで、そのころはまだ、男女共学ではなく、女生徒ばかりであったが、その女生徒を総動員してYEDから学園まで、約二キロの道路を、リレー式で運搬することにした。

ところが、いよいよ女生徒が机などを運び出す段になって、その士官がいきなり大声で怒り出したので、郁子がそのわけを聞くと、なんのことはない。机や椅子をかよわい女生徒に運ばせるとは何事か、YEDに働いているニコヨンにやらせろ、とどなっていることがわかった。

そこで、その日雇労務者たちに一応、YEDから百メートルほど外に運び出してもらって、そこから女生徒に運ばせることにした。翌朝、郁子は桜の花を富士山に配した二枚の色紙を手みやげにたずさえて、YEDの中尉と軍曹をお礼に訪問したが、すでに朝霞へ移駐して、YEDにはだれの姿も見えなかった。

(一一三)『希望を失わず』

それは学園を創立して、まだ間もないころだった。ある日のこと八王子の豊泉邸で、揺籃社の主催で小講演会が開かれた。その集まりで、一人の老紳士が私の話に大へん動かされたといって、「私は印刷機械を一式所有しています。それをアナタに無料で提供しますから、それで金をもうけて学園経営の資金になさってはいかがですか」と申し出られた。戦争中に多数の印刷機械が焼失したので、終戦直後のその頃にあっては、もし印刷機械が一式あったら、それこそひともうけも、ふたもうけもできたのである。しかし、私はその時は、そのような耳よりの話を聞いても、さっぱり気乗りがせず、別に印刷業部の企画を立ててみようとは考えてもみなかった。

その翌日だったか、それとも翌々日だったか、厚木教会の柴牧師が来訪されて、

「親戚の一家が満州から引き揚げてきたのですが、何か学園に仕事がありますまいか」

「満州で何をしていらっしゃったのですか」

「印刷業をやっていたのですが、なんせ戦争中に印刷機械がみな焼け、活字が溶けてしまったものですから、印刷工はみな仕事にあぶれています」

「印刷職工ですって？　実は八王子の人で、印刷機一式を無料で提供しようというのですがね」

私という男は元来、二つの出来事が同時におこると、これはてっきり神のお導きであると判断してしまう癖《くせ》がある。この場合も一方から印刷機械一式を無料で提供しようと申し出る人があり、他方から印刷職工を雇っていただきたいと依頼する人があらわれたのである。

このような「偶然」に出会った以上、どうしてこれが、神のお導きであると思わずにおれよう。間もなく約束通り、活字と印刷機がごっそり送られてきた。そこで、兵器廠時代には浴場だった学

園内の建て物を印刷工場にあてることにした。

こうした経過で、学園の印刷業は発足したのである。幸いに、淵野辺の相模工場や、忠生村の役場、町田の日活から印刷の注文があったので、どうにか印刷職工の給料は支払うことはできたが、なんといっても、学園がこんな田舎にある以上、印刷の注文取りは、決して楽ではなかった。

しかし、学園が自分の印刷部を設けただけのことはあった。おかげで、学園の機関誌の『復活の丘』を毎月刷ったり、生徒募集のリーフレットを印刷することには、こと欠かなかった。当時としては印刷機なんか持っている学校は、他に一つもなかった。その頃から学園の教師であったビジネスマンの藤田俊一氏が、

「学園が印刷機を持っていることは大きなプラスですね」

と言ったが、特に生徒募集のPRのために大いに役立った。

私はこの印刷機が空いている合い間を利用して、自分の著書を出版することを考えた。実をいうと私の著書を出版し得たことぐらいが、純利益というところだった。なにぶんにも、学園創業のもっとも多忙な時代であったから、そういうことでもなかったら、とうてい著述などできなかったであろう。

その印刷職工は関西人で、

「先生、あしたは十六ページ刷りますよってなあ、原稿を書いといておくれやすや」

と命じるのである。そうすると気が進まなくても、筆を取る気になったものだ。したがって、あとから書き直したり、推敲《すいこう》などするひまがなかった。時としては、私が口述するのを原稿紙にも書かずに、いきなり活字をひろうことさえあった。

印刷職工が何ページ分かを組み上げると、私はその組版を、紙型をとるために神田まで運ばなければならなかった。二枚の風呂敷に固く包み、その上からひもでしばって、その二つの風呂敷包みを手ぬぐいの両はしに振り分け、肩にかけて神田まで持って行った。

鉛の活字だから、相当の重量だった。しかも当時は、現在のように学園のすぐ前からバスに乗れるわけでなし、五百メートルほどある根岸まで歩かなければならなかった。

こうした苦労のすえ、出版されたのが、拙著『希望《のぞみ》を失わず』と『中江藤樹の研究』であった。前者は二百五十四ページ、後者は二百八十八ページであるから、毎回十五、六ページずつ運んだので、九段下の紙型工場まで、計三十四回ほど通った勘定《かんじょう》だ。『中江藤樹の研究』は、その後、年を追うて私の研究も進んだので、あえて第二版を出す気にはならなかったので、紙型をつくったことは、まったくムダになってしまったが、『希望を失わず』の方は、増刷また増刷で、約十年ほどの間に約三万冊以上したので、その紙型は大いに役立ったわけである。

（一一四）行商の巡錫

拙著『希望を失わず』と『中江藤樹の研究』の製本ができあがったので、私はさっそく書籍配給会社に再三頼みこんだが、あっさり断られてしまった。そこで配給会社を通さずに、直売することに心を定め、本をもって、日本全国を行脚巡錫《あんぎゃじゅんしゃく》する計画を立てた。そこで、まず隣県の埼玉・群馬両県下の諸教会へ、つぎのようなあいさつ状を発送した。

「まず、神の聖名をほめたたえてのち申しあげます。私事三十年の長きにわたって、北京にて、中国人伝道およびその教育に従事してきた者であります。昭和二十一年三月いっさいの物をことごとくうしなって、ただリュックサック一個を背負って引き揚げて帰りました。そして帰国してすぐに、この地に桜美林学園を創立いたしました。
さて、この度学園経営の余暇を用いて『希望を失わず』なる本を書きました。この本を携えて、全国を講演旅行しようと考えております。つきましては、貴教会において講演させていただけませんでしょうか。旅費も謝礼もご辞退申しあげますかわりに、携えてまいります拙著を、講演会場の入口に置かせていただき、ご希望の人びとに定価にて販売させていただくことをおゆるし下さるよう、お願い申しあげます。なお参上しました節は、教会堂の隅でもいといませんから、一宿のご供養をお願い申しあげます」

この依頼状を発送したところ、越谷、大宮、川口、久慈《くじ》、菖蒲《しょうぶ》、行田、深谷、本庄、島村、安中、甘楽《かんら》、藤岡、寄居、小川、飯能、秩父、長瀞《ながとろ》などの諸教会から快諾のお返事がきた。

昭和二十四年の暑中休暇に入ると、さっそく、まず越谷からキャンペインを開始した。越谷には、長尾巳画伯が住んでおられる。画伯の若年の頃、文展に入選の出世作「満州の驢馬」は、大正六年に奉天の小西辺門外の私の家で描かれたもので、長年の知己でもある。そして越谷教会の長尾丁郎《ていろう》〔1891–1967〕牧師は、同画伯の令兄であられる。

こうしたコネのある教会で、行商講演の小手調べを試みることはまことに機宜を得たものということができる。

ところが、講演会の夕べは、ちょうど日米対抗水泳大会の夕べだったので、会衆の多くが、教会の隣家から聞こえてくるラジオ放送に気をとられ、私の講演はうわの空で聞いているようだった。古橋〔広之進〕選手に凱歌が上がったとき、思わず拍手をした人があったが、私の講演もその瞬間、大向うの拍手かっさいを受けるにたるモメントに達していたので、たいしてその人を赤面せしめるようなことにはならなかった。

その年の講演行脚で、最高の感激をしたところは深谷だった。リュックを背に、教会の門をくぐると、庭で植木に水をやっておられた菊地猶之助牧師に、

「押しかけ的にまいりました」

と挨拶したところ、そしらぬ顔で水をかけておられるので、私はとりつくしまがないので、だまって立っていると、そこへ一人の若い女性が外から帰ってきて、

「私は北京で二、三度お目にかかったことがあります。ロックフェラーの病院へ派遣されました折に……」

といったので、こちらもほっとした。「お父さん」と呼んでいたから、牧師のお嬢さんであることもわかった。

その夜の講演会は、町の婦人会と共催だったので、聴衆がぎっしりあつまった。

さて会が始まると菊地牧師は私を講壇の正面の椅子に掛けさせ、

「清水先生に申しあげます」

と口上を述べられ始めたので、私は思わず起立したところ、

「おかけください」

と命令口調でいわれ、私はふたたび腰をおろした。

「あなたは三十年間、隣国中国人民のために奉仕してくださいました。私は日本国民を代表して、つつしんで感謝いたします。中国国民は古来わが国の文化発展のために、大に貢献してくれました。しかるにわが国民は、その歴史的恩義に対して、かえって仇をもってむくいました。しかるに先生は……」

と演説口調で述べられるのにはほんとうに、穴があったらはいりたい思いであった。

たしかに、戦時中は私をヤイノヤイノとひっぱりだこにしてかついでくれたキリスト教界は、終戦後はアメリカに遠慮してか、どこにいるかともいってくれず、日本のプロテスタント百年史にさえも不肖私のことはもちろん、東亜伝道会のことについても、一言半句も書かれていないのに、深谷の菊地牧師のことばは、そぞろ涙を禁じ得ぬほどの感激であった。

(二一五) 憩いのみぎわ

埼玉県の巡錫を終えて、私はさらに舟を沖に出すことにして、昭和二十五年《ママ》の六月、関東八州を行《あん》脚《ぎゃ》する計画を立て、前に書いたような書状を各地の教会へ送付したところ、折返しお招きの返事が五十教会から来た。そこで私は拙著『希望を失わず』三十冊、『中江藤樹の研究』を十冊、各教会に発送しておいて、勇躍遠征の旅に出た。

こんどの巡錫は、常磐線の沿線の九つの教会で講演したあと、福島県の平市《たいら》〔現在はいわき市の一部〕に進んだ。ここから磐越東線に沿って北上することにした。平市は、私にとってまことに「憩いのみぎわ」〔「詩篇」二三篇二〕であった。前日の日立市で売れ残った本をリュックサックに背負って平の駅につくと、四、五人の女子青年が私を迎えてくれた。

いっしょに改札を出て、教会の方へ歩いていると、そのうちの一人が、小さい巻き尺をハンドバッグから出して、私の首や胴や、袖の長さをはかりはじめたので、ちょっとおどろいた。

教会堂はすでに満員である。牧師の中村月城先生は白足袋の和服姿であったことを覚えている。ところが、受け付けには私の本が一冊も置いてないので、心配になり講演をおえたときに、

「先生、本は到着したでしょうか」

と、おそるおそるたずねたら、

「本なら、もうとっくにみな売れちゃいましたよ」

とのこと。それを聞いて私は思わず、涙ぐんだ。それのみでなく日立で売れ残った本ぜんぶを、即売していただいた。

翌日は日曜日であったが、礼拝の直前に、例の女子青年が、

「清水先生、ワイシャツができあがりましたから、今おめしになってください」

といって、仕立てたばかりの白いワイシャツをさし出した。行商の旅行というものは、本当に身を切るようにつらいものであるが、平市のこの教会のような「憩いのみぎわ」に神は、ときおり導きたもうので、まことに慰められるのである。

磐越線の沿線の福島県下の十二の都市を巡歴した。ところがそのどの町でも、ナンバー・ワンの教会の牧師は私に講演の機会を与えてくれなかったが、ナンバー・ツーの教会の牧師は私を迎えてくれた。

ところが後年、その私を迎えてくれなかった大教会の牧師の子息が、なんといずれも桜美林大の短大へ入学願書を提出したものだ。むろん私は、入学を許可してさしあげたのである。

それから、東北本線に沿って、栃木県下の五つの町々で下車して講演を試みた。日光の教会では、興味ぶかい挿話をひろった。

以前、賀川豊彦先生が日光を訪れたとき、高山植物園の講堂で講演をされた。例によって、先生はマルクスの唯物史観を大いに批判せられたそうな。それから数日後、一人の共産党員が労働者としてその植物園に雇われることになった。もちろん、植物園は共産党員であるとは全然知らなかったので、その男を門番に任じた。

するとその門番が毎日、労働に雇われる人数を克明に記帳しておいたからたまらない。植物園が県庁に申請する労務者の口数が少々オーバーしたときに、その共産党員の門番が敢然、園長に抗議することになった。園長は、東大や京大の学生が米も配給券も持参しないで研究にやってくるので、彼らの食う米を確保するために、労務者の人数に少々水増しをするのだと弁明しても承認されず、ついに植物園長は引責辞任せねばならぬ破目になったそうな。

この話は「人を呪わば穴二つ」という教訓を教えているかに思われてならなかった。

私はそれから、小山駅から両毛線の沿線を前橋、桐生、足利、佐野へと前進した。温泉で有名な草津に行き、ライ療養所で講演させていただいたが、聖餐式のあとで松村栄牧師が、ライ患者が一人一人口をつけて飲んだカップに残っている葡萄酒を飲み干されたのには驚嘆した。

草津から軽井沢に出た。軽井沢は私がかつて一夏、サマー・パスターとして働いた町であるから他の所よりも十冊も多く発送しておいたものだ。ところが期待に反して、日はまさに暮れんとしているのに、誰も駅に迎えてくれる者はなかった。駅前から牧師さんに電話したところが、旧軽井沢駅前のそばにある旅館にとまれ、とのこと。そして旅館へは自分の方からも電話しておくとのことだった。

旅館泊りとはぜいたくなことであると思ったが、これも神の導きたもうた「憩いのみぎわ」かなあと思って、命じられるままに、旅館へ行った。

（一一六）虎の子 右から左へ

世に講演旅行ほど疲れるものはあるまい。来る日も来る日も、同じ話をするのであるから、何の霊感も湧かず極めて機械的になるので反《かえっ》て疲れるのである。そのうえ、昨日はあの教会の長老宅で、今日はこの教会の執事の家に泊るのであるから、泊めて下さる家庭は変わるけれども、当方は只一人であるからとっても疲れるものである。毎夜講演をすませ、教会員宅にたどりついたら、すぐに風呂に入れていただいて、就寝が許されるのであればよいのだが、その前に必ず茶菓が出る。そして一寸した家庭集会みたいなものが開かれる。そのご好意がかえってつらいものだ。

私のこのたびの関東八州講演旅行は、五十余日にわたったが、旅館に泊ったのは軽井沢においてだけであった。今から考えて見ると、軽井沢は憩いの水際《みぎわ》、小諸と佐久は、げに緑の野であったことがわかる。まことに神の御導きは奇《く》しきもの哉である。

軽井沢駅に着いたのは夕暮れであったが、誰一人出迎えてくれる者とてはなかった。予め依頼状を出しておいた牧師さんに、駅の公衆電話で電話を掛けたところが、何某旅館に行って宿泊せよとのことだった。旅館につくと牧師さんから電話がきた。

「せっかくだが、講演はおことわりすることにした。まあ今夜はゆっくりお休み」

とのことだった。そして「ちょっと旅館のおかみに出てもらってくれ」とのことだったので、さっそく電話をかわったところ、

「宿泊料はご本人からいただけってですか。ハイハイ、承知しました」

と、おかみが答えているではないか。

軽井沢はちょうど講演旅行の日程の上からも、地理的にもちょうどまん中であったのみならず、清純な空気のあふるるこの地で、一日の休養をとることは、まことに感謝であった。

とは言うものの、軽井沢教会と言えば、私が曽《かつ》てサマー・パスターとしてわざわざ北京から来て一夏働いた、謂わば自らの古戦場である。それ故に私は、他の町の教会よりも倍の冊数送付し置いたのであった。それが而《しか》も一冊も売り得ないのであるから、全くのこと困惑せざるを得なかった。

ところが実によくしたもので、その翌日、小諸へ行ったら、なんと大歓迎であるではないか。しかも初対面の人々ばかりであるのに、宛然旧知の如しで、軽井沢で売ろうと企てた本が、一冊も余さず売れてしまった。

それから小諸を軸にして、小海線に沿って町々を巡訪、再び信越線に戻って、上田、篠ノ井、松代《まつしろ》、屋代《やしろ》、長野をおとずれ、それより松本へまわり、中央線に沿って信州の町々を歴訪、これから甲州に入り、韮崎《にらさき》、瑞穂、市川大門、八代《やつしろ》、甲府、日下部などの町々を巡錫、さらに峠を越えて吉田に出て、猿橋、都留《つる》、大月をまわった。

後年、桜美林学園が短大、大学部を設置するに及んで、これらの私が巡錫した地域が、学園にとっての一種の縄張りの地盤ともなった。

さて、五十余日にわたる関東八州の巡錫によって、私は五十六万円ものカネを獲得した（当時教員の月給は月五百円均一）。私はそのカネを用いてアメリカ、ブラジルに渡り、海外にある同胞の町々村々を講演して歩こうと考えたが、せっかく手にした虎の子をそっくり学園の短大設立のために投げ出さねばならぬこととなった。

かねて短大設置のためには、園長の郁子みずからが、教授と助教授を狩り集め、申請書も作成し、万事万端手ぎわよくやってのけたのであったが、さて、いよいよ文部省の審査を受けたところ、理化学の実験室が不備であるとの裁断。郁子は英語英文科であるから、顕微鏡の二、三台も備えて置けばよかろうくらいにしか考えていなかったのであった。そのとき審査員がいわれるには、

「一週間後に、再審査して上げるから、せめて青山の女子短大くらいの実験室をお作りなさい」

とのこと。サア大へんである。しかたがない、私は関東八州の巡錫で賜ったおカネを惜しみなく投げ出した。倉敷の実業家大原総一郎〔1909-68. 実業家。大原孫三郎の息子〕氏の如きは三十万円出して下さったが、それでも、まだその倍額は必要であるというので、速達郵便で天下の知己友人に檄《げき》をとばした。寄付金募集

のサーキュラ（宣伝チラシ）を出しておいて、私はさっそく京都へ出かけ、島津製作所を訪れたが、島津の副社長上西氏は、私の母校の出身で、しかも私の恩師の令息であることがわかった。

「よう来やはりました」

といって、短大程度の理化学の器具薬品一式をトラックに積載して、それも、ある時払いの催促なしの約束で以てすぐに送ってくださった。

〔サーキュラの結果〕なんと電信為替で、一週間ほどのうちに二百万円も集まったではないか。おかげで、再審査のときは、さすがの審査員も、眼をみはってびっくりされたものだ。

（一一七）『支那之友』に会う

こんどは、近畿と四国地方に巡錫の旅を試みることにした。どうしてこの地方を選んだかというと、拙著『中江藤樹の研究』のもっとも容易にさばけそうな地方は、やっぱりなんといっても、藤樹の生国江州《ごうしゅう》と、藤樹の銅像を市の公園や高校、中学校及び小学校にも建立している伊予〔愛媛県〕大洲《おおず》がいちばんであろうと考えたからである。

そこで、私はまず、メンソレータムの本舗、近江兄弟社を訪れてその職員の朝拝で、一条のスピーチをさせていただいた。

「むかし江州商人は天秤棒をかついで、全国を股にかけて行商していたんやそうですが、私は拙著『希望を失わず』をリュックサックにつめて、全日本、全世界を行商して歩くつもりですのや。皆さんにも、一冊ずつ買ってもらえまへんか。但し、この本を今日、オフィスで読んでくれやはったらあきまへんでえ。読み出したら、おしまいまで読んでしまわんと、やめられん本どすよってなあ」

とPRしたところ、たちまち持って行った四十冊ぜんぶ売れてしまった。それればかりでなく、その日の夕方、兄弟社の吉田政治郎牧師が、

「『希望を失わず』を一気に読ませてもらいました。僕が滋賀県下各地の講演の日程を作ってさし上げましょう」

といって、兄弟社の電話を利用して、県下の町々村々の教会や学校のPTAなどで、講演できるようアレンジして下さった。おかげで私は琵琶湖を一周、自分の生国の近江の山間僻地にまで、巡錫の足跡を印することができた。

つぎに、私は京都、大阪を訪れることにした。京都にはたくさんの教会があるが、私を迎えてくれた教会は、旧組合派ではなく、堀川の旧日基派の橋本千二牧師、旧同胞派の田村牧師だけであった。堀川教会をたずねたところ、立看板も出ていず、どう見ても講演会など開く気配は全然ない。私は会堂の周囲をまわってから、牧師館の玄関に立った。

「ごめんやす。こんちは」

と、二、三度呼んだところ、はたち過ぎの女性が、手をエプロンでふきふき台所から出てきた。牧師の令嬢らしい。私はわざととぼけ顔をして、

「ちょっくらおたずねしますが、こんや北京の清水安三という人の講演会があるんでしょうか」

と聞いたところ、その女性は穴のあくほどじっと、私の顔を見てから、

「あら、いやだ。あんたさんは清水先生やありませんか」
「どうしてご存じですか」
「先生のご本にちゃんとお写真がのっとりましたもん。どうぞおあがりください。お待ちしていました」

座敷に通されて、だいぶ長時間待っていると、大きいお皿に、おはぎを盛ってこられた。その当時砂糖はまことに宝石同様で、おはぎなんかはとても口に入る品物ではなかった。しかし、私にとってはおはぎをちょうだいするよりも、今夜の講演会の方がたいせつである。

夕暮れ近くになって、橋本牧師が外出先から帰ってこられた。橋本牧師は植村正久の門弟で、私にとっては、もっともニガ手の日基派の先生である。

「今夜の集まりは、幼稚園のホールでするから、座ぶとんを円形に並べといてや」

と、例のお嬢さんに命じられた。開会の時間近くになると、四十歳から六十歳ぐらいまでの紳士淑女が四、五十名ほど、ぐるりと座った。司会者の橋本牧師はまずみんなに自己紹介をさせてから、讃美歌も歌わずにはじまり、まるで親睦会みたいだ。私はだまって一人一人の名前を聞いていたが、とつぜん、

「皆様のお名前はどうも、みな聞き馴れたお名前ばかりですが」

と、さけんだところ、橋本牧師はにこにこ笑いながら、

「わかりましたか。みんな『支那之友』の読者ですよ」

私は北京崇貞学園から、毎月『支那之友』と称する小新聞〔学園紙〕を出していて、崇貞学園のファ

ンに発送していた。そして、その帯封を書くのが私の役目であったから、私はそのファンの住所姓名におのずからなじんでいた。

「毎月一円、二円、三円と北京へ送金したグループですよ」

と、橋本牧師はおっしゃる。

「終戦後どうされたかと、みんな心配していましたが、このたび、謄写版刷りのお手紙が来たので、一同大いに安心したのですよ」

と、みな口々にいわれた。私が送り届けて置いた書籍は、ぜんぶすでにそれらの方々に配給されて一冊も残ってはいなかった。ほんとうにうれしかった。

（一一八）はたして山師か

預言者はふるさとでは、もてぬものである〔「ルカによる福音書」四章二四〕。それだのに、わが輩は生国近江では、いたるところで大歓迎を受けた。ただし、やっぱり自分の魂のふるさとになる母教会はどうしたご都合であったか、講演の機会をついに与えてくれなかった。

むかし関西は組合教会の地盤であったから、私はさだめし大いに歓迎してもらえるだろうと思って、うんとこさ、本を携えて行ったのであるが、京阪神の組合教会で、

「来やはったか。よっしゃ、うちでもやってもらいまひょう」

という返事をくれやはったのは、なんと天満教会の平岡の徳〔平岡徳次郎 1886–1959〕さん一人やった。

本をぎっしりつめこんだトランクとリュックを背負うて、阪急梅田駅から地下鉄の階段を、ひょろひょろと、しかもうしろ向きにゆっくり降りて行くと、階段のまん中どころで、一人の見知らぬ青年が、

「わいが持ったろう。おっさん、かしなはれ」

「……」

「こらなんや、本やろう。おもたいわ」

「おおきに、こらどうもどうも」

これが見知らぬ大阪の若者が私に示してくれた、例の「小さい親切」であった。

大阪から堺へ行って、斎藤敏夫牧師にともなわれて、刑務所を訪れた。男の刑務所というのは、どこでも超満員なので、新入所者があると、比較的まじめに服役しているものを、仮出所させるのだそうな。それで、たとえ十年の刑期の者も、五年間もまじめに服役すれば仮出所できるのだそうだ。

私たちが訪問した日は、六人の新入りがあるので、仮出所させる人間についての重要な会議があったので、私の講演は、おえら方は一人も聞いてくれず、ただ服役者だけが聴衆であった。この日ばかりは服役者に本を売りつけるわけにはいかなかったが、しかし私の本はこうした人たちに読んでいただきたい本であるから、みんなロハであげてしまった。

人間のサイコロジーくらいおかしいものはない。たとえロハであっても、荷物がからっぽになってしまうと、心中はなはだせいせいするものである。

和歌山、徳島、高知、香川の四県は、組合教会のごく少ない県であるが、町々の大小の教会で講演

させていただいたのち、いよいよ伊予の国の末野《ママ》市へと乗りこんだ。同市のミッション・スクールでは、往年三日間にわたって講演させていただいたこともあるので、心中ひそかに大いに歓迎されるであろうと、大いなる期待をいだいて乗りこんだのであった。

ところが、末野教会へ送り届けておいた書籍は菰《こも》につつんだままで廊下にころがっていて、その荷物に一本の書状が突きささっていた。末野教会の牧師の手紙である。

「教会員中に種々異論があって、講演会を開催してさしあげられなくなりました。小生の苦衷お察し願います。当地におけるご講演、ご活動の上に神の豊かなおめぐみを祈ります」

と走り書きしてあった。そこで私はハンカチで足の塵をはらってから後、その菰包みの書籍を肩にかついで、およそ百メートルも歩いたころ、Tという元軍人だったクリスチャンの方にばったり出会った。かつての講演会のとき司会をしてくれた人である。

「清水先生ではありませんか。お待ちなさい。自転車を借りてきますから」

やがて、知人の店から借りてきたのであろう、自転車に私のかついでいた本の菰包みをのせて、その町のメソジスト教会へ案内してくださった。

「末野教会の人びとは、資金も何もなくて、一つの学校を設立するという清水安三は、大いなる山師であるといっているのです」

私は思わずT氏の肩をたたいて、

「そうでしたか、そうでしたか。シミズヤスゾウが山師なら、新島襄も成瀬仁蔵《じんぞう》もみな山師ですね。かれらはみな、神に賭けた人びとであって、世の常の山師ではありませんわね」

といって、私はカラカラと笑ったものである。

世の中は一方がすてて顧みなければ他方が拾い上げるもので、末野市では旧メソジスト教会と、旧日本基督教会が大いに用いてくださったので、例の菰包みの書籍まで一冊も余すところなく売りさばけたことは、まことに感謝であった。

(二一九) ハワイのテイラー

一九五一《ママ》年十二《ママ》月(*)、私は拙著『希望を失わず』二千冊をたずさえて、貨物船に乗って、ハワイへと旅立った。横浜港の埠頭で、学園の外人教師ダニエルズ先生が、

「この紙幣は真珠湾攻撃以前から、ずっと私のガマ口の底にひそんでいたものです。これ、先生持って行くよろしいです」

と言って、一枚のしわくちゃの十ドル紙幣を出された。ちなみにこの先生は戦争中も、アメリカに帰らず、ずっと日本にとどまっていた宣教師の一人である。

私は船員にわたすべきチップ分として、十ドルに相当する日本エンを用意してはいたが、ドルは一ドルはおろか、一セントも所有していなかったので、このしわくちゃのドル紙幣をどのくらいありがたく頂戴したか知れない。

「十ドルもあれば、ホノルルの桟橋からハイヤーをひろい、誰か知人の宅にまでたどりつける」

と私は独語しつつ、その十ドル紙幣のしわをのばした。私はかつて一九三九年に北京から米大陸へ

講演旅行を試みた。その当時は、いわゆる「時の人」であって、朝日新聞社から出した『朝陽門外』、改造社から出した『姑娘の父母』〔一九三九年〕、鄰《りん》友社から出した『支那の人々』〔一九三八年〕が、いずれもベストセラーになったので、私の名が日本国中にくまなくとどろいたためであったらしく、「ホノルルデ　ゲセン（下船）カクトウ（各島）デ　コウエン　セラレタシ」と、航海中の私のところへ無電が入ったものだ。

しかし、こんどはそうはいかぬ。私が中国から引き揚げて帰った当座、旧友を訪問しようものなら、

「親戚のものが最近大病しやがってね。ほっとくわけにも行かんのでね」

などと、何にも聞きもしないのに向こうから言うのである。それは私がお金を貸せとでも言いはすまいかと想像して張る予防線なのである。

「終戦後、蚊が出るね。それだけ不潔になったんだね。蚊帳《かや》を吊ろうと思ってさがすんだが、どこにしまったのか、さっぱり不明で困っとるんだ」

これは、私が蚊帳を貸せとでも言いはせぬかと心配のあまりの発言である。

ハワイの人びとが、今は尾羽打ち枯らせた私を、はたして温かく迎えてくれるであろうか、私は案じながらハワイに向かった。しかるにアロハ塔が見え出したので船員から双眼鏡を借りてのぞいたところ、相賀夫妻らしい人が、桟橋の上にたたずんでおられる。相賀安太郎〔第七七回参照〕氏はハワイ・タイ

（＊）『桜美林タイムス』No.5（一九五一年一月一日）には、「安三先生渡米」の記事があり、同年三月出発予定とある。同No.9（五一年七月一五日）には、安三のホノルルからの手紙が掲載されている。

ムス社社長で、その夫人のお誠さんは、かの大津事件〔第六〇回参照〕の弁護士谷沢竜蔵氏の令嬢で、大津女学校時代、私の姉のクラスメートだった方で、ハワイ邦人社会でのファースト・レディーである。私はまるで地獄でホトケにあったような感じがした。

私は上陸早々、各島の教会へ例の「講演させてください。謝礼はご無用で、ただ講演会場の入口で拙著『希望を失わず』を売らせてくだされればよいのです」という依頼状を送付した。すると一つの例外もなく、すべての教会から、ぜひ来い、という返事がきた。

オアフ島の巡錫《じゅんしゃく》を終えて、ハワイ島へ行き、首都ホノルルの教会を訪れた。ハワイ教会は土曜日の午後、教会の芝生のヤードで、私のために歓迎レセプションを開催して下さった。その席上、一人の教会の役員らしい紳士が、私をじろじろと見つめておられた。集いが閉会すると、その紳士が私を促して、自分の車に乗せて走り出した。やがて彼氏のお宅に着いたが、そこで私は彼がテイラーであることをはじめて知った。

実は私は、青い細い縞の入った洋服を着ていたが、それはララ物資〔第二次世界大戦後の日本に提供された救援物資〕の配給品で、破れてはいなかったが、すっかりすれて薄くなり、膝のあたりは下着が白くすかして見えるほどだった。

「この生地はいかがでしょう」

といって、黒味豊かな紺サージの服地を私に示した。

「実は私は貧乏ですから倹約したいのですが」

私はわざととぼけて申しあげたところ、

「お金の心配はご無用です。ささげさせていただきます」

私はさっそく寸法をはかっていただいた。はかり終わるとその紳士は奥の部屋へ入ってしまって、辞去するときは夫人が代わりに挨拶されただけであった。

ところが、翌日ハワイ教会へ行くと、礼拝の直前になって牧師が私に、真新しい洋服にお着かえくださいというので、よく見るとそれは昨日見せてもらった服地ではないか。それにしてもたったひと晩で縫いあげ、仮縫いもせずに、よくもぴったりと裁縫し得たものだと感心してしまった。

（二一〇）本は魂のフッド

ハワイ五島の巡錫によって、たずさえて行った拙著『希望を失わず』二千冊をことごとく売りつくしたので、その売上げ金の一部二千ドルを学園に送金して、残りの千ドルを用いて、パンフレットを印刷して、オハイオ州のオベリン大学の校友名簿から卒業生二《ママ》千人の姓名と、彼らのアドレスを、また在米同胞年鑑から千人をピックアップして発送、募金のキャンペーンを実施した。

タイプライターはハワイタイムス社が自由に使わせてくれたが、なにしろ、私は左右の手の人差し指二本だけで、雨だれ式にしか打てないので、姓名やアドレスをタイプに打つのはまことに容易なビジネスではなかった。

私はヌアヌ街の奥のアパートの一室を借室して、朝食は付近のカナカ人の食堂でとることにした。特にカナカの料理のポイは、まことに結構であった。また値段も一食十セントで食べられたので、実にありがたかった。

私はヌアヌ街をまっすぐに下って、ハワイタイムス社へ通ったが、ヌアヌ街には一軒の小さい日系食堂があって、おにぎりといなりずしをショーウィンドーに陳列していた。前者は三個十セントで、後者は二個が十セントだった。私は日によっては、いなりずしにしたが、たいていの日はおにぎりを買ってハワイタイムス社へもって行った。そして夕飯はヌアヌY〔YMCAの略か〕のキャフェテリアでとることにした。ここではビフテキもチキンアラーキィンも、またデザートに何を注文しようが、いつでもたったの二十五セントという特別扱いであった。

ハワイタイムス社では午前中はタイプを打って、募金のビジネスをやり、午後はもっぱら書籍の荷造りにいそしんだ。私は在ハ同胞のすべての家を訪問して、書物の寄付を乞うた。日系同胞の第二、第三世は一世の収集した蔵書を、みんなもてあましていた。彼らの父母が客間や書斎の壁いっぱいに書棚を並べて、うんとこさ本を陳列していたのに、今では荒縄でしばって、地下室につみかさねている。

そのために湿気をふくんで、書籍の表紙がぶくぶくふくれ上がっていた。私はそうした本をみんな、ただでもらいうけて、ひとまずハワイタイムス社の地下室に集め、それをパンツ一枚になって、汗みどろで荷造りしたものである。

ある日のこと、カウワイ島の百貨店の店主岡田甚吉氏が来訪せられた。私は地下室からでてきて、お目にかかったが、ちょうど正午ごろだったので、

「僕のランチはこのおにぎりですが、今日は四個買ってきましたから、いっしょに食べましょう」

と言って、ともにベンチに並んで昼飯を食べることにした。すると岡田氏は、

「わたしはジュースを飲むのが大へん好きですが、今後はぜったいにジュースを飲まずに、そのジュース代を桜美林学園に寄付しましょう」

と、誓われた。以来、今日にいたるまで、毎年、ある年は百ドル、ある年は百五十ドルを送ってくださるのである。ハワイのような暑いところでは、ジュースやコーラがさぞ飲みたいにちがいないが、岡田甚吉氏はジュースもサイダーもコーラも飲まずに、節約して私たちの学園に送金せられるのである。ほんとに頭がさがる思いである。

私は書籍をどっさり寄付してもらったが、これを日本へ送るには運賃がまたうんと必要であることを考えて困ってしまった。そこで、ものはためしと、ララ物資の発送事務所を訪ねて、書籍のぎっしりつめられたダンボールを、ララ物資同様、無料で横浜まで送ってもらえないかと、頼んでみた。

「本はフッド（食物）ではないからダメだよ」

と、一度はすげなくことわられたから、

「本は魂のフッドでしょう」

と、ホンのウィットで笑いながらいったところ、二世の所長がニコニコ笑いながら、

「ＯＫ！」

と言って、引き受けてくれた。おかげで私の集めた古本は、運送料免除で、ララ物資としてみんな日本に運んでもらうことができたのである。もしも私に、あのとき「本も魂の食物でしょう」という頓智がなかったら、せっかく集めた書籍を日本に持って帰ることができなかったかもしれない。

（一二二）　世界一の大聖画

つい長滞在して、ハワイで半年もすごして、一九五二《ママ》年九月、私は加州ロサンゼルスへ渡った。ここで待っていたものは、オハイオ州オベリン大学の副総長ラヴ教授の手紙であった。その手紙には、

「オハイオ州のオベリン大学と東京のオビリン（桜美林）学園とは、全然無関係であることを極力宣伝するように」

と、きわめて簡単に書いてあった。

たぶん、私がハワイからオベリン大学の校友三《ママ》千人に発送した募金のリーフレットを問題にして、こうした書簡を書かれたものであろうと思ったから、さっそく、ハワイで印刷した英文のリーフレットに「No relation exists between Oberlin in Ohio and Obirin in Tokyo（オハイオ州のオベリンと、東京のオビリンの間には何の関係も存在しない）」と、ちゃんとしかもゴシックで書いてあることを、リーフレットに赤インキでアンダーラインをひいて送りとどけた。そして、つぎのような一文を書き添えることを忘れなかった。

「かつて（戦前）私が北京にいたころ、ある年のクリスマスに、東京の遠山さんというクリスチャン・ビジネスマンから、二百円のお金が送られてきた。その実業家は「百円はあなたに、百円は中国の牧師にあげてください」と書いておられた。

その当時、百円というのは背広服一着の値打ちがあった。そこで私は私の家の近くに住んでいた、

中国人でもっとも親しい呉《ウー》牧師に進呈しようとすると、「喝しても盗泉の水を飲まず」といって、この金を突きかえされた。そこで私は、こんどは、エジンバラ大学の卒業生の北京で第一級の牧師王《ワン》先生にそれを進呈したところ、ワン牧師は感謝して受け、自分の家族の写真を一枚、私に手渡して、これを東京のクリスチャン・ビジネスマンに送ってほしいとのことであった。

するとその翌年のクリスマスに、その写真によって、ワン牧師の子どもたちに、一人一人にプレゼントが再び送られてきた。それからその翌年、ワン牧師が会議のためにアメリカへ出かける途中、ワン牧師の乗った船が横浜港に寄港したので、船から電話されたのであろう。例の東京のクリスチャン・ビジネスマン遠山氏は、さっそく車をつかわして、牧師をわが家に招じて、一夜、筆談ではあったが、友情を語り合ったとのことである。

ラヴ教授よ、あなたはこの二人の中国人の牧師のうち、いずれがよりクライスト・ライクであると思いますか。私はウ牧師よりも、ワン牧師の方がよりキリスト教的だと思う。

日本にもアメリカから贈られたララ物資さえも、ありがたくちょうだいせずに、送り返している牧師さえおる。私が母校オベリン大学と、好《よしみ》を通じようと考えるのを、あなたがたは、まっぴらだとでも思われるのか」

と、書いた返事を出した。

ロサンゼルスに滞在中、ある日、私は今では一つの名所となっているフォレスト・ローンを訪ねた。フォレスト・ローンは、富豪階級の霊園であって、地下室には、遺体が永久に変化しないようになっている柩が納められてあった。

私はここを訪れたあと、かの有名な世界最大の聖画を拝観することにした。その聖画は、ポーランドの画家が描いたもので、その絵の中には二千人もの人物が描かれている。そしてその中央には、今まさに十字架につけられようとしている主イエス・キリストが、等身大で描かれている。

フォレスト・ローンは、この聖画のために大伽藍《がらん》三十三間堂を建立して、毎日、九時から四時まで、一時間ごとに開帳して一般に拝観させている。私もこの拝観者の列にまじって入場したが、パイプオルガンの荘重なメロディーを伴奏として、テープレコーダーでこの聖画の説明をするのであるが、その説明そのものが、一つのすばらしい説教となっていた。

オベリン大学のラヴ教授の手紙を読んで、とてもゆううつになっていた私は、この聖画を拝観したあとは、まったく、打って変わったような心境になった。おそらくその聖画の中央に立ちたもう主イエスが、いささかも悲壮な顔をせず毅然として、まなこを輝かせて立ちたもう姿に、心打たれたからであろう。もしも、私があの聖画を拝観しなかったならば、あのまま辟易《へきえき》して、旗を巻いて引き返し、帰国の途についたかも知れない。

(一二三) 長広舌の名人

一九三九年に北京から行ったときには、カリフォルニア州の各地で、はちきれんばかりの大入り満員の聴衆を集めたものだ。それなのに、このたびは、私を迎えて講演のチャンスを与えてくれた教会は実にまれであった。

エヴァーグリンの老人ホームに滞在していると、ある日のこと、熊井さんの来訪を受けた。熊井さんは信州松代の人で、先年きたときは、ロサンゼルス在留日本人会の主事だったが、このたびお会いして見ると、盲人になっておられた。その上、夫人は脳溢血で、すでに、半年近くも病床に横たわったままとのこと。

こうした境遇の熊井さんが、ガマ口を開いて、二十ドル紙幣をとり出して私に下さるのだった。

「アナタからご寄付をいただくわけにはいきませんよ。それにこのペイパーマネーは一ドル札でも十ドル札でもなく二十ドル札ですよ」

「それはよくわかっております。アメリカでは盲人には特別な手当てがあるのです。また病気の家内にも特別手当てが支給されているのです。どうか、安心して……。祖国日本の教育のためにささげることをおゆるしください」

とおっしゃるので、遠慮なくちょうだいした。

さいきん、テレビや新聞などで私が桜美林学園に盲人教師を採用したことが、広く紹介せられたが、私が盲人に大学入学を許可して大いなる同情を抱くようになったのは、熊井さんから献金をいただいたときのことが忘れられないからである。

それからウェスト・ロサンゼルスの教会で、すべての物を失って引き揚げ、日本で学園を設立した物語りを話したところ、献金袋の中へカマボコ型の黄金の指輪を投入した女性があった。おそらくこの指輪は結婚指輪である。アメリカでは、この結婚指輪は結婚式で、いったん夫にはめてもらったらさいご、死ぬまで抜きとらぬ女性さえあるという。

私はその指輪を売って、幾らかの金に代えて、寄贈者の善意に沿うべきかとも考えたが、それよりも、これを学園の一つの宝物として、永く保存して、いついつまでも学園の教職員学生一同のためにインスピレーションの泉となす方が、より効果的であると考えて、今もなお大切に保存している。

こうした感動的なできごともいくつかあったが、またはずかしめを受けたこともあった。それはロサンゼルスの山鹿牧師の教会での失敗であった。

日曜日の礼拝説教をやらせていただいたときのこと、山鹿牧師と並んで、講壇の上に腰掛けていたが、

「どうしたもんだろう。オルガニストがまだ来ていないんですよ」

と、いわれるではないか。十時を十五分過ぎたころ、あたふたとオルガニストが見えられた。車が混んで早く来れなかったらしい。

私は讃美歌をうたいながら、山鹿牧師にそっと、

「今日は十五分だけ短く、おはなしいたしましょうか」

と、聞いたところ、

「いいですよ。せっかくですから三十分やってちょうだい」

とのこと。そこで、私が悠々と語っていると、時計が十一時を打った。するとうしろの方にすわっていた長老さんの一人が、つと立って、ステッキを高々とふりまわし、

「やめたまえ！　長い話は」

と、さけばれた。私は、さすがはアメリカだと思った。アメリカでは説教は三十分以内ときまって

いる。

たぶん、その長老は、その日の礼拝が十五分遅れて開会したのを知らなかったのか。あるいは、彼も十五分遅れてきたのか。それとも別室で教会の事務をしていて、遅れて会堂に入ったのかも知れない。

私という男は、長談義の名人であって、桜美林の学生は、私の説教の長いのにほとほと困ってるらしい。ある年の卒業式後の謝恩会のスピーチで、

「私たちは桜美林学園で、安三先生の長いお話によって、忍耐を養うことができました」

などといった者すらあった。それはじょうだんであるにしても、日本人はすべてみな長い講演を平気で行なう人種であるが、中でも私ときたら長口舌《ちょうこうぜつ》の名人なのである。

ロサンゼルスの山鹿先生の教会のその長老さんは、私に大いなる訓戒を与えて下さった。いわば一大恩人だった。生涯忘れずに、肝に銘ずべき教訓だった。

（一二三）挺身護堤二世青年

南加〔カリフォルニア〕を去って北加に行ったところ、松崎祥作牧師がとくにひきまわしてくださった。同氏は北海道農大の卒業生で、バークレーのレイマン教会の牧師だった。とくにサクラメントにおける講演会は大成功、上出来だった。私は講演のあとで、『希望《のぞみ》を失わず』をみずからＰＲした。

「皆さん、この本は決して今夜はお読みにならぬように。なにしろ、この本は読み出したら最後、

読み終わるまで読んでしまわんければおけん本ですから、どうか朝になってから読みはじめてくださいませ」

もちろん軽い調子のユーモアに過ぎぬPRであったにもかかわらず、翌朝六時だというのに、一人の田紳（一世）が宿を訪れていわれるのに、

「先生、実は昨晩、私はベッドの上で、ご本を読んだ。先生は今夜読んだらアカンといわれたが、なあにと思って読み出したところ、とうとう夜通し読みふけっちゃったよ。そうして、いまやっと読み終わったので、ちょっと報告に来ました」

「そうですか、それはそれは」

「それからだ、『希望を失わず』をもう十二冊もらおう。これからシスコへ商品の買いだしに行くんだが、友だちにもこの本を読ませたいんだよ」

とのことだった。ただし、世の中のことはよい事ばかりでなく、サンフランシスコにもどって、ストウ博士記念館に滞在していると、さいきん日本から帰ってきたという巡回牧師の何某という仁《じん》が、サンフランシスコの人たちに、

「桜美林学園というのはボロ学校でねえ、徒手空拳で学校を建てるなんて、あの清水安三は山師じゃと、みんながいっていたよ」

などとふれまわっているということが耳に入った。私はこれはたいへん、知らぬ人が聞いたら本当にするぞと、実に悩み悲しんだ。そこで北加を早々に引き上げて、シアトルの町に飛んだ。

かねて、シアトルの日本人はみなウォームハーテッド・ピープル（温かい心の人びと）だと聞いて

いたが、シアトルの空港では、同地の各派の牧師総出の出迎えを受けた。各教会での講演をおわって、シアトルからヤキマ平原を横断してスポーケンに向かった。

ヤキマ平原でひろった話こそは一人の青年が、一命をささげて洪水を防いだという話であった。それはヤキマ平原を縦断する川の堤防が、うちつづく長雨でまさに決壊しようとしたときだった。多くの人びとが死にものぐるいで堤防の補強作業に懸命になっていたとき、それこそ一瞬のすき間に、堤防の一カ所に一つの穴があき、水が吹き出した。

見る見るうちにその穴が大きくなっていく。

「あれよ、あれよ」

と、叫ぶ中に、一人の青年が、ザンブと濁流の中に飛びこみ、その穴の中に頭からもぐり込んだというのである。つまり身をもって穴をふさいだのである。そのために堤防はついに決壊せずにすんだという話である。

水が引いたあとに見たら、その青年は大理石のように白い蠟石のようになって死んでいたという。しかも、その青年が日系二世であったということに、私はほんとうに感激せざるを得なかった。

スポーケンからアイダホ、ソートレークに出て、オグデンからデンバー(＊)に向かった。

アイダホ州にはアメリカン・インディアンのレザーベーション（保護村）があった。バスの中へ毛布を頭からかぶったインディアンの婦人が乗りこんでくる。明治の日本でも冬になると毛布を頭から

（＊）一九五二年一月一八日付の安三からのヴォーリズ宛書簡によれば、デンバー着は一九五二年一月一五日。

かぶる習慣があった。わが輩も小学生時代には毛布をかぶって通学したものだ。

アイダホのアメリカン・インディアンの女性の間には、その毛布の模様、色彩などに相当の流行があるようだった。

その毛布をかぶったインディアンの婦人の一人が、ソートレーク行きのバスの中で、私の隣に座席を占めた。その婦人は彼らの土語とピジン・イングリッシュで私に心安く話しかけてくるのであった。恐らく私をてっきりインディアンの紳士と見なしたのであろうか。彼女が途中で下車したとき、いとも惜別の情に耐えずといったかっこうと表情で、手のひらを唇にあてては、私に向かって投げキッスを送りつつ、バスが発車するまでたたずんでいた。その姿はまことに可憐そのものであった。

コロラド州では、合志慕氏が、何かとお世話をしてくださった。

（二二四）ラヴ教授を説得

コロラドの日本人村を片っぱしから、一つ一つ巡錫したのち、私はデンバーから電車に乗ってシカゴへ行った。ものすごいスピードの電車で、むろん窓は開閉できぬようにセットされており、乗客はみな、航空機同様シートについているバンドでからだを固くしばっているのであった。

そんなスピーディーな電鉄の中であるにもかかわらず、お盆の上にサンドイッチやコーヒーを載せて、腰で拍子をとってサービスする黒人のボーイが、車中の通路をたくみに歩く芸当には、まったく驚嘆せざるを得なかった。私があんまり興味ぶかく彼らを見つめていたので、たぶん彼らも私の方に

気付いたらしい。そのとき、

「おう、ヤス、ヤスではねえかよ！」

と、突如、その黒人ボーイの一人が呼びかけたのにはびっくりした。私は一九二四年から六年にかけてオハイオ州のオベリン大学で学んだのであったが、オベリンでは級友たちはみな、わが輩のことをヤス、ヤスと呼んだものだ。よく見ればその黒人ボーイは、私の級友バウ君だった。二人は相抱いて久闊《きゅうかつ》を、涙ながらに叙し合ったものである。

シカゴへ着いたら、旧友の石川清牧師が待っていてくれた。戦後にあっては、シカゴは日本町としてはナンバー・ワンで、多数の日本人が住みついている。

「石川はちっとも僕を世話してくれなかったなどと、帰って日本全国にふれ回されてはかなわんから、大講演会を開いてあげる。本さえ売ってあげたらよいのやろう。あんたの本はおもしろいから、なんぼでも売れる」

といって、いつに変わらぬ友情をもって引き回してくれた。おかげでカリフォルニア州で売れ残った拙著『希望を失わず』をことごとく売りさばくことができた。

それから私は郁子を同道して、いよいよオベリン大学を訪れることになった。郁子はシカゴへ来て、翌七(*)私を待っていたのであった。〔一九五二年〕二月六日にはクリーブランドの日本人教会で講演して翌七日である。また横浜港での入国（帰国）は、五三年五月二三日である。ブラジルに行った安三には同行していない。

（＊）清水郁子の遺品のパスポートによれば、郁子の横浜港からの出国は一九五二年一月一五日、米国入国は一月二七日、オベリン大学へと乗りこんだ。キャンパスには、まだ溶けない雪が凍りついたままつもっていた。

ここで少しばかりオベリン大学について述べることを許されたい。

オベリン大学はアメリカの数多いカレッジの中で、Ａクラスの大学で、そのＡ級大学の中でも、Ａ標準の大学であって、その資産ももっとも豊かな大学である。そして、世界で最初に男女共学を開始した学校である。オベリンのキャンパスには、知名な世界の教育家たちの賛辞を彫りつけた大きい共学記念碑が立っている。

また、オベリン大学はアメリカで、最初に黒人学生の入学を許可した大学で、黒白共学を開始した最初の大学でもある。またオベリン大学は、オーナー・システムを最初に断行した学校として世界の教育史上もっとも有名である。

オーナー・システムというのは、試験場には監督の教授も助手もいないという制度である。すなわち神をのみ監督者として、試験の答案を書くということである。

こうした学園であるにもかかわらず、その副学長のラヴ教授が、さきにわが輩に書きよこした書状は、まことにエゲツナイ手紙であったのである。「オハイオのオベリンと東京のオビリンとの間には何の関係もないことを、もっと宣伝するように」〔一二一回参照〕というのであるから、私とても頭にきたのであった。実は私は英語がヘタであるから、家内の郁子をわざわざ呼び寄せて、相携えてオベリン大学に乗りこんだのであった。しかるに、郁子はただじっとそばにすわっているだけで、私自身がひとりでラヴ教授に向かって立ちまわり談判することになったのであった。

世界には三種の英語がある。第一はキングス・イングリッシュで英国人のしゃべる英語だ。第二はアメリカン・イングリッシュであって少々鼻にかかる英語である。そして第三の英語とは、ほかでもない、ブロークン・イングリッシュのことである。そしてそれが私の英語ですが、と申し上げたのが皮切りで、私は率直にオビリン学園のことを訴えたところ、

「スチューデント・プロフェッサーを、オビリン学園に派遣しよう。そして旅費も、給与もみなオベリン大学で支弁してさし上げましょう」

と、なんと三十分足らずの談合できまってしまった。私は手まね、足まね、笑わせたり、怒らせたり、また涙ぐませたりして、とうとう承知させてしまった。これにはさすがの家内も感心して、

「アンタにかかったら、誰でもかないませんよ。すごい心臓だわね」

「すごい心臓《ぞう》じゃないよ、すごい安三《ぞう》だい」

こうした会話が私たちの間でとりかわされたことを、今でもよくおぼえている。

（一二五）捕虜マッカーサー

それからトロント、モントリオール、ボストンの巡錫を終えて、ニューヨークに出て、ニューヨークの梅沢清吉氏（現在群馬県水上の在に隠棲中）のアパートで、わらじをぬがせていただいて、ニューヨーク、フィラデルフィアで講演させていただいた。

梅沢夫妻は、どっさりお肉や野菜のはいっている冷蔵庫をあてがって、

「さあ、気楽に幾日でも滞在しなさい」

と言いのこして、自分達は旅行に出てしまわれた。なんという親切な、物のわかった行動だろう！

一九五二年三月《ママ》、ニューヨークからブラジルに飛んだ。(＊) サンパウロの空港に着くと、タラップの下に待ちかまえていた小林美登利《みどり》〔1891–1961〕君が、

「清水君、新聞記者が大勢、君を迎えにきているのだがね。この手紙をリオの春日夫人が、誰にも会わぬ前にぜひ読むように手渡してくれというんだ」

と、一通の手紙を出した。小林君は同志社時代の学友で、卒業後渡伯〔伯はブラジルの意〕して、サンパウロで聖州義塾〔聖州はサンパウロ州の漢字表記〕という学舎を建てて、すでに三十年になるという篤志家である。

春日夫人の手紙にはこんなことが書いてあった。

「清水さん、ようこそお出でやした。あんたは在伯同胞に、絶対に日本が戦争に負けたといったらあきませんえ。そんなことおいいやしたら、生きて日本へ帰れやしませんえ。わたし、それが心配で、心配で云々……」

と、書いてあった。春日夫人というのは、私が中学時代に、毎日曜日かよった大津教会の執事の外村米吉氏の令嬢のおとくさんのことである。二年ほど前に、夫君の春日亭氏といっしょにブラジルに移住し、今リオの郊外のノヴォフリーブルグで、柿の栽培を行なっている女性である。「柿の春日」といったらブラジルで知らぬ人がないほど有名である。

はたせるかな、空港のロビーへはいると、大勢の邦人牧師、信徒それに新聞記者が待ち受けていて、さっそくインタビューがはじまった。一人の記者がツカツカと前へ出てきて質問した。

「アンタは「北京の聖者」とまで言われた人ですし、よもやウソは言われますまいからおたずねす

るんですが、こんどの戦争で、日本は勝ったんですか。それとも負けたんですか。イエスかノーか、ひとことでお答え願いたい」

とんでもないところへ「北京の聖者」を持ち出したものだ。実をいうと、この「北京の聖者」といわれるのは、前からありがためいわくだったのだが、このときほどめいわくしたことはなかった。

「ああ、そのことならば、明晩の講演会で申しあげましょう」

と言って、とりあえず第一関門を無事パスした。今から考えるとその回答は実に聡明な回答だったと思う。何となれば、当夜の講演会のPRのためにも大きなプラスだったからである。

サンパウロに着いた日の午後、聖州義塾で邦人牧師の会が開かれたので、先生方からブラジルの在留同胞の中に「勝ち組」と「負け組」とがあることをくわしくうけたまわった。

前者は今もなお、日本が勝ったと信じているのであった。マッカーサー元帥は日本に捕虜となっていると信じているほどである。そして、この「勝ち組」の人たちはいたるところで、日本の敗戦を認めている同胞を迫害し、いじめているのだそうだ。すでに奥地の町では流血の騒ぎもあったとのことである。

勝ち組と負け組とは、サンパウロ州の各市で、在留同胞のコミュニティーを二分したため、野球場

（＊）清水安三「アマゾナの友」（『星雲』誌、森の道社、第一巻第一号、一九五四年一二月）の記述によれば、「去年三月北米を経て、ニューヨークから飛行機でサンパウロにつき、八ケ月」の間「講演の旅」をしたという。この記述通りなら、安三は一九五三年三月から八か月間、ブラジルに滞在したことになる。

も二つできてるそうな。彼らの子どもたちもいっしょに遊ばないんだと。

そのころ映画俳優の大日向伝《おびなたでん》と霧立のぼるの一座がサンパウロにきていた。ある日劇場で、彼らの講演会なるものが開催されて、霧立のぼるは、

「皆さん。富士山は今も昔のように、東海の天にそびえていますし、桜花は春来たれば、今も昔のように咲きにおうていますから、どうか、ご安心あそばせ」

と述べて勝ち組の拍手を受け、また、大日向氏は、

「日米が戦ったお蔭で、インドやビルマ、インドネシアその他の国々が独立したのであるから、日本としては一応目的を達したことになる。その意味において、日本は戦争に勝ったといえる」

と述べた。多少苦しい論理ではあるが、一応すじの通った講演であった。

そのほか、鶴見祐輔〔1885–1973、政治家〕氏もちょうどブラジルを講演旅行していたが、たぶん政治資金あつめが目的らしく、彼一流の雄弁でさかんに勝ち組の拍手カッサイを各地で受けていた。

芸人や政治家なら、まあそれでもよかろうが、カトリック広島司教区の司教と称する神父までが、はっきりと日本の敗戦を率直に報告せずに、

「日本が勝ったか、それとも負けたかは、今わたくしがはっきり申しあげなくても、時間がたつに従って、皆さんがおわかりになりましょう」

とだけ述べて、お茶をにごして帰国したという。

（一二六）　一生一代の雄弁

サンパウロの邦人牧師会がはねて、先生方がそれぞれ、聖州義塾を引き上げたあと、私は、私のためにあてられた部屋に入ってから、もう一度、ポケットから春日夫人の手紙を取り出して読みかえした。

明晩、私は真実を語るべきか、それともウソをつくべきか、それは私にとって一命をかけた大問題であった。そのとき「神もし我らの味方ならば、誰が我らに敵せんや」〔「ローマの信徒への手紙」八章三一〕というみことばが、私の頭の中に浮かびきたった。

翌日の夕七時、私はサンパウロでは、一番大きい教会で講演することになった。聴衆は五、六百人もあったろうか。

私は「先見」と題して、次のように語った。

「皆さん、英国はシーザーの時代にローマのために征服されました。ローマ人はイギリスに産するピュター（錫《すず》）が欲しかったのだそうです。

中世になって、デインの海賊のために幾度か町々は焼かれ、女は奪われ、ひどい目に会いました。英国民の中に海賊の血潮が流れているのはそのためであります。

英国の歴史そのものが、いわば南欧、北欧にこもごも侵された敗戦史みたいなもので、七たびも侵略されています。すなわち南欧の文化人、北欧の野蛮人がかわるがわる英国をおかしたのです。

ところが、英国民は聡明な国民であって、南欧の人びとからは教養をとり入れましたが、南欧の人びとの贅沢《ぜいたく》は決して受け入れなかったのであります。教養と贅沢とは紙一枚の差でありますが、よく英国人は取捨選択に成功したものであります。

諸君、ローマは贅沢によって滅んだといいますが、英国民は今日においても、きわめて質素であることは人のよく知るところであります。

英国民は海賊の血を受けついでいるからか、好んで海岸に乗り出す進取的で冒険的な国民性を持っています。かのロビンソン・クルーソーは、英国少年の本箱には必ず見出される本でありますし、また英国の少女たちがセーラー服を着るのを見ても、いかに彼らが海洋に対してアコガレを持っているかがわかります。彼らは海賊の血を受けているくせに、きわめてジェントルマン、レディーを気どっている。すなわち長を取り、短をすてているのであります。

さて、英国にはプロビデンス、摂理という語があります。この言葉はシェクスピアの戯曲にも出てきます。かのハムレットのセリフに「一羽の鳥でも、プロビデンスならでば、決して落ちはせぬ」〔第五幕に出る〕とあります。

英国民は南欧、北欧の外国人が攻めてきたときには、町々は焼かれ、妻や娘を奪われて、さだめし悲運に泣いたことでしょうが、今になってみると、すべては神の摂理であって、いまさら、かれこれ国史にキズがついたなどと嘆きはしますまい。

十字をかさねた英国国旗が、地球のいたるところにひるがえり、英国民が世界的に発展し得たのは、彼らがある世紀には南欧文化人の、ある世紀には北欧の野蛮未開人の血潮を受けたからではありませんか。

かのミルトン〔1608-74〕の『失楽園』は、

「われらはいずこに行かんとす、プロビデンスの御手こそ、われらの導き手なれ」

という一句で結ばれています。

諸君！　日本国内は何をかくしましょう。目下、敗戦の憂き目を日夜なめつつあります。

しかしながら、この時において私たちの祈り願うことは、今から二十年、三十年の後に、あるいは半世紀、一世紀の後に、ああ、あのとき日本が戦争に負けたのは、かえってよかった。負けたればこそ今日の繁栄があるのだと、顧みて神の摂理をそぞろ喜ぶような将来を、われわれ日本国民が持たなければなりません……」

と述べて、それから北京崇貞学園の接収てんまつを、ブラジルの在留同胞につぶさに語った。

すると、講壇のまん前に座を占めていた、一見農耕に従事しているらしい中年の日本人たちが、靴音もけたたましく床を蹴って立ち上がり、ドカドカと出て行った。その時は、さすがの私もドキッとさせられた。

講演を終わって帰るとき、宿の聖州義塾は、ほんの五、六百メートルの距離であったが、小林君はタキシイを拾ってくれた。

たぶん、座席を蹴って立ち去った人たちが道に待ち伏せているかも知れない、と思ったのかも知れない。

（一二七）三カ月で聖州一周

私は小林君に伴われて奥地へ講演に出て行くことにした。ブラジルの汽車は石炭のかわりに材木を燃やすので、文字通り火の車で、原始林に火の粉をまきちらしながら走るのである。夜行列車で旅立ったが、何しろブラジルの鉄道は平地を走るのでなく、山脈の稜線を走るのであるから、夜の火の車は実に壮観だった。

ただし、火の車に乗る以上、地獄へ旅立つような悲壮な感なきを得なかった。奥地では小林君が私の講演の前に尺八を吹奏してくれた。小林君はいつまでも自分が案内しては私に迷惑と思ったのか、やがて、各地の邦人牧師に託してサンパウロ市へ引き返した。

私はリレー式に町々村々の牧師さんに迎えられ、また送られて、奥地へ奥地へと巡錫の旅を進めた。例えばマリアナからリンスまでは佐久間牧師に、ゴヤンベからプロミッサンまでは小野牧師に、ラビニアからグアララペス、アラサッパの向こうへは、弓場牧師に案内してもらった。

プロミッサンの町の入口に、大きなキリストの像が立っていた。その高さは群馬県の高崎や神奈川県大船の山の上の観音像に及ばないにしても、それでも相当大きな像であった。両手を左右にひろげて、人を抱こうとするような聖像だった。

私はプロミッサンの間崎邸の客間に、ゴヤンベの小野謙蔵牧師とともに、ベッドを並べて寝たが、夜半につと床を抜け出て、屋外に出て神に祈ろうと思い立ったのであった。

間崎三三一氏は高知県出身のファゼンデロである。ブラジルでは大地主のことをファゼンデロというのである。邸宅は仁徳天皇時代の高殿《たかどの》のような家であった。間崎邸だけでなく、どのファゼンデロの邸宅もみな、この高殿式建て物だった。

地主は毎朝その高殿のベランダから、下に集まっているブラジル人の労働者に、一々部署して、その日の仕事の分担を与えるのが常である。二階だけが邸宅であって、階下は物置、倉庫に用いられている。その高殿に登るためには、石の階段が十段、十五段と、ちょうど日本の神社のようにきずかれていた。

間崎氏はコーヒー畑だけでなく、牧場も所有しており、牧場には点々と椰子が茂っていた。

その夜は月夜だったので、椰子の木がよく見えた。私はその椰子の林へ行って、ひとりで祈ろうと考えた。私はそっと戸をあけた。ところが、小野牧師は、がばっととび起きて、

「清水先生、どこへ行かれますか」

「いや、まだ眠れないので、あの牧場の椰子の木の下で祈ろうと存じました」

「ダメダメ、鈴ハブがいますから足をかまれたら最後、足を切りおとさなければなりませんよ」

と、叱りつけるように叫ばれたので、私はびっくりした。

「清水先生、ここでともにお祈りいたしましょう」

といって、ベッドにひじをついて、ひざまずいて静かに祈った。

「神さま、サントスに着いている二千冊の本を、どうすればブラジルの同胞に買っていただけるでしょうか」

と、率直に祈ったところ、小野牧師は私の肩を軽くたたいて、

「先生、どうか涙をふいて下さい。今夜はこれでお祈りをやめて下さい。ゆっくりお休み下さい」

翌朝、私が目をさますと、

「清水先生、私はあなたのために一臂《いっぴ》の力をお貸ししましょう。私は車にあなたを乗せて、ブラジル中の日本人の住む町々村々を、一つ残さずつれて歩きます。私は向こう三カ月のタイムを桜美林学園のためにささげましょう。どうかこの上はご心配なく、まかせておいて下さい」

といって、ベッドに横たわっている私の右手をしっかと握って下さった。

小野牧師の車は小型トラックであったが、私はそれに乗せていただいて、サンパウロ州をもう一度くまなく巡錫することができた。小型トラックであったから、拙著『希望を失わず』をたくさんつみこむことができた。

三カ月間駆け回ったのち、私は弓場牧師のジープに乗せてもらって、こんどは隣のパラナ州を村から町へと駆けめぐった。赤土の道路で、帽子、洋服はもちろん、耳の穴、鼻の穴、下着、ヘソまでも赤銅色になる旅行だった。

こうした義俠の人びとのおかげで、持参した本は一冊も余さず売れてしまった。私はふたたび飛行機でニューヨークへ飛んだが、途中リオに寄って、前述〔第一二五回〕のノヴォフリーブルグの春日家をおとずれた。（春日家のことは、先に第五〇回に書いた通りである。(*)）

(＊)この（　）でくくった一文は、本書巻末の「解題」に記した「手沢版」に書き込まれている。第五〇回には、「夏目君」が妻の「道子さん」とともにブラジルに渡った話が出ていて、ここの「春日」家とは名前が異なる。別人なのか、記憶の混乱なのか、定めがたい。

（一二八）アーメンと言え

昭和二十七《ママ》年十二月二十二日〔一二五回の注記参照〕、私は二年ぶりに長途の旅行から帰ってきた。私が羽田空港について出迎えの者に、最初に発した言葉は、

「どれだけ土地を買収したか」

という一語であった。そして、その答えは「まだ一坪も買っていません」であった。

ここで話を三年半ばかり以前にもどさねばならぬ。それは学園を創立して一年ばかりたった頃、校舎の所有者の片倉組から、借りている建て物とその建て物に付随している土地六万坪を買ってくれという電話を受けた。

私たちが借りている校舎は、元は軍の兵器廠の寄宿舎で、五棟からなっているバラックであるが、その敷地は、地元の八幡神社の所有地であった。ただし校舎の前のなだらかな丘の上に片倉組は六万坪の土地を所有していた。その土地の上に兵器廠に勤務する士官、下士官、技師、技手の住宅を建てることになっていたそうだが、建てる前に終戦になってしまったという。

片倉組の要請は、賀川豊彦氏の秘書、小川清澄君を通して、私たちに伝えられた。そこで、ある日小川君の呼び出しを受けた。

「実は建て物も土地も、どちらも三百万だというんだがネ。三百万だけ、聖書協会から借りてやるから、君は建て物の方を買ったらどうか」

「いや、僕は土地の方を買うことにする」

「そんなら、はじめたばかりの学校はどうするのだ。閉鎖するのか」

「いや、建て物の方は尻をまくっても動かんよ。そもそも借りるときに、ロハで貸してやる、何年でも使いなさいと、片倉組の社長が言われたんだからな」

と、私はがんとして小川君のことばに耳を傾けなかったものだから、小川君は、

「それでは君、祈ろう」

と言って目をつむり、

「神さま、この兄弟は、土地を買わずに尻をまくるなどと言います。どうか、そういう下品なことを言わずに、建て物を買う気持ちになるようにお導きください」

と祈った後に、

「君、アーメンと言い給え」

という。

「いやだよ。君、尻をまくるなどということばは、神さまに申しあげるものではないよ」

と、言い争っていたところへ、家内の郁子が実印をもってやってきた。たぶん小川君が電話をかけたのだろう。郁子はいちぶしじゅうを聞いて、

「それは小川先生のおっしゃる方が正しいですよ。われわれが土地も建て物も買うというならば話

はわかるが、土地は買うが、建て物はあけわたさずに、学校を続けるんでは、片倉組は三百万円しか入らないではありませんか」

といって、小川君の方に軍配をあげたので、さすがの私もしかたなく折れて、三人いっしょに聖書協会を訪れて、三百万円を拝借して建て物だけを買収することになったのである。因みに、この三百万円の借金は、賀川先生が二百万円、ミス・タッピングが百万円を献金して聖書協会へ返金して下さったかに記憶している。但し、もしもあのとき土地六万坪を買っておけば、今日では約三十億ないし六十億円の資産を有していたであろう。まことに惜しいことをしたものである。

その後片倉組は、坪単価八円で国鉄に売却したが、国鉄はその土地にさつまいもを栽培して、鉄道員たちの空腹の足しにした。ところが、二年ほどすると、村の農地委員は収穫したさつまいもをみんな供出させたので、国鉄はその翌年から土地を耕さず、放置してしまった。

すると、付近に住む人たちが、勝手にその土地を耕して、野菜をつくりはじめた。そして彼らは一、二年耕作したあとで、農地委員に土地の分配を要求し、一反歩がたった数百円かの代金で、各々が自分の所有地にしてしまった。そして六万坪の中の二万坪だけが、かろうじて国鉄の所有地として許された。

私はその二万坪を国鉄から譲り受ける交渉を、十河《そごう》信二氏を介して、同氏の女婿である加賀山〔之雄。国鉄総裁任期は一九四九年九月〜五一年八月〕総裁に伝えてもらっておいて、その土地買収の資金を作るために、打ち明けた話が、こんどのハワイ、アメリカ、ブラジルまで、拙著『希望を失わず』を八千冊持って、講演旅行に出かけたわけなのである。

私は二千ドルたまる毎に、どうかこれで土地をこれだけ買い入れてほしいと書いて、送金しておいたのである。これだけあれば、丘の上の二万坪はそっくり、学園のものになっているであろうと考えて、実は楽しみにして帰ってきたのに、一坪もまだ買っていないと聞かされて、自分の耳をも疑わんばかりに驚かざるを得なかった。

（二二九） 米軍牧師が土地を

それは、ある冬の夜のことだった。私が学園の前の八王子街道を歩いていると、中学一年の村井という、顔のまんまるい少年が、

「先生、散歩ですか。こんな寒い夜に」

と呼びかけた。

「いいや、今から復活の丘〔「復活の丘」は桜美林学園内の一区画〕にお祈りに行くのだ。どうだ君も来ないか」

といって、少年の腕をとらえて丘へ登った。どうして冬だったことを記憶しているかというに、凍った道をペシペシと音を立てて歩いたことをおぼえているからである。現在の学園のチャペルの前のロータリーあたりであった。私はひざまずいて祈りをささげた。

「神さま、どうかこの土地をください。学園は土地を要しているのであります」

と訴えた。実は私は前節で述べたように、ハワイ、米国本土、ブラジルの各地から、二千ドルたまるごとに、おカネを送金して、そのつど「これで土地を買収してください」と、書き添えることを怠

らなかったのである。

ところが、私が出発した後に、日本にはインフレが起こって、学園の教員の給料は五百円均一だったのが五千円、六千円と上騰《じょうとう》してしまった。そして留守居の会計は、私の送金をもって学園の赤字を補い補いしてきたのであった。

「なぜ、土地を買わなかったのですか」

となじると、

「給料は人間の生命にかかわりますからね」

と、うそぶくではないか。インフレの指数に応じて、値上げすればよかったのにと、責めてみてもすべてはあとの祭りである。

私は少年をつれて、神にひざまずいて祈ったことは祈ったが、およそ半年ほどは何の応答もなかった。ところが、夏休み中のある日の夕方、私が学園の門を出て行こうとすると、一台のジープがとまった。中からUSの海軍の士官がおりてきたではないか。

「この学校はクリスチャン・スクールかね」

「イエス。ハウ　ユウ　キャン　ノウ？」

すると、彼は屋根の上に立っている十字架を指さした。聞けば彼氏は、その頃、厚木ベースに着任したチャプレンのサレンバーガー〔Sullenberger〕少佐であった。

「この建て物は寄宿舎でしょう。校舎はどこに？」

と聞く。教室にしては、天井が低すぎるからである。私はその時、

「校舎はあの丘の上にたっています、見えませんか」

というと、チャプレンは丘の中腹から頂上、右方、左方に視線を注いだので、

「あなたの眼には見えないでしょうが、私の眼にはよく見えます。それ、あそこに白いコンクリートの校舎がずらり並んでいるでしょうが」

と叫んだところ、

「もう土地は買ったのか」

と、再び聞かれたので、

「ナット　イェット　サー」

というと、

「わたしが買ってあげる」

といって、私の手を固く握りしめた。同師は四年間、厚木のベースに駐留していたが、その四年間の毎日曜日の礼拝の献金を、ことごとく貯金しておいて、帰国する際、そのぜんぶを寄付してくださった。

私たちは、その献金で、さっそく復活の丘の中腹に土地七千五百坪を買い入れた。今日、学園の中央を走っている道路の左側の校地が、その土地である。チャペル、学生会館、校舎、軟式野球場などはその土地の上につくられているのである。

もしも、ざっくばらんにいうことを許されるならば、サレンバーガー師からいただいたお金は、四千ドルであったが、今日では、地価は坪単価三万円以上であるから、実に二億二千五百万円の学園

の財産となっている。

さて、そのサレンバーガー師のその後の消息であるが、全校の教職員が横浜の埠頭までお見送りして、軍艦に搭乗されたとき、デッキに立って、贈った花束をご夫妻が高くあげたり花束に口づけするなど、実に愛想よかったが、それ以後、一本の葉書も送って来られなかった。

私たちはときどき便りをさしあげたが、クリスマス・カードや年賀状もよこされなかった。チャプレンに就任前は、モンタナ州の組合教会のモデレーター（議長）だったと聞いていたから、モンタナ州の組合教会に手紙をさしあげたがまったくナシのつぶてで、まったく消息はわからない。

察するに、日本で為したすべての善事を、完全に忘れてしまい、いつまでも恩にきせまいというのが、同師の本心なのであろうか、まことに、ますます尊敬に値する行為ではないか。

（一三〇）ロハで土地を買収

学園の中央を縦に走っている道路の左側の校地がチャプレンのサレンバーガーの好意で与えられたものであることは、それでわかったが、それでは右側の土地はいかにして与えられたか。これに関しても、実に神秘的な挿話がある。

私は、学園の専務宗像完君にその土地が手に入るよう、八方奔走するよう要請した。同君はその土地が国鉄の所有地であるので、東京監理局へ嘆願書を提出したが、その書類提出にあたって私は、

「いよいよ書類を提出しますが、国鉄がＯＫといったら、お金を払い込まねばなりません。その時

に金策ができないと、学校の信用は落ちて、再び願い出ることはむずかしいですよ」と、念を押されたのであった。

「一体、坪単価いくら?」

「五百円です」

「そら、ちょっと高いね」

「何でも、この村で最近五百円で土地の売買があったそうです。そうすると、国鉄としては、それよりも安く払い下げることは、絶対にできぬそうです」

「そう、じゃあ五百円で買いましょう。話をスピーディーに進めるためには、言い値で買うに限る」

私は決裁した。数カ月たって、こんどは宗像君が言いにきた。

「国鉄は、替地《かえち》として五百坪でよいから淵野辺に土地を買ってよこせと注文をつけています。買ってよろしいか」

「よいが、その替地を買うおカネはありますか」

「それはわずか五十万円でよいのですから大丈夫です」

「……」

「しかし、替地を買って提供した以上は、土地代が払い込めぬ時はバカを見ますよ」

「……」

「よろしいですか」

「心配しなさんな、神さまは、なくてならぬ物は必ず与え給いますよ」

実をいうと、私には自信はからきしなかったのだが、さも泰然としていい放ったのであった。

日本のお役所の仕事というものはすこぶる慢々的《マンマンデ》〔ゆっくり〕なもので、私たちの提出した書類が、課長から部長へ、部長から局長へ、局長から総裁へ、それから運輸大臣にまで進んで行くうちに、なんと四カ月もたってしまった。ある日のこと、宗像君がいきおいよく私の室へ入ってきて、

「先生、復活の丘の道路の右側の土地が、学園の所有となる時が来ました。ただし、一週間以内に、淵野辺の駅長に、土地代四百五十万円を払い込まねばなりません」

という。私はその時少しもさわがず、下っ腹に力をこめて、

「それはよかったね。大成功だ」

と言ったところ、

「今、学園には十万円の余裕もないそうですが、大丈夫ですか」

と、追い打ちをかけてきた。

「じゃ、祈りましょう、それが与えられるように」

といって、すぐ私はひざまずいた。昔、チャイナ・インランドミッションのハドソン・テラーが、会計係が「もうツウ・ダラーズしかお金がありません」と告げたとき、「そう、じゃ、祈りましょう」と言って、ひざまずいたと聞いている。私はそのマネをした。

私がひざまずいて祈っていると、そこへ靴音も高く入ってきた二人の紳士があった。その一人は横浜銀行の淵野辺支店長の武藤氏だった。

「清水先生、今日聞いたばかりですが、桜美林には広大な土地が手に入ったそうですね。このお方

は、うちの得意先ですがネ、土地に投資したいから、ぜひあなたに紹介してくれとおっしゃるのです。一つ頼みますよ」

と、実にだしぬけに、しかも大きな声でいわれるのだった。そこで私はさっそく、二人を案内して、

「どうです、この道路の三角形の細長い地面を売りましょうか」

「……」

「四百五十万円で買ってください」

といったところ、図面を見ながら、

「約千七百坪ありますね」

「さあ、そのくらいありましょう。とにかく測量などせんでよろしい。ここからあそこまでだ」

まことにおおざっぱな話ではあったが、約九千坪の土地の道路側の三角形の土地約千七百坪は、他の土地から若干かけはなれていたので、私はここは割愛して売ってよいと考えたのであった。

かくて、その千七百坪の土地を売ったおカネで、学園は国鉄の要求通り、淵野辺駅長に、四百五十万円を払い込んで、残りの七千坪ばかりの土地をロハでちょうだいすることとはなったのである。一個三百円の西瓜を、十きれに切って、そのふたきれを三百円に売って、残りの八きれをロハで食ったと同じである。なんとボロイ、バーゲンだったことか。

（一三一）吉野天皇の行幸

それは昭和二十九年の夏の初め頃のことだった。米国オベリン大学シャンシー（山西）オベリン財団から一通の部厚い書状がきた。何か知らんと、胸躍らせつつ開封したところ、ミメオグラフ〔謄写版〕でもって、

「このたび、本財団の理事フェアフィールド博士を派遣して、日本の桜美林学園と台湾のドンハイ（東海）アカデミー、それからインドのマドラス学園を視察させる。本財団はこれら三校の中、いずれか一校を選んで、もっぱら援助しようと考えている。何れの学校を援助するか、それは同博士の報告によって決定せられるであろう。同博士があなたの学園をたずねたときには、もしも本財団が毎年五万ドル（約一千八百万円）を寄付したならば、いかに使用するかプランを立てておいて、それを十分説明するように云々……」

と書いてあった。

フェアフィールド博士は、かつて山西省の大谷の銘賢学校の校長だった人である。かの有名な孔《こう》祥《しょう》熙《き》〔1880–1967. 政治家・実業家〕氏は、この銘賢学校の卒業生である。孔氏の夫人〔宋靄齢〕と、蔣介石夫人〔宋美齢〕とは姉妹であって、孔氏は中華民国の財政部長だったこともある。

在支宣教師は、ほとんど例外なく日本嫌いであるから、私は台湾の東海アカデミーが、年五万ドルをもらうことになるだろうと、すでに、その書状を一読した瞬間に直感していた。それにしても心残りのないように、フェアフィールド博士の歓迎には、誠意を傾けて当たる決心をした。校庭には一枚の枯れ葉も散らばっていないように、校舎を徹底的に清掃して、床板も木目が現れるまでにタワシをかけてふいて、お迎えすることにした。

また、生徒たちは、三三七拍子のチャーで、にぎやかに歓迎し、教員たちはスキヤキ・パーティーを催して歓迎の意を表した。また部活動も一つ一つ見ていただいた上に、野球部、バスケット部、さてはバレーボール部はそれぞれユニフォーム姿で、博士を真ん中にして写真をとった。そしてそれらの写真を集めて、アルバムを作製してさし上げた。

茶道部はお茶をたてて、ティー・セレモニーを催し、華道部は花を生けて、フラワー・アレンジメントの技芸をごらんにいれた。またキモノ姿でおどりを踊ったり、三味線をひいて歌謡曲を聞かせたりしたので、この歓迎をみんなは、吉野（フェアフィールド）天皇の行幸《ぎょうこう》だといったものである。

さて私は、フ博士に対して、つぎのような企画のあることを報告した。

① もしも毎年五万ドルいただいたならば、第一年目には高校の教室九教室を建築。
② 第二年目も高校教室九教室建築。
③ 第三年目にはチャペルを建築。
④ 第四年目には短大教室を建築。
⑤ 第五年目には中学校十教室建築。
⑥ 第六年目には図書館・本部建築。
⑦ 第七年目には体育館を建築。
⑧ 第八年目以後は、どうか台湾またはインドの学校を助成せられたい。

ここで、山西オベリン財団について、少し述べることにする。この財団はチャールス・マーチン・ホール（一八六三〜一九一四）氏の指定寄付金によって組織されたもので、ホール氏の名は、少しでも冶金学を学んだ人ならば、だれでも知っている名前である。同氏がむかしオベリン大学の学生だった頃（一八八六年）、理化学の実験室で、アルミニュームの製造法を発見したことは有名な話である。その発明によって、ホール氏はたちまちにして、百万長者となってしまった。彼は生涯を独身で過ごしたので、死ぬとき遺言をして、財産を母校オベリン大学に寄付したのである。その寄付金で、山西オベリン財団も組織されたのである。

では、なぜ山西オベリン財団と名づけられたかというに、ちょうどその寄付がなされた頃（一九〇〇年）に北支に義和団（拳匪《けんぴ》）が蜂起して、外人宣教師をみんな虐殺するようになった。この拳匪のために、山西省地方に伝道していたオベリン大学出身の宣教師が四名までも虐殺されたので、オベリン大学は、その記念事業として、山西省大谷に創立することにし、その学校をシャンシー・オベリンと名づけ、中国名を銘賢学校と名づけたのである。

この山西オベリンの校費は、百パーセント、ホール氏の寄付金の利息でまかなうことになったのである。但し、その遺言状には、ひそかに聞いたところによると、

「この寄付金は、日本及び極東の人びとの教育のためにも用いられるように」

と書かれてあったそうであるが、それだのに、いまだかつて、一ドルも日本人の教育のために用いられたことがなかったのである。

（一三二）ドルかエンか

フェアフィールド博士はさすがに私たちの歓迎ぶりに対して、非常に満足のようだった。

「どうだ、ボクはたしかに手ごたえがあったと思うのだが」

「わたしも同感」

と、私たちは語り合ったが、どうしてどうして、まだまだ楽観は許されぬ情報がひんぴんと入ってきた。フェアフィールド博士は、なおも英語をしゃべれる人びとを訪問しては、

「ヤスゾウ・シミズはどういう人物か」

と聞き歩いたというのである。そのことを聞いた私は、「こら、もうアカン」と思った。総じて日本人はみな島国根性の持ち主である。人にケチをつけることなど朝飯前のことである。はたせるかな、

「ミスター・シミズは理事会で議決したことでも、自分勝手に反故《ほご》にしてしまう男だ」

と評した先生があったそうな。

アメリカ人はとくに、理事会できまったことを勝手にくつがえす男だなどと聞かせたらさいご、それこそ百年目である。

「オレが理事会の決議をくつがえしたことがあったかも知らん」と思いめぐらしたところ、「あった、あった」と、思わず叫ばざるを得なかった。それは、創立当時、理事長の賀川先生が男女共学は絶対に不可であると主張せられたので、園長の清水郁子は名うての男女共学論者ではあったが、私たちは、

女学校として学園を発足したのである。

ところが、ある日のこと、理事長の賀川先生から電話がかかり、

「実は、わぁしが理事をしている短大に、ストライキが起こっているんだよ。キミ、その中心人物の一人の教授と、十二人の学生を引きとってくれないか」

といわれるではないか。他ならぬ賀川先生のご依頼であるから、さっそくお引き受けした。ところが、なんと驚いたことには、その十二人の学生の中、十一人までが男学生であったのである。そしてそのことが、桜美林学園を男女共学にしてしまったのである。

私はそのイキサツを、つぶさにフェアフィールド博士に申し上げて、弁解しようかとも思ったが、キリストもピラトの法廷で、一言も弁明などしたまわずして、ただ「イエス黙し給えり」で押し通されたことを思い出して、私も再びフェアフィールド博士を、その宿舎に訪れなかった。

それからもう一つ、悪いことが重なった。それは、当時オベリン大学から、スチューデント・プロフェッサーとして来ていたエルダー君が、学生に「日米関係について」というペーパーを課したところ、一人の学生が、茶目っ気半分で、「オール　アメリカン　ソルジャーズ　ゴー　ホーム」というタイトルでペーパーを書いたそうである。しかもエルダー君が、オベリン大学の山西オベリン財団の書記に送付したという。するとその書記は、そのペーパーを謄写して理事たちに送ったそうだ。

そうしたことが重なったからだろう。例の五万ドルの助成金はうちへ来ずに、台湾のドンハイ・アカデミーへ提供せられることになってしまった。バイブルには「敵は家の者」という語句があるが、本当にその通りであった。

実は、台湾のドンハイ・アカデミー助成ときめた理事会は、フェアフィールド博士の来日せられた翌年の二月十四日に、オベリン・インで開会されたが、私はその理事会の日取りの通知を受けていたので、その夜は徹夜して祈ったものである。

数日後、山西オベリン財団の書記から手紙が来た。さすがの郁子も、封を切る手はふるえていた。

「ノウ　でした。やっぱり」

と、ただ一言、さも気の毒そうに私の顔を見上げた。私はその瞬間、

「なんじ何故にドルにて建てんとするや、何故にエンにて建てんとせざる」

という神の声を聞いた。

私がフェアフィールド博士に提出した企画の案どおりに、年々校舎やチャペルや体育館を建て得たことは人の知るところである。ドルで建てるには、ただ一度、丸の内のアメリカンバンクに行って、チェックをエンに換えればそれでよいのであるが、エンで建てるには、靴の底をすり減らさねばならないのである。そのかわり、その喜びは、幾千倍であるにちがいないが……。

いったい、祈りというものは、イエスと応験あればもちろんそれは応験。ノーと応験なきもまた、それもありがたい応験であると考えるがどうか。私たちは今、ドルで以て建築せずしてエンで以て建築したことを、痩せ我慢で言うのではなく、心から神に感謝している。

（一二三）ルパート軍曹

それは昭和三十三年の一月ごろのことであった。ある日の夕食の折りに、家内が、

「今日ね、ルパートという米軍の軍曹がやってきて「この学校でもっとも必要なものは何か」って問いましたから、チャペルが欲しいと言ったのですよ。すると、「わたしが建ててあげる」というんですよ」

と、いかにもうれしそうに言ったので、私はきわめて冷淡に、

「軍曹がか」

と、ただ一言答えて、まったく相手にしなかった。その後、時折りルパート軍曹がきて、学生たちを集めて、チャペルの与えられるように、祈禱会を開いたなどと、私に報告するのであった。

また、ある日の夕食の折りに、

「ルパート軍曹は、なんでも駐留軍の広報係だそうですよ。ニッポン・タイムスに、桜美林学園のことを書かせて、募金のキャンペーンをすると言っていました」

と、私に再び、さもうれしそうに報告した。

「マッカーサー時代だったら、そんなこともできたかも知れんが、今となっては、一軍曹の身で、そんなことができるものか」

「……」

「神さまを試みることは、いけないことだからね」

と、かえって家内をたしなめたものだ。

それから一カ月ほどして、三月のはじめに、私は所用があって近江八幡市に出張して、そこに滞在

しているとき、近江兄弟社の社員の一人が、

「先生、ニッポン・タイムスに「ストーリー・オブ・オビリン」（桜美林学園物語）が載っていますよ」

といって新聞を見せてくれた。なんと、一ページ大に大々的に取り扱っているではないか。

「ルパート軍曹、やったな！」

と、思わず叫んだ。同軍曹が寄稿したにきまっているからだ。

三月七日の夜行で、近江八幡市から帰って、八日の卒業式を挙行した。式は讃美歌、聖書朗読、祈禱で始まり、卒業証書の授与、学園長の訓辞がおこなわれた。それから、在校生代表の送辞、卒業生代表の答辞を読むという段取りに入ったばかりのときだった。

「火事だ！　火事だ！」

という叫び声が聞こえた。司会の宗像先生が外へ出て、

「皆さん、倉庫の窓が煙を吐いていますが、大したことにはなりますまい」

と、いとも落ちついた口調でアナウンスしたあとで、

「それでは、女子は静かに二つの出口から、走らないで歩いて出なさい。男子は街道に面する窓を越えて退場！」

と命じた。時をおかずに消防車が一台また一台と到着した。計十三台やってきた。幸い学園のプールには三千石〔一石は約一八〇リットル〕の水がたたえられていたので、見る見る間に鎮火してしまった。それでも、倉庫と炊事場は全焼、卒業式の式場だった講堂は半焼。もっとも惜しかったのは、倉庫にあった

印刷機と活字をことごとく失ったことであった。

火元は、倉庫の中にあった育雛箱《いくすう》であった。Hというのは、高校二年のHという少年が、倉庫の中に住み込んで、鶏の雛を三十羽飼っていたのであった。Hというのは、広島県下の者だが、彼が教会に通い出して、洗礼まで受けたので、熱心な仏教徒の父親が、彼を勘当してしまったそうである。今ごろ珍しいことである。

そこで彼は牧師の紹介状をもって学園へやってきたので、私は彼に養鶏のアルバイトを与えて、月謝や食費を免除したのである。

そして、こんど近江八幡へ旅行するとき、いわれるままに、鶏の雛を三十羽買ってやった。聞けば彼はその雛の世話をするために、倉庫の中へベッドを持ちこんで、寝起きすることにしたという。

卒業式の前は、かねてHに特に目をかけてかわいがっていた例のルパート軍曹は、Hをつれて町に出て、電気コンロを買い与えた。

Hがそれを辞退すると、

「君にやるんではない。かわいい雛にやるんだ」

と言って、育雛箱のそばにおいて帰ったそうだ。

Hは卒業式には、その電気コンロが心配で欠席したが、来賓席にいたルパート軍曹が、そっと式場をぬけ出して倉庫に行き、Hを連れ出して、校庭を散歩しながら、写真をとったりしていたところ、

「火事だ！　倉庫が燃えている」という叫び声を聞いて、びっくりしてかけもどり、よせばいいのに、倉庫の入口の扉をグイと開いたので、空気がさっと入って、パッと火が燃え上がったのである。

こうして、チャペルを建ててやると約束したルパート軍曹は、学園の食堂兼講堂のたいせつな建物を燃やしてしまった。さすがの家内も、これには泣くに泣かれぬありさまだった。

(一三四) チャペル建設

鎮火の後、最敬礼をして消防車を見送った後、私は、

「困ったことになったわい。学園には半焼の浴室を修理する資金さえもない」

とつぶやきながら家に帰り、帰るなり、すぐにベッドにもぐりこみ、ふとんをかぶって眠った。ところが夜半に、

「清水センセイ、清水センセイ」

と呼ぶ声がしたので、がばっと起きて雨戸をあけたが、誰もいない。さては今のは夢だったのかと再び床に入ると、またしても「シミズセンセイ」と呼ぶ声がする。まさしく女性の声である。聞きおぼえのある声だ。そうだ、先年短大を卒業する直前に、腹の手術をして死んだ内田の声だ。

「これは神さまからつかわされて天国から来たにちがいない。火事場の再燃の知らせに来たんだ」

と独語しつつ、ドテラをひっかけて、小走りで現場へ行った。火はもうすっかり消えて煙すら上ってはいなかったが、玄関にあかあかと電灯がともされていて、寄贈された火事見舞い金が「金一万円也、町田市長殿」とか、「金五千円也、町田市会議長殿」「金一万円也、日本基督教学校教育同盟」とか、でかでかとザラ紙に大書して貼りならべてあった。

私はふところ手したまま、勘定したところ、ちょうど十万円あった。

「よおし、この十万円をことごとく郵便切手にして、約束のチャペルを建ててこまそう」

と、叫んだ。

翌朝、私はワラ縄をバンド代りにしめて、学校へ行った。私の郷里では、火事の火元は一年間ワラ縄を帯にしめることになっているのであった。いつものように、教員たちが朝拝に集まったので、私は、

「学園は今日から春休みにします。今日は諸君にお願いがあるのです。まず皆様は、机の上にある本立てを片づけてください」

と、力をこめて言った。それから私は先生たちに向かって、できるだけ種々の相異なる十円の郵便切手一万枚を買い集める役、封筒を一万枚買いに行く者、募金の趣意書を和文で書く者、英文で綴る者、その趣意書をガリ版にきる者、それを印刷する者など各分担を定めて、もっとも適任であると思う人たちに依頼した。

また、字の上手な人たちを選んで、封筒の宛名書きを頼んだ。その宛名は、正月にもらった年賀状によることにした。私のだけでなく、すべての先生方の年賀状を提出してもらうことにした。また、基督教年鑑や、紳士録、さらに在日外人紳士人名簿の中からも選び出して、ともかくも一万人の人びとへ趣意書を発送することにした。

しかも切手別納にしないで、手間のかかる切手を一々はって出した。それというのも、その方がより印象的であると考えたからである。そして、これらの仕事にたずさわらない人びとには、おにぎり

の炊き出しをやってもらって、夜食の用とした。

その和文、英文の趣意書には、キリストを信仰したために、親に勘当されて、広島からきた学生に養鶏のアルバイトを与えたこと。その学生が倉庫の中で雛を飼っていたところ、ルパートという米軍の軍曹が、電気コンロを買ってやったこと。その電気コンロ過熱のために、雛の箱のワラが燃えたこと。それが原因で学園の倉庫や炊事場、食堂兼講堂が焼けてしまったこと。ルパート軍曹はなんとかしてチャペルを建ててくれようと考えて、しばしば学生を集めて祈禱会を開いたこと。ルパート軍曹にはいささかも悪意はなかったが、結果においてはチャペルを建ててくれるどころか、おんぼろではあったが、講堂を焼いてしまう結果になったことなどを書き綴って、どうか応分の寄付をしてくださいませんかと訴えた。

私は一万枚の手紙を不眠不休で作成することを要望したのであったが、それでも切手をはり終わるまでには三日三晩かかった。私はその手紙を柳行李に入れて、それをかかえながら、神にお祈りをささげたあとで、郵便局へ運んでいただいた。

何しろ、ラジオもテレビも、サクラビリン学園が燃えていることを報じたり、大小の新聞がみんな二段ヌキ、三段ヌキで、黒煙の高く上がっている写真を掲載してくれた直後であったところへ、また趣意書が届けられたこととて、日本全国の各地から寄付金が殺到したものである。

その金額もなんと七百八十万円の多額に上ったが、その上に保険金の支払いも受けたので、私たちは今日、さかんに利用しているあの美しいチャペルを、みごとに建てることができたのである。

考えてみると、ルパート軍曹が有志の学生たちとともに祈った祈りが聴かれたともいえよう。私はこのチャペルを荊冠堂《けいかん》と名づけた。その表正面に高く、青銅のスリイ・ネイルズ・クラウンのいばらの冠が掲げ掛けられてあるからである。

（一三五）図書の収集

私の祖父も父も、紙幣の収集狂であった。彼らはカネを使おうとはせずに、大根メシ、菜メシを食い、柔かい着物はいっさい着ずに、働いて働いて働きぬいて、紙幣を集めて、土蔵の床《ゆか》の下に壷や甕《かめ》を埋めておいて、その中へ一円札、五円札、拾円札、弐拾円札、百円札を貯えることを楽しんだ。

私は幼い頃、紙幣の土用干しが行われたことをおぼえている。座敷にも納戸にもいっぱいに紙幣がキレイに並べられていたことを記憶している。「五拾万両たまったわいの」と、祖父が母に言いながら、ほくほくしていたのをおぼえている。

私は職業柄、紙幣の収集には何の興味も持たないが、遺伝というものはふしぎなもので、私は北京では貨幣紙幣の収集に相当凝《こ》った。中国の各時代の貨幣紙幣を集めておいて、それを来客に見せびらかすのが私の趣味の一つだった。

日本へ帰ってから収集したものは、岩石と鳥類（上野の博物館にもない鳥の剝製）と植物（丹沢の草と相模湾の海草）など、克明に収集した。

また、私が煎茶茶碗の収集家であることは、すでに人の知るところである。私が収集マニアであるために桜美林学園への大きな貢献をしたことの一つは、図書の収集であった。

ご承知のように、大学設立の申請には、図書の設備が必ず条件的に要求される。そこで多くの学校は、東京の書店に予算を示して、何千冊集めてくれと発注するのである。けれども私の学校では、私みずからが東京、京都の古本屋を一軒一軒訪れて購入するのである。また老学者や学者の未亡人、遺族をいちいち訪ねて買い集めるのである。

およそ、学園の経営者の、もっともイヤな仕事は金あつめで、一番楽しい仕事は図書の収集であろう。

さて、収集というものには、どうしても雪だるまの芯《しん》がいる。芯さえできると、あとは転々としてころがって行くうちに、おのずと大収集が出来あがるものである。うちの図書収集の芯になった本は、八王子の元陸軍幼年学校のライブラリーであった。私たちがこの件を最初に耳にしたのは、八王子在の恩方村の助役、菱山家の土蔵に、元幼年学校のライブラリーが、疎開されたまま隠匿《いんとく》されているということだった。

昭和二十三年の夏のある日のこと、私は家内の郁子を伴って、立川の米軍キャンプを訪ねた。その日は大雨で、立川の町は泥水の川であった。郁子のスカートはびしょぬれで、見るもあわれな姿だった。門番の米兵は私たちを交通連隊長のオフィスへと案内してくれた。連隊長スカッダーは、家内から一部始終を聴いた後、部下の下士官を皆別室へ退かせて、みずから四個の受話器を用いて、一個は座間のキャンプ、一個は東京丸の内のガヴァナー（米軍大佐）のオフィス、一個は横浜のキャンプ、一個は横田空軍基地のキャンプに電話をつながせて、元八王子幼年学校の図書についての処理の担当係官を聞いてくれた。すると、横浜キャンプのベーカー大尉が処理し得る人であることがわかったの

で、さっそくかけ合ってもらったところ、

「元八王子幼年学校の本はことごとく灰になったという報告が出ているから、その灰の処理は貴官にまかせる」

という返答がきた。

翌日は晴れて上天気だったが、スカッダー少佐は大型トラック三台を派遣して、恩方村の菱山助役の土蔵に隠されていた図書を一冊も残らず、学園に届けてくれた。

「あなたはどうして、そのように私たちに親切にするのですか」

と問うたところ、

「実は私が軍人になるときに、クエーカー派の信者の母は強く反対して、どうか軍人になるのだけはやめてと言って悲しんだ。私がもしも軍人になっていなかったら、こんどのように日本のクリスチャン・スクールを助けることはできなかったであろう。私は米国にいる母に報告することができて、今日は実にうれしい」

と言った。私たちのライブラリーには、西南の役、日清、日露戦争に関する文献が数多く集められている。こうした戦争ものの文献はほとんどといっていいほど、終戦の際、米軍に没収され、米国へ運ばれてしまったとのこと。

もし、そうだとすると、後世、西南の役や、日清、日露の戦争に関して調査をするものがあるとするならば、桜美林学園のライブラリーは、大いなる貢献をなすことであろう。

（一三六）さつまいも行商

学園に、短大、それから四年制大学が、ひょうたんから駒が出たように産み出された一つのきっかけは、学園に図書が収集されてあったからである。

学園の所在地は、さつまいもの産地である。今ではさつまいもなど顧みるものはないが、終戦当時は何物よりも貴重なものの一つだった。都心の人びとは、きそって農村へ買出しに来たものである。

「今日は何を持参したかね。時計か、時計なんかいらねえよ」

「……」

「うるさいな。そのザルの中をのぞいてごらんよ」

と、牛に草をやりながら、牛小屋の前にうず高くつまれてあるさつまいもの上の竹ザルに、農夫が視線を向けたので、ふと見ると、男物、女物の腕時計がザクザク入っているではないか。

これは喜劇俳優古川ロッパ〔1903〜61〕が演じる芝居の中に出てくるセリフのひとこまであるが、当時にあっては、都心の人びとは、帯やきものや床の間の置き物など、何でもかんでも持ち出して、農家の門に立って、食糧との交換を乞い歩いたものである。

こうした現象を見て、私は農家の生徒の家から、割安にさつまいもをわけてもらって、それをリュックにつめて、都心に出て押売りしたものである。神田かいわいの戸毎に立てば、リュックいっぱいのさつまいもを売りさばくために一時間のタイムも要しなかった。

「おじさん、澱粉だけでは困るよ。蛋白質も持ってきなよ」

と頼まれるので、私は米軍キャンプの残飯をロハでもらい受け、それを浄化して都心へ運ぶことを思いついた。幸い、郁子は座間や厚木のチャプレンから、残飯をもらい受けるに十分な語学の実力を持ち合わせていた上に、九年間もアメリカで暮らしたので、穴だらけになったチキンの丸焼きから肉片を集めたり、出がらしのコーヒーの粉を残飯からより分けて二番煎じのコーヒーを製作したり、ロースハムやサラダの食べ残しを、残飯とは思えぬほどに再製してくれた。そうした再製加工の食物をもって都心へ行商に行くのが私の役目だった。

私はこうした方法で、おカネを得、得たおカネをことごとく古本収集のために用いた。とくに古本十円均一、二十円均一、三十円均一の本の中から、漢籍や和書を買い求めた。なにしろその頃は、外国語書籍が高値で、漢籍や和本は店先特売の中に並べられていたものである。今から考えると、あのとき思いきって、どっさり買いこんでおけばよかったと、残念に思っているほどである。

北京在住中、私は貧乏牧師に似合わず、在留邦人中、十指に数えられるほどの蔵書家だった。終戦の際に接収された私個人の書籍は四千冊に近かった。実をいうと、私は学校の校舎を没収されたときよりも、自分の蔵書に別れを告げたときの方が、何だか悲しかった。そうした体験から、古本集めのためなら、なんでもするぞという気持ちになったのであった。

世の中のことは、何が働いて益をなすかわからないもので、私の書物収集欲こそは、桜美林学園をして、ついに大学にまで育て上げたのであると言える。

多くの学校の中には、短大や大学を新設する場合、東京の本屋に「三千冊集めてくれ、予算は一千万円」といったあんばいで本あつめをしたところが多い。しかし、うちの図書は私みずからが資金を作り、みずからが古本屋で一冊一冊買い集めたものである。

「領収書には正札の値で書きましょうか。それとも、おまけした売り値を書きましょうか」

とそっと聞く店主も、ままあったが、

「もちろん、売り値で書いてちょうだい」

と答えるたびに、私は自分で買いに来てよかったと思わざるを得なかった。

いったい本というものは、いくら碩学《せきがく》でも、一人の手で買うべきものではなく何人もの学者が選択して買うべきものである。しかし私の場合、新たに設立する場合には、そうとは知りながらも、まず本を用意せねば認可がおりないので、そうせざるを得なかった。

そこで私は、英文学の本は英文学史を一冊買って、それに引照されている本を片っぱしから買い集め、経済学の本は経済学史の本を一冊買って、そこに引照されている本を片っぱしから買い求めるようにしたものだ。

（一三七）本はたましいの糧

次の図書収集は、ハワイにおいて行われた。

一九五一年十二月に私のリュックサックがハワイ巡錫《じゅんしゃく》の途に上ったことは、すでに前に書いたが、もう少しくわしく述べることにする。

ハワイ各島を巡錫中、私はマウイ島を訪れた。同島は有名なライ療養所のある島であるが、私はその島に一人の老日本人のブック・サイラスマナー〔ジョージ・エリオットの作品『サイラス・マーナー』に由来〕の住んでいることを耳にした。

島の人びとは彼のことを「ブック六無斎」と呼んでいた。すなわち、妻もめとらず、子もなく、生涯をひとりぽっちで過ごした奇人であった。この人の暮しはただの日雇いで、ペンキ塗りに雇われたり、庭園の草刈りをしたりしていた。

彼のただ一つの道楽は、本を買うことだった。客間はもちろんのことベッドルームも廊下でも、さてはトイレ、キッチンすらも、壁という壁には床板から天井まで本棚がつくられてあって、それにぎっしり本が並べられていた。

彼は、金銭は一ドルだってたくわえず、ただカネさえあれば本を購入した。島の本屋で買うだけでなく、日本の新聞の広告を見ては遠く東京まで注文したのであった。

ある日のこと、マウイ島の森田牧師に伴われて彼氏を訪ねて、私たちの学園に一冊でも二冊でも寄贈してもらえないかと、おそるおそる乞うたところ、

「ワシの本みなあげよう。持って帰りなさい」

なんと、私は自分の耳を疑わざるを得なかった。ちょっと、ブック・サイラスマナー氏が席をはずしたとき、森田牧師は、

「私たち牧師が、一冊貸してくれと頼んでも、本は貸したら返って来んから、せっかくだがおことわりするというくせに、気でも狂ったのか」

といって、おどろいていた。

思うに、私が北京で崇貞学園を接収された際に、四千冊近い蔵書を失ったことは、何をうばわれたことよりも悲しい。しかし、その本の扉には一冊一冊私の名が書き記されてあるから、名を後世しかも中国にのこしたのであるから満足であると、マウイ島の教会で涙ながらに語ったのを聞かれたからであろう。

仄聞《そくぶん》するところによると、その彼氏は幾日も経ないうちに逝去されたそうで、自分の死を虫が知らせて予知したのかも知れない。

マウイ島で味をしめた私は、その後ハワイの各島で、会うほどの人びとに、誰彼の差別なく、本の寄贈を願い出た。ハワイの日系一世は、自分はさほど読書家でなくても、子孫のために、日本からしどし本を買い入れて、応接室の装飾としていた。ひけてもひけんでもピアノ一台と、読んでも読まんでもぎっしりつまった本棚は、一世たちの客間にはなくてならぬ品物であった。

ところが、意外にも、三世はもちろん、二世すらもその日本語の本を読むことができないことを知った今では、その書物はすべて荒縄でしばって地下室にころがしてあるのだった。

私はそのことに目をつけて、戸毎に本集めに歩いた。私の集めた本が、滞在場所の日布時事新聞社の地下室にぎっしり積まれた。友人たちは、それを日本に運送するのに大金がいるだろうといって、心配する人もいた。

実をいうと私自身も、少々これは無思慮なしわざだったわいと気づき、心配しはじめたのである。

ものはためしと、ある日のこと、ララ物資専門の運送事務所を訪ねた。ララ物資というのは戦後日本の困窮を救うために、米国民の善意で、食料品や古着などを送る面倒を見るところで、船による運賃を全額免除するしくみになっていた。

私はダンボール箱に、書籍をぎっしりつめた貨物を十二個ばかり持ち込んで、船賃を無料でやってほしいと頼んだところ、二世らしい日系係官が、

「これはなんだね、ブックか。ブックは衣服でも食べ物でもないからダメだよ」

と吐き出すようにいったので、

「ブックは魂の食べ物ですよ。今、日本人は本を求めて求めてやまないのですよ」

といったところ、ニヤッと笑って、

「ＯＫ」

と叫んで受けとってくれた。

こうして、たくさんの本をロハで日本に送れたのみならず、寄贈された中古のタイプライターも、中古のピアノまで、運賃を免除してくれたので、書籍は総計四千冊、タイプライター二十台、ピアノ五台、ララ物資として日本に送り出すことができた。

（一三八）郁子の召天

なべて大学を創立すると、必ずその創立のために立ち働き、心血をそそいだ学長は倒れるというジンクスがあると謂《い》われている。私達の学園もその例に洩《も》れること能わず、園長の郁子は、創立半ばに

して倒れてしまった。すなわち、昭和三十九年六月二十四日午前八時三十分、妻小泉（メイドン・ネイム）郁子は忽焉《こつえん》として神に召されて行った。

ちょうど、その一週間前、私は越後の柏崎の教会に招かれて講演に行った。そしてその帰途長岡に立ち寄って、日曜日の礼拝説教をやらせていただいて、教会の青年たちと会食していると学校から電話がかかってきたが、それが「郁子倒る」という凶報だった。とるものもとりあえず帰京したが、彼女はこんこんと眠ったままであった。聞けばふだんから血圧が高いのに、自らキッチンで立って働いたがために倒れたとのことだった。

三日ばかり昏睡状態にあったが、ようやく少し意識を取りもどして右の手が動かなくなっていることが気になったと見え、左の手を右の手に添えて、どうにか胸の中央にまで動かせて、合掌の位置にまで持って行ったり、右の足の膝を立てようと努力したりした。そこで私は、短冊を一枚とり出して、

手なえなば　食らはせもせむ　足なえなば　背負も行かむ　死すなかれ妹《いも》

と、腰折《こしおれ》一首を書きしたためて見せたところ、細く眼を開いてニッとわらった。私はさっそく庭の茶の生垣の一部を破って、ニッサンのブルーバードを縁側にまで引き入れて「座敷の縁側から、車にたやすく乗れるよ」と耳に口を近づけて語ってきかせたりした。

少しずつ意識がはっきりしていくかに思ったのに、二十四日の朝になって、突然呼吸が困難に陥ったので、酸素吸入をしてもらいながら、もはやこれまでと自分でも思ったのか、「十六章の二十四

節」（マタイ福音書）と、きわめて小さい声でささやいた。

「われに従わんと思うものは十字架を負ってわれに従え」

という聖句であった。

彼女は少なくとも二度、進んで十字架を負うてキリストに従った。その一度は青山学院女専の部長のポストを捨てて、北京朝陽門外の貧民街に働く貧しい寺子屋の経営者の後妻に来たことであった。北京行きを決心したことを聞いた彼女の先輩の安井哲子女史は、自分の後継者に推して、東京女子大学長の候補に擬してくださったのに、彼女はその名誉ある地位にも動かされず、進んで十字架を負うてキリストに従ったのである。

第二の十字架は戦後、彼女が、マッカーサー司令部が彼女に提供した地位に就くことを肯《がえ》んじなかったことである。それは昭和二十一年のある日のこと、ＧＨＱの教育ガバナーの大佐から呼び出された。その大佐は米国知名の教育学者であったが、教育知事として、実際に日本の教育指導をしていた。大佐は、机の上にうず高く積まれているタイプライターで印刷された紙を指さして、

「これはアナタの『男女共学論』の翻訳です。われわれは日本の教育をも男女共学制とすべきかどうかについてずいぶん討論したのであるが、アナタのこの本を読んで、やはり共学に踏みきることにした」

と語り、さらに、

「アナタを教育ガバナーの顧問としたい。給与は三万円でも四万円でも出しましょう」

そしてさっそく指紋まで取られたのであったが、彼女は、創立したばかりの桜美林学園経営に専心

すべきであることを考え、翌日、再び教育ガバナーのオフィスを訪れて、顧問に就職することをきっぱりことわった。ちなみに当時桜美林学園園長の給料は、ただの五百円であった。

彼女はまさに死にのぞんで「十字架を負うてキリストに従え」といい残したが、その言葉は彼女なればこそいい得る言葉であった。

彼女の葬儀は、学園のチャペルで行われたが、学生たちの肩に神輿《みこし》のようにかつがれた棺が、旧校舎の石廊下を通る時に、私は棺側にあって、

「ここが一棟目だよ。私たちが十年間住んだ部屋はここにあるのだよ」

と語りかけ、それから丘の上の新校舎の明々《めいめい》館、亦説《えきせつ》館、崇貞寮など、一つ一つをたずねてから葬儀場のチャペルについた。

「ここが崇貞寮だよ」

と棺に言いきかせたときには、さすがの私も涙が頬をつたわるのをおぼえた。会葬者は三千人ちかかったが、その中《うち》一千人はチャペルに入っていただき、あとの二千人は八教室にお入れして、拡声機によって葬儀の模様をつたえた。葬儀をおえて、町田の火葬場についたが、かまどに入れられる前に私はさいごの別れを告げ、その冷たい唇に熱い接吻を、人びとの見ている前ではあったがしてやった。

　イク殿は　醜女《しこめ》に生れ　美女として　天に昇れり　奇《く》しきことかな

この腰折は、実感を詠じたもので、死せる彼女の顔はまことに美しかった。

今、復活の丘の上に城塁のような教会堂がたっている。その城の後部に納骨堂があって、郁子の遺骨はその中央に安置されている。そしてその納骨堂の後方には、丸太の十字架が大空高く立って富士

の高根と相呼応している。

（一三九）美世《みせ》図書館

学園のライブラリーには、キリスト教の雑誌の全巻揃いが、ズラリと並んでいる。内村鑑三の雑誌は『独立雑誌』から『聖書の研究』まで完本。『護教』『福音新報』『基督教世界』『六合《りくごう》雑誌』『新人』とくに『ときのこゑ』は日本のも英国のも集まっている。これらの雑誌は、桑港〔サンフランシスコ〕の救世軍大佐小林政助氏の蔵書がことごとく学園に寄贈されたからである。

つぎに、うちのライブラリーには、英米のベストセラーの小説が収集されている。それは厚木ベースのオフィサーの夫人のお母さんが克明に収集してくれたものである。

以上述べたように、学園のライブラリーが、ハワイの同胞や、アメリカの人たちの好意によって与えられたものであるから、学園の生徒たちも年に一度はブック・ラッシュを行なって、近江の農村にある美世《みせ》図書館に送本している。

美世図書館というのは、桜美林学園が、郷里の私の生家に経営しているライブラリーである。私の家というのは、琵琶湖の西岸すなわち滋賀県高島郡新旭町字北畑にある。高島郡といえば、近江聖人中江藤樹の生まれたところで、先生の村上小川は、私の村から三キロの距離にあって、川をへだてて隣村である。

私の生家は茅ぶきの大きな家で、瓦屋根の二階建ての納屋と、土蔵がそれに付属している。この家屋敷は今では、私の仲兄の息子の所有となっているが、その甥夫婦が田舎に住むことを欲しなかったので母の没後、長い年月、家はあき家、屋敷は草ぼうぼうのままに放置されていた。そこで桜美林学園は、その家屋敷を用いて農村セツルメントを設置したのである。

そのセツルメントの主要な事業として、図書館を建設したのである。このアイデアは実は岩波書店の先代社長の岩波茂雄氏が、その故郷長野県の諏訪湖の湖畔に一図書館を建て、風樹図書館〔風樹文庫〕と名づけたことからとったのである。その名称は「樹静かならんと欲すれど風やまず、子養わんと欲すれども親待たず」という漢詩から思いつかれたとのこと。いうまでもなく岩波氏はご両親の供養のために建てられたのである。

学園は短大の英文科、家政科の卒業生、各一人を派遣しているのであるが、彼らは図書館の経営の他に、農繁期の託児所や英語塾、洋裁、料理などの教室も合わせて経営している。それから屋敷がとても広いので、遊動円木、ブランコ、滑り台などの施設も備えていて、村の子ども園となっている。

このセツルメントの経費は、桜美林学園のジュニア・チャーチの礼拝献金によってまかなっているが、学園では、毎土曜日に、学校別に四回にわたって礼拝が行われる。そしてその礼拝においては生徒が、献金集めの奉仕に当たって、生徒が献金の感謝もする。もちろん生徒たちは銅貨を献金するが、数の力は大であって、月々数万円の献金が集まっている。

この図書館を「美世図書館」と称するわけは、私の家が祖父や父の在世時代、村人に店《みせ》と呼ばれたからである。たぶん、村には他に商店が一軒も無かったからであろう。そして私のことを人びとはみな「ミセの安さん」と、昔も今も呼んでいるのである。

学園では、この美世図書館のために、年に一度、ブック・ラッシュを行なうのであるが、生徒たちの中には、自分の本を供出するもの、父母の本箱から引きぬいて供出するもの、兄や姉にもらってくるものなどあって、種々雑多の本が供出される。時として同じ本が十数冊も集まることがある。一昨年は、川端康成の『伊豆の踊子』が三十六冊も集まったが、今ごろでは著者がノーベル賞を受けたこととて、寒村の人たちも引っぱりだこで読んでいることであろう。

バイブルには「受くるよりも与うるは幸いなり」〔「使徒言行録」二〇章三五〕とあるが、私は受けることも幸いであり、また与えることも幸いであると思うがどうか。現に、受けて桜美林のライブラリーができあがり、与えて美世図書館ができ上がったではないか。

また、学園から派遣しているボランティアの短大英文科と家政科の二人の卒業生は、無料で英語を教えたり、料理や洋裁を教えているのであるが、村の人びともまた彼女らにお赤飯やおモチを寄贈することを忘れず、野菜のごときは、ほとんど金を出して買うことは、きわめてまれであるとのことである。

（一四〇）大学設置の五条件

およそ大学を設立するためには、少なくとも五つのものが必要である。①カネ　②土地　③建物　④図書　⑤人材の五つである。

① 私は昭和二十三年の夏休みを、もっぱらカネ集めのために用いた。『希望を失わず』を一冊

書き上げて、これをかついで関東八州の町々を講演して歩いた。各教派の教会で講演させていただいて、講演の後で壇上からPRさせていただいて売りさばいた。本当に鉄のような面《つら》の皮の持ち主だとささやかれたことであったろうが、おかげで四十万円もの大金を獲得することができた。今でこそ四十万円くらいのおカネはなんでもないが、当時としては大金で、なにしろ、うちの学園の教員の給与が平均五百円程度であったことを思えば、まさに四十万円は大金であった。

② 土地は箭柄《やがら》神社からの借地ではあるが、九千坪もあった。

③ 建物はおんぼろのバラックであるが、八百建て坪もあった。

④ 図書は例の隠匿物資の八王子幼年学校の蔵書があった。

⑤ 人材の狩り集めは、教授、助教授に該当する学歴の持主が、郁子の友だちの中にいくらでも見出すことができた。というのは、相当な学者の女性でも、女性のことであるからすでに結婚して、どこにも勤めず、ただ奥さま稼業に専念していたからである。

そこで私たちは、昭和二十三年九月、いよいよ大学設置の申請をしたのであった。

これは、今だから言えるのであるが、実はその年、審査のために来校された審査委員の主査が、なんと高木貞二〔心理学者〕先生であったではないか。高木先生は当時東京大学の教養学部長で、後の東京女子大学学長であった方である。

この方の先考〔亡父〕、大阪万年社社長の高木貞衛氏は、私を中国に送り三十年間の生活を支えて下さった方である。私も高木貞二氏を三高の学生時代からよく存じ上げていたのである。

だから、高木さんが主査と聞いて、しめた！　桜美林大学は出来上がったぞと、心ひそかに喚声をあげたものである。ところが、それは全く糠喜《ぬかよろこ》びであった。

高木貞二という人は、政治家でも商売人でもなく、いわんや慈善家でもなかった。学園へ、他の学者教育家の審査委員三人と、文部省の事務官といっしょに来られて、まずさいしょに発言されたことは、

「私は清水さんとは、長年昵懇《じっこん》の間柄ですから、今日は主査を鈴木博士にお願いすることにいたしましょう」

であった。さすがに人格者だなあと、私は心の中で独語して、心から尊敬せざるを得なかった。

鈴木博士は化学者だと聞いていたが、化学の実験室をご覧になったとき、戸棚の引出しをあけられたが、その引出しの中に、「わかもと」の空瓶、「アスピリン」の空瓶がガラガラ入っていたので、

「これは何ですか」

と問われたときには、私は真っさおになったが、郁子はくすっと笑うのみだった。彼女には、こうした場合、くすっとあざ笑うようなゼスチュアを表わすくせがあった。

図書室へは、私は相当自信をもってご一行を案内したのであるが、ひと通り見てから高木氏は、

「案外にたくさんありますね。しかしみな古い本ばかりですね。新しい本も必要でしょう」

と言われたときは、脇の下にひや汗がにじみ出た。資格審査では、

「教授には奥さんがなって、清水さんは学長になられるのがよかないですか。学長には業績がなくてもなれるのですから」

というアドバイスもあった。

「著書といっても『朝陽門外』、『姑娘の父母』では、学者のアルバイトにはなりませんからね」

という話もでた。

こうして、せっかく申請した大学設置の審査ではあったが、その場でアウト、ダウン、ゲームセットを宣告されてしまった。

それでも、わざわざ遠路来園いただいたからというわけで、おみやげに、土地の産物のさつまいもを一貫目ずつ、お持ちかえり願ったところ、さすがにどなたもノー・サンキュー。ただお一人だけ、文部省の若い事務官が、

「これはこれは、食糧難のおりから、なによりの品物だ。ありがとう、ありがとう」

と言って、しかも三人分をお持ち帰り下さったが、それが実に嬉しくって、家内と相抱いて、しばし涙にくれたほどである。

（一四二）速達便で募金

昭和二十四年の九月に、こんどは短大の申請を行なった。前年、四年制の大学の審査を受けたときに審査員の高木貞二氏が、

「四年制大学の設置は無理ですよ。第一、大学の風格がありませんからね。むしろ短大をお建てなさい」

とおっしゃった。むろん、短大を建てよといわれたのは、私どもがしょげているのを見るに見かね

て、ほんの慰める意味でいわれたのであったろうが、私たちは、それを真《ま》に受けて、短大の設置を思い立ったのであった。

短大の教授陣容の組織については、前年の大学設置の申請の顔ぶれで十分であった。

ただ昨年、「冊数は規格通りに集められていても、みな古い。クラシックの書籍は別として、社会科学の参考書には新しい本が必要ですよ」と注意を受けていたので、私はその古い貴重な本を売って、新刊書を購入することにした。

なにしろ、八王子の幼年学校の蔵書をごっそりもらったのであるから、明治初めの伏見鳥羽の戦争、長州征伐、西南戦役、さては日清日露の戦争に関する貴重な文献、維新や明治の偉人、軍人たちの伝記がほとんど完全にそろっていた。そのころ、そうした文献はたいてい進駐軍の手によって没収され、焼かれてしまったのであるから、まことに貴重なものであった。

それらの図書を、私がいったい誰に売り渡したかについては、発表の限りではないが、正直にいって、そのおかげで、価値ある新刊の学術参考書を、うんとこさ購入できたことは事実である。

こんどこそ短大の設立は、文句なくパスだろうと、かたく信じて私たちは、昭和二十四年十一月、審査員の学者と、文部省の事務官とをお迎えした。ところが、審査の結果、理化学の実験室が不備だから「不可」という申渡しを受けることとはなった。

私と家内が、思わず両眼に豆粒大の涙をポロポロこぼしたのを見られたお茶の水女子大の林教授が「もしも、一週間以内に、さいきん審査をパスした青山学院の短大の理化学実験室程度の設備を整えられるならば、「不可」をとり消して「可」としてあげてはいかがでしょうか」

と、他の審査員たちに対して提案せられた。お茶の水女子大は郁子の母校であって、林教授はそこの理化学の教授、青山の短大こそは、彼女がかつて私との結婚前にはその専門部長だった学校である。審査員を送り出して、私は直ちに中・高職員を集め、速達郵便で募金の檄文を知己友人に発送する作業を命じた。そうした速達便で募金するという奇抜な方法であったにもかかわらず、意外にもわずか二週間の中に、金二百万円もの寄付が到着した。中には電報為替で送金してくださった方たちもあった。

他方、私は出入りの大工をともなって、青山学院の女子短大の理化学実験室を参観に行くことを郁子に命じて、青山学院短大の実験室にまさるとも劣らぬ施設を整えることを命じた。

翌日私は京都に直行して、島津製作所を訪れた。社長に面会を求めたところ副社長が出てきて、

「私は上西です。私は先生と同じ膳所中学の後輩です」

とのこと。よく聞くと、私が中学時代、化学と数学を教えられた恩師上西先生の令息であった。しかも現在は島津社長の女婿である由を伺った。こうした縁で「ある時払いの催促なし」の勘定で、理化学の標本機械を一式、トラックに満載して、さっそく明日にも東京へ送り届けるとのこと。

万事トントン拍子だったが、私はなおも大阪まで足をのばして、倉敷紡績の本社を訪ね、大原総一郎社長にもお願いしたところ、即刻金三十万円下さった。先考の大原孫三郎氏は北京崇貞学園のドル箱であったが、二代目のパトロンとなって下さったわけだ。

かくて、私たちは二週間の後にみごと審査をパスしたのである。審査員の教育家、学者、文部省の事務官たちも、口々に、

「よくやり遂げましたね」

といって、ほめながら認可して下さった。恐らく「よもや」と思っていられたものと思う。

（一四二）Z旗をかかげて

学園は昭和二十五年には短期大学英文科を、二十七年には家政科を設置して後、十三年間というものは、ただひたむきに、中学、高校、短大の経営に奮闘努力を続けた。

私の学園経営の秘けつは、機会が来なければ行なわず、機会が来れば逸せず行なうというにある。音感教育が世の人びとにやかましく唱えられても、何一つ購入せずにいて、都庁から、こういう器具を買うならば半額補助する、という通告を受けると、直ちにその器具を購入するというやり口である。よその学園ははやまって、その通告を受けぬ前に購入するから二倍のカネを要するのである。

高校の入学人口がピークに近づいた年、都庁から高校の教室を建てるならば、建築費を補助する。そしてピークが過ぎたら、その教室を何に使用してもよいという達しがあった。それにしても、まる増築費用を補助してくれるのではなくて、半分は自己資金で行なわねばならなかったのであるが、幸いに、私学振興会なる機関が存在していて、その自己資金の半分をも貸与してくれるというので、実に容易に、来る年も来る年も高校の教室を増築することができた。そして高校入学の人口のピークが過ぎ去った後は、その教室をさっそく短大および大学の教室に転用することにしたのであった。

私はその教室を用いて、昭和四十年には、いよいよ四年制大学の設置を企画した。

それは大正六〔一九一七〕年六月一《ママ》日のことだった。私が組合教会から派遣されて中国へ渡るために、神戸港を船出する前日、私は万年社の社長高木貞衛氏に伴われて、大阪毎日新聞と大阪朝日新聞の両社を訪問した。毎日の方は、主幹の高石真五郎氏が引見してくれたが、その翌《ママ》日の新聞の人事往来欄で「万年社社長高木貞衛氏来社、宣教師として渡支する清水安三同道」をたった二行だけ書いてくれただけだったが、朝日の方は社会部長長谷川萬次郎（如是閑先生）が引見して、翌日の新聞には、二段ぬきで、しかも写真入りで報道してくれた。そしてその記事の中で、「中国へ行って、二十歳代で小学校を建て、三十歳代には中学校を建て、四十歳代には高等学校を建て、五十歳代には大学を設立すると言っている」と書いてくれた。それは、私にうまく誘導尋問して得たニュースだったのである。〔四五回注記参照〕

後年になって、これは西村関一牧師（参議院議員）から聞いた話であるが、このころ母校膳所《ぜぜ》中学校の校長堤寛先生は、その新聞記事を講堂で紹介して、「若いころには、このように大きい夢を抱くべきだ」と語られたそうである。西村氏は私よりも数年下級生で、当時、膳所中学校生徒であったのである。

なぜ私がそうした話を、ここで改めて述べたかというと、大学設立なるものが、私の四十年来の執念、宿願だったことを告白するためである。私は北京では、とうとう大学を設立することはできなかったのである。

さて、昭和四十年一月一日、私は日の丸の旗とともに、Z旗を学園のキャンパスの一隅に立つ旗ざおに高くかかげた。前日の大みそかの夜、白布に墨痕《ぼっこん》あざやかに、自ら毛筆でZの字を大書してひそかに準備しておいたのであった。

Z旗というのは周知の通り、日本海海戦〔一九〇五年〕において、提督東郷平八郎が「皇国の興廃この一戦にあり、各員一層奮励努力せよ！」の信号として旗艦三笠に掲げた旗である。私は校運を賭けて大学の設立を敢行しようとする決意を、学園の全教職、全生徒にアナウンスしようと考えたのである。

私はまず、英語英米文学科と、中国語中国文学科の二本立ての文学部の設置を企てた。教授、助教授の人選には、あらかじめ候補者に仮交渉をおこなっておいて、他方、審査員中の主要人物に、その候補者でよいかどうかをたずね、もしも、その審査員が「さあ」とか「すれすれですね」とか評されるときは、他に学者を物色して、改めて審査員に伺い、「あの人ならば大丈夫」と、はっきり言われる場合には招聘《しょうへい》するというやり方で、まことに用意周到に運んだのであった。

教授陣容を強固にするためには一度招聘した学者でも、他にすぐれた学者を見つけた場合には、重い手土産を持参してでも、ていちょうにおことわりすることを躊躇《ちゅうちょ》しなかった。

(一四三)　大学設立で胴上げ

大学設立には、たしかにおカネがいるものだ。図書の冊数を五千冊も揃えねばならぬからである。私は湯水を使うかのように、惜しげもなく、財布をはたいて古書アツメに熱狂した。

さて、いっさいの準備を完了して、いよいよ昭和四十年の十一月審査を受けたところ、来校された

文部省の事務官がいわれるには、

「大学の図書館はこれでよろしいが、短大の図書館を見せてください」

とのこと。

「短大も四年制大学もライブラリーは、いっしょにしてよろしいということをうけたまわりましたので」

「それはいけませんよ。五日間の猶予を与えますから、短大の図書館を別に整備してください。五日のあと再び来て見せてもらいますから」

さあたいへんだ。私はもうありったけの金をみんな使いはたしている。たった五日間で何ほどの本も集まりはすまい。こまったことになったわい。泣くに泣けぬ、笑うに笑えぬ破目に陥った。その日はそのためにつかれはてたので按摩をしてもらって、宵寝《よいね》することにした。

翌朝は未明に起きて、ふとんの上に端座して、祈りつつ考えたところ、一つのものすごいキラメキを頭の中で感じた。その日はいつもより早く登校して、掲示板や教室の黒板に、全校大会の急告を書いて歩いた。

私は、全校の教員、とくに生徒に古本の供出を乞うた。お父さんの本、お母さんの本、伯父さん、叔母さんの本、堅い本だったらなんでもよい。また、兄や姉の本、雑誌をなんでもかんでも供出寄付してくれるよう頼んだ。

すると、その日の午後になると、なんと古本が山のように集まった。中には亡くなった祖父が大学教授だったというので、千冊もの本を一人で供出する者すらあった。それからＰＴＡの会員たちは、知己友人の家々を訪問して、本を乞い歩いてくれた。中には、トラックをもって取りにきてくださいという家さえもあった。こうして集まった本がざっと二万冊。

しかし、古本ばかりではまた問題になるかも知れぬと思ったので、幸い生徒の修学旅行の積立金が銀行に預金してあったのを一時借りて、岩波書店や有斐閣などの図書をできるだけ購入して、新書古本をいりまぜて書棚にぎっしり陳列した。

かくて五日の後、文部省の事務官をお迎えすることになった。事務官殿もさるもの、まず先日審査を受けた大学の図書館を再検閲してから、急造の短大のライブラリーへと足を運ばれた。そして、にわかづくりの短大の図書館の新旧の本を、あの棚から二冊、この棚から三冊というふうに引きぬいて、扉に「桜美林短大蔵書」という印判が捺してあるかどうかを調べられた。すなわち借りてきた本であるかどうかを検査せられたのである。幸いに、司書たちが徹夜で一冊も残らず、扉と百ページ目と二百ページ目に捺印していたのがよかった。

新本に対しては、本屋の領収証を見せよと要求されたが、これも幸いにちゃんと保存しておいたのでよかった。

「桜美林さんの機動力には驚きましたね」

と、さすがの事務官殿も思わず驚嘆せられた。

こうして昭和四十年十二月十七日、学園はついに大学設立の宿願をはたしたのであった。

当日、学園の専務理事宗像完氏は、文部省に朝からつめかけていたが、午後四時という頃、電話で、

「ただ今、四年制大学が認可されました」

と通知せられたので、その電話を拡声器で拡大して、グランドに今か今かと待機していた、全校の教職員、学生たちに移し流した。すると男子学生は私の体を、女子学生は故郁子の等身大の張ボテの人形を胴上げしてから、「桜美林大学バンザイ!」を叫んだ。

よその学園では学長が大学設立を企画すると、中学や高校、さては短大の教員までが、そのしわよせが自分たちの上にくるのを嫌って、反対したり抗議したりして騒ぐのに、なんと、うちの学園では誰一人反対する者も抗議する者もなかった。

反対するどころか、大学の設置は中学や高校を、必ず繁栄に導くものと考えて、むしろ拍車をかけハッパをかけるのであった。

(一四四) 経済学部設置へ

桃でも栗でも三年たてば実を結ぶ。大学もまた建てて三年ともなれば、学生は卒論を書き綴らせることとなる。

その卒論のテーマに関して、英語英米文学科生には英語で、そして、中国語中国文学科生には中国語で書き綴らせるならば、テーマは経済学の研究でもいいじゃないですかと、私が提案したところ、中文科の教授は賛成してくれたが、英文科の教授は、英語学かそれとも純文学の論文でなければ不可であるといって、きいてくれない。そこで私は、それではというので、経済学部の設置を決意したのである。

そもそも、私が英語英文科と中国語中文科を設立したわけは、英語または中国語を特技とする、むしろビジネスマンを養成しようと欲したからである。では、なぜ単に、英語科とか、中語科としなかったかというと、私は語学だけではダメ、やはり、英語国民と談ずるときには英文学、中国人民と相語るには中文学の素養がなければダメだと考えたからであった。

建学の精神といえば、まことにものものしいが、私は、うちの大学には教職課程と、実業課程とをサイド・バイ・サイドに並べて設けておいて、前者をとる学生には教員免状を与え、後者をとる学生には実業界に就職できるようにしようと企画しているのである。

だから、教職課程の学生が、教育学や青年心理学、児童心理学を研修する時間に、実業課程の学生は、経済学や会計学、簿記をざっと学ぶことに仕組んでいるのである。

むろん、教職課程も実業課程もとらずに、ただ英米文学もしくは中国文学だけを修得しただけでも、卒業することはできる。私みずからは、その実業課程に相当ウエイトをかけて考えていたのであったが、やっぱり教授、助教授としてみれば、名には実がともなうべきであるゆえに、英語英米文学科といえば、英語や英米の文学に重きを置く気持になるのであろう。

私は、こんなことなら、逆に経済学部を初めから設置して、その中に英文学部、中文学部などという部活動部門を設置すればよかったのにと、後悔せざるを得ない心境に陥ったのである。

私がなぜ、英語もしくは中国語を特技、利《き》き腕《うで》にして活躍するビジネスマンを養成しようと思ったかというに、その動機は、実をいうとこうである。

かつて北京で、私はある年のある日、ワイフに頼まれてカタン糸を買って帰った。ワイフが少しその糸を使うと、中身は糸でなくて、土のかたまりであった。ワイフが怒るまいことか。またある年の冬、大きいヤカンを買って持ち帰り、水を入れて、ダルマストーブの上にのっけた。しばらくするとジュウジュウ音がするので、よく見るとそのヤカンの底はボール紙でできていて、それに琺瑯《ほうろう》が塗られているだけだった。

それ以後、私どもは決してメイド・イン・ジャパンのものは買わず、少々高価でも、ドイツ製品を使うことにした。私は、日貨排斥は必ずしも政治問題ではなかったと考える。実をいうと、われわれ在支日本人がみんな、すでに日貨排斥の実行者となっていたからである。

私は中国語や英語を利き腕とするだけではバイヤーやセールスマンとして、太平洋沿岸の諸国へ進出はできないのではないかと思うがゆえに、己の欲せざるところを人に施さない、自分の望むところを人に行なうところのクリスチャン・ビジネスマンを一人でも多く養成しようと考えるのである。

そこで、経済学部を設置して、逆に英語または中国語を、あるいは両語を五分五分に学修させようと決心したのが、昭和四十二年七月一日であった。

大学申請受付の期限の九月三十日までに三カ月しかない。そこで私は書籍集めに、大野〔一男〕君は教授集めにと、分業的に奔走することになった。

大野君が高谷《たかや》道男先生にお頼みしたのがよかった。なにしろ、同氏は一ツ橋出であるから、一ツ橋出身の経済学者を捕まえることができる。また内村鑑三先生の高弟であるから、無教会関係の経済学者を動かす力がある。そのために、旬日を出ずして、大学院の教授級の先生方を集め得たのであった。

しかし、高齢の高谷先生は、助教授、講師、若手の学者には何のコネもないので、その方面は大野君が探さねばならず、とくに英語学者の大野君としては、悪戦苦闘まことにお気の毒であった。

（一四五）灯台もとくらし

高谷先生が招聘された学者は、みな大学院の教授級で、何の問題も起こらなかったが、大野君が招聘した一人の教授H先生の名前が他のS短大の申請書にも指名されていたというので、いわゆる二重国籍とわかった。しかも最終の審査会議の直前に判明したので、そのS短大はもちろんアウト、当方もそのとばっちりを受けてダウンを宣告されてしまった。

学園は審査にパスしたら、いっせいに発送しようと考えて、入学案内書を大きな封筒に入れて切手もはり、宛名も書いて、手ぐすねひいて待っていたのであったが、不可となったと聞いて、封筒からいちいち案内書を取り出し、経済学部に関するすべてのページ、パラグラフに克明に×や線を引いて抹消してから発送することになった。およそ二千数部の案内に助手の諸君が訂正をした頃に、私の頭に一つのひらめきが感じられたので、

「ちょっと待った！」

と叫んだ。私は根っからのダニのような男であるから、さっそくダウンになったH先生を訪ねて、

「どうかご遠慮なく、正直にお答え下さいませ」

と前置きして、

「先生はS短大に専任として就任する約束をされたのですか」

「いや「専任にはなれません」と、きっぱりS短大の学長に申しあげましたのに」

とのこと。そこで私は、直ちにS短大が提出した申請書に、H先生の実印証明書の添付された就任承諾書に印が捺されてあるかどうか、もう一度調査していただくことにした。

野球でさえ、いったんアウトと宣告された場合は、いかに抗議しても訂正はまず不可能であるのに、文部省は私たちのいい分を認めて、あらためて、経済学部設置不可は「保留」ということにしてくださった。ただし「もう一名専任教授を増員すること」という条件付きであった。

そこで、私は、かつてA大学の短大が、家政学科を設置するときに、一人の家政学の教授を割愛してさし上げたことのあるのを思い出して、A大学の短大学長にお願いしたところ、助教授で経営学の学者を一人提供しましょうと、快諾してくださった。私はこおどりして、文部省の審査員に申しあげたところ、

「この人なら教授として適任です」

ほっとした私は、安心して実に平和な正月を過ごして後、さてそのA大学の理事長の承認の「印」が必要というので、訪問したところ、その理事長とはすでに面識もあるにかかわらず、

「それは困ります」の一点ばりであった。

「さあ大へんだ。もう時日が迫っている」

その日私は車で、A大学から飛んで帰ったが、その時ほど車のスピードが遅く感じられたことはなかった。

「ダメだった。もうアカンかもしれん」と、学園のスタッフの人たちに告げたあと、すぐにB大学

へと車をとばせた。B大学は前年の四月に、うちの学園の哲学の教授を引き抜いたところであるので、こんどは経済学の助教授を一人貸与してくれるようにと嘆願することにした。実は、そのB大学には、私がかつて洗礼を授けた助教授がいるが、しかし私はその助教授の耳には入れずに、まず総長にぶつかった。ところが、そのB大学の総長にも、あっさりことわられてしまった。

私は、今はこれまでと考えて、もうあきらめようかと思ったが、最後の手段として、うちの短大の経済学部の教授佐藤克己氏のことが、ふと頭に浮かんだ。実は私はこの運動奔走の当初「なぜ、佐藤先生を用いないのかね」と三度までも大野君にたずねたのであったが、全く明治大帝が「なにゆえに乃木を用いざるや」と、三度まで参謀総長にご下問されたのによく似ている。

よし、もうこうなったら、やるところまでやるんだ、と考えて、佐藤氏の履歴、著書、論文をとり寄せて、それを持って審査員中でもっとも学徳の高い有力者を訪ねて、お見せしたところ、

「この人なら通ります。大丈夫です」とのこと。なんのことはない。トランプの切り札は、はじめから掌中ににぎられていたのであった。なんでも当初、審査員の一人に佐藤先生の履歴を見せたところ、あまりいい顔をされなかったので、そのままになっていたのだそうな。

今となっては、人に捨てられた石が、かえって隅の首石《おやいし》〔『旧約聖書』「詩篇」一一八篇二二〕となったわけである。世には先見（プロビデンス）ということばがあるが、このところにおいて実に、あらたかな神の先見なるものが働いていたわけである。佐藤先生というカードが、保留以前にもし使用されていたならば、もうどうにもならなかったであろう。まことに「灯台もとくらし」であった。

（最終回）ちょうちん行列

昭和四十三年二月九日、桜美林大学経済学部は、ついに認可された。例によってこの日、朝から文部省へは、専務理事の宗像氏が詰めかけ、学園の教職員、学生はグラウンドに集合して、今か今かと、宗像氏から電話の来るのを待った。

夕暮れ近くになって、ようやく電話が来たので、これまた例によってそれを拡声器でグラウンドに流した。

「ただ今、経済学部はようやく審査会議をパスしました！」

という声を聞くや、期せずして「バンザイ」の叫び声は、全学園にひびき渡った。そこでまず、男子学生によって高谷道男先生の胴上げがおこなわれ、花火が寒空に打ち上げられ、左義長《さぎちょう》（正月十五日、門松、しめ飾りなどを焼く行事、どんど焼きともいう）のワラの家に火がつけられ、しばしの間、男女の学生たちは火のまわりを踊りくるった。

それからブラス・バンドのマーチに合わせて、手に手にさくら模様の提灯《ちょうちん》をかざしつつ、復活の丘を登った。えんえんと長く続く提灯行列は、実に美しく、明治情緒をいかんなく発揮した。丘の上の納骨堂のあるキャッスル・チャーチの城門には、亡き妻郁子の等身大のワラ人形が行列の到着を待っていたので、こんどは、女子学生によって胴上げされ、桜美林学園長清水郁子先生バンザイが三唱された。

納骨堂の扉を開いて、郁子先生、英文学の多田先生、服装史の加藤先生、その他の先生方の霊に、経済学部の設立を報告してのちに、一同丘を下りた。学生たちには、町田市の伊勢屋が三日がかりで焼いた「タイ焼き」の尾頭《おかしら》つきを一尾ずつ配給され、教職員は学生会館で家政科の学生の手による赤飯のおにぎりと、煮しめと焼き鯛をつついて、パーティーを開いた。一メートルもある大鯛が数尾大きい皿にのせられていたが、それは実は、私が寄贈したものだった。

翌二月十日には、目白の椿山荘で、経済学部の教授と、中文科、英文科、家政科の主任教授の顔合せがおこなわれたが、私は挨拶のスピーチに「なんでも大学を建設したならば、その衝に当たった学長は、必ず病気をするというジンクスがあるそうで、このような祝賀会なんかは、開催せぬ方がよろしい」と、もちろんユーモアではあるが、忠告された文部省の事務官もあったと申し上げた。なるほど、そう言えば、聖学院の小田先生も病気せられたし、フェリス女学院の山永学長のごときは、間もなく逝去してしまわれた。そのことは今も昔も変わらぬものと見え、新島襄先生は、大学設立の趣意書をふところに東上する途中、大磯の宿屋で召されてしまわれた。

病気せぬまでも、往々にして大学ができると、その大学から辞任せねばならなくなった人びとも少なくない。むかしの話では、原田助博士のごときもそうであったが、今日でもS君、P氏など、みな大学を設立して間もなく学長辞任を余儀なくされた。自身の体にも学校の運営にも、無理が生ずるのであろう。

不肖、私とても、その例外ではなく、英文科、中文科を設置したときに腎盂炎を病んで一カ月国立相模原病院に入院したし、その時は、朝起きて、お手伝いさんに、

「アンタは誰だった？　いつからうちへ来ているんだね」

といってたずねたそうな。また秘書の岩井〔清治〕君が、自動車を運転して迎えに来てくれたのに、

「あんたはなんという名前だったかね」

と問うたそうな。二時間ばかりだったが、完全に耄碌《もうろく》して、記憶を失っていたらしい。また、一月のある日、静岡へ助教授を譲り受けに行った帰りに、新横浜駅のプラットホームで左乳の奥の方が、キリでさすように痛んだ。狭心症にかかったらしい。その後も、時折り発作が起こる。私の姓は不見死《しみず》ではあるが、決してイムモータル・ビーイングではない。すでに七十八歳の高齢であるから、もうそう長くは生きられぬ。

私は昭和三十七年には、東京都知事から善行賞をもらい、四十一年には政府から勲三等瑞宝章を拝受した。そうして昨年四十三年六月十日には、母校オベリン大学から博士の学位を受けた。

「大学設立の宿願も達成できたし、勲章も学位ももらったのだから、もういつ死んでもよいわけですネ」

と言う人があるならば、

「この上は召されてのち、神の褒美《ほうび》をちょうだいするだけです」

と、私は答えるであろう。

読者の皆さま、

「神は同志社のキャンパスにころんでいる石ころすらも、なおアブラハムともなし得れば、新島襄ともなし得る」

という新島先生のおことばを、少しでもお疑いになる方は、どうか、町田市常盤町に来られて、桜美林学園を見て下さい。

解題

本書は、『キリスト新聞』に一四六回にわたって連載（一九六五年七月一〇日から六九年四月二六日。おおよそ週に一回のペース）された清水安三の『起きろ石ころ』を一冊に収めたものである。

（1）新聞連載版（以下、連載版）では章分けはなされていないが、おおよその時期区分を考え、四つの章を立て、題名をつけた。ただし、第三章の表題「崇貞学園の時代（一九二六～一九四六）」は、一九二六年に「崇貞学園」が始まったかのような印象を与える点であまり適切ではない。ここは、第二章との分量的なバランスを考慮して便宜的に区切った結果であるとご理解いただきたい。

連載版には、各回に長尾霞氏の挿絵が掲載されている。本書では、その挿絵のうち四回分を、章扉に掲載した。挿絵の転載には、ご遺族の了承をいただいた。

（2）連載版では、連載の回数番号に若干の乱れがある。この刊本では、この番号を通し番号になるよう調整した。

（3）各回には表題が付けられている。第三〇回には表題がないが、校訂者の判断で付けた。

（4）著者は、この連載記事を切り抜き、台紙に貼り付け、記事の一部に手書きで訂正・加筆を施していた（以下、手沢版）。この手沢版は、本書全体にわたるものだったと伝えられるが、現在その残存が確認できるのは、第六一回以降だけである。本書は、この手沢版の加筆・訂正をほとんど生かして校訂した。しかし、手沢版から採った部分を逐一明示すると、煩瑣にわたるおそれがあり、その注記は省略した。（やや長い加筆が、第六四・八五・九〇・一一六の回に見られる）。
（5）この手沢版の表紙には、「起きろ石ころ」という表題が二本線で消され、「石ころの一代記」と記されている。著者には「石ころの一代記」という題名に改めたいという気持ちがあったのかも知れないが、本書では連載版の題名を採用した。
（6）連載版では、ふりがなに相当するものが本文と同じ大きさの文字で、該当箇所の後ろの（　）内に記されている。これをふりがなの形に変更した。また、それ以外の箇所でも、やや難読と思われる箇所などにはふりがなを振った。本書には、「太々《おくさん》」などと、独特のふりがなが散見されるが、そのママとすることを原則とした。原著のふりがなと校訂者によるふりがなの区別の表記は、煩雑さを避けるため、省略した。
本書の底本では、聖書からの引用などに、旧かなづかい・新かなづかいが混用されているところがあり、統一をはかったが、元のママとしたところもある。
（7）本書には、若干の箇所で、内容が重なるところがある。目立つところとしては、第一二〇回「本は魂のフッド」と第一三七回「本はたましいの糧」がある。また、桜美林短期大学設置にまつわる第一一六回と第一四一回の記述も、主題は同一である。
（8）本書に登場する人名・事項・聖書の参照箇所などに、適宜校訂者による注を挿入し、〔　〕で表示した。この注の多くは二行の割注として表示したが、一行のところもある。また、編注が長い場合には、それを本文脇に（＊）で表示し、本文中またはその回の最後に示した。

解説

太田　哲男

清水安三（一八九一〜一九八八）は、滋賀県に生まれ、大津市にある膳所中学から同志社に進み、組合教会から宣教師として送り出される形で一九一七年に中国にわたり、一九二一年に北京に崇貞学校（後に崇貞学園）を設立する。以降、二年間のアメリカ留学や一時的な日本帰国期間はあったものの、一九四五年の日本の敗戦まで、三三年までは妻・美穂とともに、三五年以降は妻・郁子とともに、北京で学校経営に携わった。学校が国民党政権によって接収され、一九四六年に日本に戻り、同年に郁子夫人とともに桜美林学園を設立することになる。そして四年制大学（六六年に文学部、六八年に経済学部）を誕生させるに至るまでの「一代記」が、本書である。

＊

だが、この「一代記」は、一学園創設者の歴史叙述にとどまるものではない。本書は、日清戦争（一八九四・五年）の頃から一九六〇年代半ばに至る、ほぼ七〇年に及ぶ日本の社会史・教育史の断面を伝えるものでもあって、近現代日本がどのような歩みをしてきたのかを浮かび上がらせる力をもっているからである。それはどのような点においてであるか、ごく簡略にスケッチしておこう。

まず、第一章では、日清戦争を転換点として日本人の中国観・中国人観が、尊敬から蔑視へと変貌していくなかにあって、むしろ中国・中国人のために働こうという意志が清水のなかに徐々に形成されていく様子が、ところどころに描かれる。第二章に至って、「私は妙な男で、在支三十年間、他の在支日本人と異なって愛国的行動はなにひとつしなかった」（第六一回）と述べられているが、その「非国民」ぶりの形成・発揮が、北京で困窮する女児たちのための学校を作るという営為につながっていく。そのことが、この一代記を読むとよくわかる。

その時点から百年余りが経過した。現在、日中関係はよいとはいえないけれども、本書は、日清戦争期にはじまり、五四運動にも言及し、さらには盧溝橋事件前後の模様、日本の敗戦後の中国からの引き上げの模様など、日中関係史の諸側面を伝えて、両国関係の変遷のさまを顧みさせる力をもっている。

つぎに、戦後の記述をみてみよう。

日本の敗戦後、清水安三・郁子夫妻は、帰国を余儀なくされる。中国から日本への帰国の際に、続いて東京にたどり着いた時期に、清水がみた風景の記述なども、日本の歴史の一コマとして強い印象を残す。また、本書には、東京・町田の地に学校をつくる経緯が描かれるが、それ以降の学校の形成史は、日本の敗戦後の混乱から復興、そして高度経済成長期に重なる。まさに「奇跡の連続」というしかない出来事を重ねて学校が形成されるが、この時期でなければあり得なかったような話がつぎつぎに描かれる。当時の学校のあり方は、高度経済成長からバブル期を経た現在からみれば、別世界のごとくであるし、大学設立に伴う図書収集の話（第一四三回）なども、今では考えられないようなものである。その半面、学校と生徒の関係の親近性を物語っていて、「学校」のあり方を考えさせてくれるところがある。このように、社会の変貌を描いている点、そのなかでの教育のあり方の一面を描いているところは、一学園の物語を超えるものである。

さらに、本書は、キリスト教の伝道者でもあった清水の活動の記録でもあり、清水と交流のあったキリスト者たちの姿も含め、日本のキリスト教史の一側面を伝えるものでもある。

今ひとつ追記すれば、著者個人の姿、その人的交流の幅広さにも眼を見はらせるものがある。著者はみずからの「天性賦与の奇智」(第五三回)の具備にふれているが、それに伴う人的交流の幅広さが、単なる一学校の形成史を超えて、この「一代記」の縦糸を形作り、ふくらみのあるものにしているといえよう。

＊

この『起きろ石ころ』の『キリスト新聞』(賀川豊彦らによって、一九四六年四月創刊)連載が始まる一年余り前の六四年六月二四日、清水安三夫人・郁子が亡くなっていた。北京・崇貞学園の経営をともに担い、桜美林学園の発展を支え、四年制大学の構想の実現に向けて動いていた郁子だった。桜美林学園設立以降のことを郁子の活動とともに描いておきたいという思いが、安三にあったことは当然であろう。

この『起きろ石ころ』の『キリスト新聞』連載が開始される一週間前の号(一九六五年七月三日)には、編集局による連載予告が、次のように書かれている。

「次号からは、桜美林学園長清水安三氏の「起きろ石ころ」を連載いたします。清水氏は戦前には北京・朝陽門外の聖者とうたわれ、中国の子弟の教育に半生を捧げ、終戦とともにリュックサック一つで今はない郁子夫人と引き揚げ、町田市郊外に中学、高校、短大をふくむ全学生二千数百を擁する桜美林学園を創設しました。わが国教育界の戦後派の巨星ともいうべき存在であります。〔中略〕少年時代には近江聖人を夢みたこの型やぶりの教育者清水安三氏の一代記にご期待ください。」

そして、この「一代記」の連載開始にあたり、「抱負」を語ったとして、次のような清水の言葉が同号に掲載されている。

「私はこれまで書いたものは、実は学校の建設拡張の資金稼ぎに書いたものだった。こんどはちがう。私が死んでもなお学生に語りつづけるために、私の生い立ちからはじめて、現在までを書くつもりだ。こんな著作は初めてであり、終りでもある。まだこどもの時の友人も生存中だからウソは書けない。ノンフィクションである。私は自分の恥も書くつもりだが、それは世を益すると思うからである。完結したら刊行し、日本中はおろか外国にも行って、多くの人々に読んでもらう。」

ここで「これまで書いたもの」といっているのは、主に『朝陽門外』（朝日新聞社、一九三九年）、『希望《のぞみ》を失わず』（桜美林出版部、一九四八年）を指している。（両書とも桜美林大学出版会から復刊されている。）

『朝陽門外』は、つぎのような四部構成である。

第一部　朝陽門外　戦火を超ゆるもの
第二部　崇貞物語　清水安三自伝
第三部　活ける供物　清水美穂の生涯
第四部　相応しき者　小泉郁子の半生

このうちの第一部は、一九三七年七月七日に始まる盧溝橋事件の際の清水の動きを描き、そして第二部は、文字通り安三の自伝である。第三部・第四部は、二人の妻のことを書いているが、その中心は安三との関わりであるから、『朝陽門外』は、全体として清水安三の前半生の自伝であるとみることができる。

『希望を失わず』は、つぎのような四部構成である。

「朝陽門外」から／終戦まで／終戦から引き揚げまで／桜美林物語

これは、『朝陽門外』をごく手短に要約した冒頭部分を除けば、『朝陽門外』が扱っていた一九三八年末までの時期以降の中国での活動などから、桜美林学園設立（一九四六年）以降約二年の期間までの、ほぼ一〇年間を対象としている。

『朝陽門外』は当時ベストセラーになっていたし、『希望を失わず』も刊行当時の清水の「伝道行商」によって版を重ねていたから、『起きろ石ころ』執筆にあたり、清水が先行の自伝との内容上の重なりを意識したことは当然であろう。そのため、『朝陽門外』や『希望を失わず』ではやや立ち入って描かれたエピソードが、『起きろ石ころ』では見当たらないというようなこともあるし、『朝陽門外』では簡略だったところが立ち入って記述されている部分もある。

本書『起きろ石ころ』は、一九六〇年代後半の執筆であるから、『希望を失わず』以後約二〇年の動向も含み込まれたのはもちろんである。アメリカやブラジルへの寄付金集めの活動や、桜美林に精神的・経済的な援助の手を差し伸べてくれた人びとの姿、そして、四年制大学誕生までの経緯などがそれである。だが、『起きろ石ころ』も「自伝」である以上、『朝陽門外』『希望を失わず』で扱われた時期の話が出てくるのは言うまでもない。

『起きろ石ころ』には、清水家の先祖の話、膳所中学・同志社での学びや交友関係なども立ち入って描かれている。『朝陽門外』は日中戦争開始後に書かれたから、時局を考慮して、知人の名前を変名にするといった配慮もなされたであろうが、『起きろ石ころ』では、時局への配慮などの制約はほぼなくなり、清水の多彩な人間関係が描かれていることも、内容に豊かさを与える条件になったように思われる。

時局への配慮がなくなったという点では、北京における清水の活動が、日本が「好戦的」でないことを世界に示すために外務省によって利用されたことを、「聖者捏造」の回であからさまに書いているところなども注目に値する。このことは、『朝陽門外』においても示唆はされていたけれども、『起きろ石ころ』の記述では、その点が明瞭に書かれていて、自己批判的な色調を帯びているといえよう。

＊

先に引用した「抱負」には、「ノンフィクション」ということばがみえる。校訂者は、著者が「ノンフィクション」を目指したことを疑うわけではまったくないが、いっぽうで、本書における著者の「記憶違い」と思われるところが気になることも否定できない。一例をあげると、本書には、「大正（民国）九（一九二〇）年五月二十八日、ここに崇貞学校を創立したのである。」という一文（第六七回）があり、『朝陽門外』にも、ほぼ同じ一文がある。

この創立の前提として、清水が中国・華北における大旱魃《かんぼう》とそれに伴う災童収容所における救援活動への挺身があり、それについて書いていることも、両書に共通している。そして、清水が創設した「崇貞学園はその災童収容所の延長であって、災童収容所は実に崇貞学園の前身である」（『朝陽門外』）という。この災童収容所の設置には渋沢栄一を中心とする日華実業協会（その名は本書にもみえる）による支援が大きいが、本文中の編注にも記したように、その義援金募集広告が『東京朝日新聞』（一九二〇年一一月）などに掲載されているから、華北における災童収容所の展開が一九二一年前半のものであったことに疑問の余地はない。「崇貞学園はその災童収容所の延長」であるなら、崇貞学園の設立も二一年であることは明白であるのに、『朝陽門外』にしても『起きろ石ころ』にしても、崇貞学園創設の年が一年繰り上げられていて、誤記といわざるを得ない。

小林茂氏は、一九五〇年に桜美林高校生として清水安三の教えを受け、同志社大学に学び、その後、桜美林高校で教鞭をとり、桜美林教会の牧師でもあったひとである。その小林氏も、『東支那海を越えて　清水安三先生の前半生』（私家版、二〇一一年）でこの問題にふれ、「正に日付の確定作業は清水安三先生研究の泣き所と言わねばならない」（九二頁）とか、「清水安三研究最大の難所、日付の問題」（一六二頁）などと書いておられ、さまざまの「難所」について検討している。日付の問題が「最大の難所」であるかどうかはともかく、清水の自伝には、いくつかの出来事の時期に関し、年あるいは月日がずれているケースが散見される。

そのズレ、これを「記憶違い」というとすれば、その記憶違いが、著者の個人的レベルのことであるなら、さして問題にする必要はないのかもしれない。それに、ある程度の記憶違いはだれにでも起こり得ることである。しかし、つぎのようなことも指摘できる。

昨今は、歴史記述の「典拠」として、当事者の記述を無批判に採用する傾向、つまり、その記述の「ファクトチェック」を等閑視する傾向が、一部で顕著にみえるという事情である。

いずれにせよ、校訂者としては、著者の個人的レベルにとどまらない事項、たとえば、学園創設の年となれば、「記憶違い」を放置しておくことはできない。そこで、この種の「記憶違い」については、やや煩瑣にみえるかもしれないことを恐れず、本文中に注記を入れるなどの処置を施した。（こうした「記憶違い」については、太田哲男『清水安三と中国』（花伝社、二〇一一年）も検討している。）

『朝陽門外』も『希望を失わず』も、著者本人の言によれば、「学校の建設拡張の資金稼ぎに書いた」ものであり、それゆえに、短期間に執筆せざるを得なかったという条件が、「記憶違い」につながったという面もあったかもしれない。

種々の記憶違いが散見されはするけれども、本書は、この「解説」冒頭にも書いたように、一学園の歴史というにとどまらず、眼を見はらせる歴史記述を豊富に含んでいて、特色ある自伝といわなければならない。

なお、清水安三の二番目の妻（小泉）郁子の活動については、『小泉郁子教育論集』（桜美林大学出版会、発売＝論創社、全五巻）に詳しいが、その第四巻には、郁子による「清水安三論」が含まれていることを付言しておく。

本書の刊行に際しては、桜美林学園の小池一夫・前理事長から委嘱を受けた太田哲男、榑松《くれまつ》かほるが編集・校訂にあたった。

校訂に際して、多くのかたから教示・助力を得たが、特に町田隆吉（桜美林大学名誉教授）、李恩民（桜美林大学教授）両氏からは、多くの点について教示を受けた。

ただし、校訂の責任は太田、榑松にあることを記しておく。

清水安三

（しみず やすぞう）

桜美林学園創立者
1891年、滋賀県生まれ。中学時代にW. M. ヴォーリズと出会い、同志社神学部に進学。
1917年、キリスト教の伝道者として中国へ渡る。1921年、貧困のうちにある中国人女児の教育のため、崇貞学校（のちに崇貞学園）を妻の美穂とともに北京の朝陽門外に設立。1924–26年、米国オハイオ州オベリン大学に留学。美穂の死去後に再婚した郁子とともに崇貞学園を運営したが、学園は敗戦により北京政府に接収される。
1946年に帰国し、妻の郁子とともに東京郊外に学校法人桜美林学園を創立、「キリスト教精神に基づく国際人の育成」を建学の精神に掲げる。学びて人に仕えることを意味する「学而事人」は、清水安三が大切にした言葉であり、同学園のモットーとなっている。1988年に死去、享年96。

起《お》きろ石《いし》ころ

2024年12月1日　初版第1刷発行

著者　清水安三
発行所　桜美林大学出版会
〒194-0294　東京都町田市常盤町3758
発売所　論創社
〒101-0051　東京都千代田区神田神保町2-23　北井ビル
tel. 03（3264）5254　fax. 03（3264）5232　https://ronso. co. jp
振替口座　00160-1-15526

装釘　奥定泰之
組版　桃青社
印刷・製本　中央精版印刷

ISBN978-4-8460-2467-3